마가복음 강해

A COMMENTARY ON THE GOSPEL OF MARK

BY

DR. YONGGI CHO

Printed in Republic of Korea
Seoul Logos Co., Inc.

마가복음 강해

조용기 목사 지음

서울말씀사

마가복음 강해

조용기 목사 지음

초판 1쇄 발행 2008년 5월 2일
초판 4쇄 발행 2019년 7월 10일

편 집 인 김호성
발 행 처 서울말씀사

출판등록 제2016-000172호
주　　소 서울시 영등포구 은행로 55, 나동 9층
전　　화 02-846-9222
팩　　스 02-846-9225

머리말
Foreword

마가복음은 로마 정부가 기독교인들을 향하여 무서운 박해를 가하고 있을 때 기록되었습니다. 설상가상으로 유대교도인 동족의 질시(嫉視)를 동시에 받아야 했던 당시의 성도들은 이 지상에서 설 땅을 잃어버린 채 고난의 하루하루를 지낼 수밖에 없었습니다. 마가는 이런 극한 상황에서 성도들의 흔들리는 신앙을 바로잡아 주기 위하여 본 서를 기록하였습니다.

본 서는 예수님께서 예루살렘에 입성하신 후 8일간의 사건을 중점적으로 다루면서 한편으로는 주님의 십자가의 고난을, 다른 한편으로는 부활 사건을 부각시켰습니다. 그리고 이러한 십자가의 고난과 부활이라는 인류 역사상 초유의 사건을 통하여 예수님께서 영광과 승리의 주인이심을 확인시켜 주고 있습니다. 우리는 본 서를 통해 주님의 고난에 동참하는 참 의미와 고난이 있은 후 찬란하게 빛날 성도들의 승리의 모습을 깨닫게 될 것입니다.

현대를 사는 우리 성도들은 갖가지 어려운 일로 인하여 고통을 겪을 때가 많습니다. 그러나 그러한 고난을 직면할 때마다 십자가의 고난을 이기고 부활하신 예수님을 바라보며 승리하는 삶을 사시기 바랍니다. 부활하신 우리 주님께서 고난을 이길 힘과 능력을 주실 것입니다.

본 서는 성도들의 신앙생활에 조금이나마 도움을 드리고 싶은 마음에 1986년 11월부터 1987년 9월까지 약 11개월 동안 수요 예배 시간에 강해 설교한 내용을 편집하여 엮은 것입니다.

아무쪼록 이 한 권의 강해서를 읽는 성도님마다 영(靈)의 양식과 더불어 소망을 얻게 되시기를 기원합니다.

2008. 5.

여의도순복음교회

당회장 목사 조용기

목 차

Contents

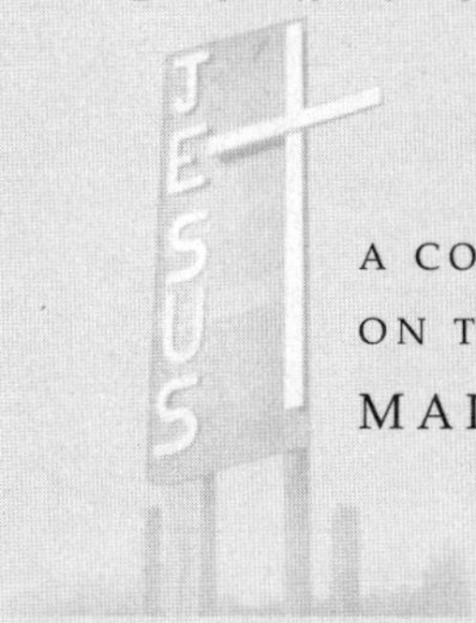

A COMMENTARY
ON THE GOSPEL OF
MARK

14 예수 그리스도의 고난(1)

15 예수 그리스도의 고난(2)

16 예수 그리스도의 부활

서론

Preface

1. 기록 목적 및 주제

마가복음에는 고난받는 종의 모습으로 오신 하나님의 아들 예수 그리스도의 생애가 간결하고도 박진감 넘치는 문체로 기록되어 있습니다. 마가복음은 전체의 약 40%가 고난 주간에 대한 기사로 이루어져 있는데, 이는 고난받는 종 예수 그리스도의 구속 사업이 죽음과 부활에 있음을 보여 줍니다.

마가가 본 서를 기록할 당시는 사회적 혼란과 기독교 탄압이 극에 달하던 때였습니다. 당시 유대 사회는 열심당원들이 로마에 대하여 항거함으로써 정치적 소요가 극심하였습니다. 그리고 로마에서는 네로 황제의 기독교 박해로 사도 베드로와 바울이 순교하고 성도들은 지하 묘소인 카타콤에 숨어 살며 두려움에 떨고 있었습니다. 로마의 성도들은 로마 정부의 기독교 탄압과 유대교 지도자들의 증오심의 표적이 되어 극한 어려움에 처해 있었습니다. 이처럼 신앙으로 인하여 고난받고 있는 로마의 성도들에게는 무엇보다도 위로와 확신의 메시지가 필요하였습니다. 바로 이와 같은 필요성을 절감한 마가는 고난 가운데 있는 로마의 성도들에게 예수 그리스도의 고난과 부활 사건을 통하여 위로와 용기를 주기 위하여 본 서를 기록하였습니다.

2. 기록자 및 수신자

마가복음의 저자는 누구인지 밝혀져 있지 않지만 다음과 같은 증거를 들어 요한 마가라는 데에 의견이 일치되고 있습니다. 첫째, 본 서의 내용 중 일부는 베드로의 설교(행 10:34-43)와 유사하며 예루살렘의 지리에 밝고 아람어를 사용했다는 점을 감안할 때, 본 서는 베드로의 동역자였던 마가가 기록하였다고 볼 수 있습니다. 그는 바나바의 조카로서 바울의 제1차 전도 여행에 동행했던 자이기도 합니다. 둘째, 대부분의 초대 교부들이 본 서의 저자를 마가라고 증언하였기 때문입니다.

한편 본 서의 수신자는 이방인들, 그중에서도 특히 로마 교회의 성도들이라고 볼 수 있습니다. 본 서에는 유대인들의 관습이 자세히 설명되어 있는데(7:3-4; 14:12) 이는 본 서를 보고 듣는 이방인들의 이해를 돕기 위한 것이라고 볼 수 있습니다.

또한 마가는 이방인들의 생활상을 참작하여 로마식으로 밤을 4등분

하였고(6:48; 13:35), 아내의 이혼과 재혼을 인정하는 로마법을 언급하였고(10:11-12), 유대에서 통용되는 동전을 로마 동전으로 환산하여(12:42) 기록하였습니다.

그리고 본 서에는 예수님의 십자가를 대신 졌던 구레네 시몬의 두 아들 알렉산더와 루포의 이름이 밝혀져 있습니다. 루포는 바울로부터 안부 인사를 받을 정도로 로마 교회의 유력한 인물이었습니다(롬 16:13). 이와 같은 사실은 본 서가 로마 교회의 성도들을 위해 기록되었음을 보여 줍니다.

뿐만 아니라 당시 로마의 성도들이 극심한 박해를 받고 있었음을 감안할 때 본 서의 수신자는 로마의 성도들임이 명백합니다.

3. 기록 연대 및 집필 장소

본 서의 기록 연대는 정확하게 알려져 있지 않으므로 신학자들에 따라 이견이 분분합니다. 그러나 "베드로와 바울이 죽은 후에 베드로의 제자이자 동역자였던 마가 자신이 베드로가 선포한 바를 기록하여 우리에게 전해 주었다."는 이레니우스의 말과 예루살렘이 멸망하기 전에 집필되었다는 점을 감안할 때, 본 서는 주후 67-70년경에 기록된 것으로 짐작됩니다.

본 서가 집필된 장소에 대해서도 여러 가지 이견이 있으나 로마에서 기록되었다는 것이 초대 교회의 전통적인 견해입니다.

4. 특징

마가복음은 마태복음의 축소판 정도로 간주되어 별로 중요한 위치를 차지하지 못했습니다. 그러나 1835년에 라흐만이 마가복음 우선설을 주장하면서부터 본 서는 가장 중요한 복음서로 인정받기 시작했습니다. 그리하여 오늘날 본 서는 다른 복음서들에 대한 연구 자료가 되기도 합니다.

본 서는 마태복음과 누가복음과 같은 관점에서 쓰인 책이라 하여 공관복음서로 분류되는데 마가복음만이 가지고 있는 특징들을 살펴보면 다음과 같습니다.

첫째, 본 서는 다른 공관 복음서에 비해 설교와 비유가 적고 예수님께서 행하신 기적이 강조되고 있는 사건 중심의 책입니다. 여기서 예수님께서 행하신 기적은 단순히 초자연적인 과시가 아니라, 인간의 절실한 필요로 인하여 발생되었으며 위급한 상황에서 구원의 수단으로 행하여졌습니다.

둘째, 본 서는 간결하고 직설적이며 생동감 넘치는 문체로 기록되어 있습니다. 마가는 예수님과 사람들의 감정을 솔직하게 표현하였습니다. 예수님께서 분노하시고 연민을 느끼시고 슬퍼하신 것이 곳곳에 언급되어 있습니다(3:5; 7:34; 8:33; 10:14; 14:33-34).

셋째, 본 서는 마태복음이나 누가복음에 비해 구약 성경을 조금 인용하였으며 로마인들을 위해 특별히 배려하여 기록한 흔적이 있습니다(6:48; 10:11-12; 12:42; 13:35).

넷째, 본 서는 예수님의 고난 기사가 중심을 이루고 있습니다. 마가는 예수님께서 예루살렘에 입성하신 때부터 십자가에 못 박혀 죽으시고 부활하시기까지의 8일간의 여정을 상세히 기록하였습니다(11-16장).

다섯째, 본 서는 예수님을 '주의 종' 으로 묘사한 '종의 복음' 입니다.

제 1 장

공생애의 시작

A COMMENTARY
ON THE GOSPEL OF
MARK

마가복음에는 다른 복음서들과는 달리 첫 장부터 예수님께서 행하신 이적과 기사가 기록되어 있습니다. 본 장에서는 예수님을 하나님의 아들로서 권세 있는 분으로 소개하고 있습니다.

예수님께서는 침례를 받으신 후 사탄의 시험을 받으셨으나 승리하셨습니다. 그 후 예수님께서는 제자들을 택하여 부르셨으며 본격적으로 공적 사역을 시작하셨습니다.

1. 광야에서 외치는 소리(1:1-8)

1. 하나님의 아들 예수 그리스도의 복음의 시작이라 2. 선지자 이사
야의 글에 보라 내가 내 사자를 네 앞에 보내노니 그가 네 길을 준비
하리라 3. 광야에 외치는 자의 소리가 있어 이르되 너희는 주의 길을
준비하라 그의 오실 길을 곧게 하라 기록된 것과 같이 4. 침례 요한
이 광야에 이르러 죄 사함을 받게 하는 회개의 침례를 전파하니 5.
온 유대 지방과 예루살렘 사람이 다 나아가 자기 죄를 자복하고 요단
강에서 그에게 침례를 받더라 6. 요한은 낙타털 옷을 입고 허리에 가
죽 띠를 띠고 메뚜기와 석청을 먹더라 7. 그가 전파하여 이르되 나보
다 능력 많으신 이가 내 뒤에 오시나니 나는 굽혀 그의 신발 끈을 풀
기도 감당하지 못하겠노라 8. 나는 너희에게 물로 침례를 베풀었거
니와 그는 너희에게 성령으로 침례를 베푸시리라

1절 하나님의 아들 예수 그리스도의 복음의 시작이라

'복음' 은 헬라어로 '유앙겔리온' (εὐαγγέλιον)이며 '기쁜 소식', '좋은 소식' 이라는 뜻입니다. 복음은 인류에게 있어서 그 무엇과도 비교할 수 없는 기쁜 소식입니다.

예수님께서 복음을 가져오시기 전 모든 인류는 모세가 시내 산에서 받은 율법 아래 있었습니다. 율법 아래서는 의롭다 할 육체가 없습니다. 하나님의 십계명에 우리 자신을 비추어 볼 때 죄 없는 사람은 한 사람도 없습니다. 성경은 "모든 사람이 죄를 범하였으매 하나님의 영광에 이르지 못하더니"(롬 3:23)라고 말씀하고 있습니다. 그런데 하나님의 아들 예수 그리스도께서 죄인 된 우리를 위하여 십자가에 못 박혀 죽으셨다가 부활하심으로 우리의 죄를 대속하여 주셨습니다.

그러므로 누구든지 예수님을 구주로 믿는 자들은 그리스도와 함께 율법에 대하여 죽어 장사 지낸 바 되었다가 그리스도와 함께 살게 된 것입니다. 이제 우리는 시내 산 율법 아래 있는 것이 아니라, 갈보리 산의 은혜 아래 있게 된 것입니다. 이 갈보리 산 밑은 우리의 죄와 불의를 용서받고 원수 되었던 하나님과 우리 사이에 화목이 이루어지며 치료와 의가 넘쳐나는 기쁨이 있는 곳입니다.

율법은 모세를 통하여 주신 것이지만 은혜와 진리는 하나님의 아들 예수 그리스도를 통하여 왔습니다. 그렇기 때문에 하나님의 아들 예수 그리스도는 기쁜 소식의 시작인 것입니다.

2절 선지자 이사야의 글에 보라 내가 내 사자를 네 앞에 보내노니 그가 네 길을 준비하리라

주전 7세기경에 살았던 선지자 이사야는 하나님의 아들 예수 그리스

도께서 이 땅에 오실 것을 예언했습니다. 하나님께서 그의 아들 예수 그리스도께서 이 세상에 오시기 전 그에 앞서 사자를 보내어 그의 길을 준비하신다는 것입니다.

3절 광야에 외치는 자의 소리가 있어 이르되 너희는 주의 길을 준비하라 그의 오실 길을 곧게 하라 기록된 것과 같이

'광야에 외치는 자의 소리' 는 하나님께서 예수 그리스도의 길을 준비시키시려고 보내신 '침례 요한' 을 가리킵니다. 침례 요한은 예수 그리스도께서 오실 길을 준비하는 사자로 부름을 받았던 것입니다. 이것은 구약 성경에 기록된 예언의 성취로서 예수님께서 오시기 약 7백 년 전에 이사야 선지자를 통해 예언되었던 것입니다(사 40:3).

구약 성경에는 아담과 하와가 타락했을 때부터 이미 예수님께서 이 땅에 오실 것이 예언되었습니다(창 3:15). 그러므로 계획에도 없이 예수님께서 어느 날 갑자기 이 땅에 오신 것이 아닙니다. 예수님께서는 우리를 구원하시기 위해 예정된 분이시며 하나님의 계획에 따라 이 땅에 오셔서 그 일을 성취하신 분이십니다.

4-5절 침례 요한이 광야에 이르러 죄 사함을 받게 하는 회개의 침례를 전파하니 온 유대 지방과 예루살렘 사람이 다 나아가 자기 죄를 자복하고 요단 강에서 그에게 침례를 받더라

침례 요한은 회개를 촉구함으로써 예수 그리스도를 위한 길을 준비하였습니다. '회개' 는 헬라어로 '메타노이아' (*μετάνοια*)이며, 이는 '하나님을 떠난 사람이 마음을 돌이켜 하나님께로 향하는 것' 을 말합니다. 침

례 요한은 회개하여 죄 사함을 받으라고 외쳤으며 회개한 사람들에게는 요단 강에서 물로 침례를 주었습니다. 그러자 수많은 사람들이 침례 요한에게 나아와 회개하고 물 침례를 받았습니다.

회개는 하나님께 나아가기 위한 첫 관문입니다. 회개하지 않으면 어떠한 사람도 하나님 앞에 나아갈 수 없습니다. 이러므로 하나님을 만나려면 먼저 불신앙, 불순종, 아집, 윤리와 도덕적인 잘못을 철저히 회개해야 합니다. 그런 다음 예수님을 믿으면 하나님께서 만나 주십니다.

6절 요한은 낙타털 옷을 입고 허리에 가죽 띠를 띠고 메뚜기와 석청을 먹더라

침례 요한은 광야에서 살며 엘리야처럼 낙타털 옷을 입고 허리에 가죽 띠를 매었습니다(왕하 1:8). 그리고 음식은 메뚜기와 석청(야생의 꿀)을 먹었습니다.

이와 같이 침례 요한의 의식주 생활은 매우 검소하고 소박하며 청빈하였습니다. 이러한 생활에는 당시 종교 지도자들의 탐욕적이고 방탕한 삶에 대하여 경고하는 의미도 담겨 있습니다.

7절 그가 전파하여 이르되 나보다 능력 많으신 이가 내 뒤에 오시나니 나는 굽혀 그의 신발 끈을 풀기도 감당하지 못하겠노라

침례 요한은 겸손한 사람이었습니다. 그가 "회개하고 그 증거로써 물 침례를 받으라."고 외치자 온 유대 지방과 예루살렘 사람들이 그에게 나아와서 회개하고 물 침례를 받았습니다(4-5절). 이쯤 되면 침례 요한은 자기를 나타낼 수도 있었습니다. 하지만 그는 자기를 나타내지 않고 오직

예수님만 나타냈습니다.

"나는 굽혀 그의 신발 끈을 풀기도 감당하지 못하겠노라". 침례 요한은 예수님의 신발 끈을 푸는 일도 감당할 수 없다고 했습니다. 신발 끈을 푸는 일은 당시 가장 비천한 노예가 하던 일이었습니다. 따라서 이 말은 침례 요한이 자신은 그리스도의 종조차 될 수 없다고 표현한 것입니다. 침례 요한이 이렇게 자신을 낮춘 것은, 그는 단지 예수님의 길을 준비하는 자에 불과하기 때문입니다. 그는 자신의 사명을 잘 알고 있었으므로 자신을 낮추고 예수님만 높였습니다.

8절 나는 너희에게 물로 침례를 베풀었거니와 그는 너희에게 성령으로 침례를 베푸시리라

침례 요한의 메시지는 성령으로 침례를 베푸실 이에 대한 것이었습니다. 침례 요한은 예수님께서 얼마나 큰 능력을 가진 분이신가를 증언하기 위해 "나는 물로 침례를 주지만 그는 너희에게 성령으로 침례를 베푸실 것이다."라고 했습니다.

침례 요한은 하나님께 회개하면 하나님께서 죄를 사해 주신다는 증거로 물 침례를 주었을 뿐, 사람의 죄를 사할 수 있는 능력은 없었습니다. 침례 요한의 물 침례는 오늘날 성도들이 받는 침례 예식으로 발전하였습니다. 오늘날의 물 침례는 성도가 예수 그리스도와 함께 십자가에 못 박혀 죽고 예수 그리스도와 함께 무덤에 장사되었다가 예수 그리스도와 함께 무덤에서 살아났음을 믿는 신앙을 세상에 공포하는 것입니다.

그러나 예수님께서는 우리에게 성령으로 침례를 주십니다. 성령은 하나님의 영입니다. 하나님의 영을 우리에게 부어 주실 분은 하나님밖에

없습니다. 우리가 회개하고 예수님을 믿으면 주님께서 죄 사함을 주시고 성령을 우리에게 부어 주셔서 우리를 거듭나게 해 주십니다. 그리고 예수님께서는 우리에게 성령으로 충만하게 해 주셔서 능력 있는 그리스도인이 되게 해 주십니다.

이와 같이 기독교 신앙과 성령은 불가분의 관계에 있습니다. 그러므로 우리는 늘 성령님을 인정하고 환영하고 모셔 들이고 의지하며 살아야 하는 것입니다.

2. 침례를 받으시는 예수님(1:9-11)

9. 그때에 예수께서 갈릴리 나사렛으로부터 와서 요단 강에서 요한에게 침례를 받으시고 10. 곧 물에서 올라오실새 하늘이 갈라짐과 성령이 비둘기같이 자기에게 내려오심을 보시더니 11. 하늘로부터 소리가 나기를 너는 내 사랑하는 아들이라 내가 너를 기뻐하노라 하시니라

9절 그때에 예수께서 갈릴리 나사렛으로부터 와서 요단 강에서 요한에게 침례를 받으시고

앞에서(7-8절) 간접적으로 소개되었던 예수님의 모습이 드러나고 있

습니다. '갈릴리 나사렛' 은 예수님께서 헤롯의 박해를 피해 애굽으로 피신했다가 돌아와 유아기부터 공생애를 시작하기 전까지 살았던 고향입니다. 이 마을은 가난하고 어려운 자들과 사회에서 실패하고 죄지은 자들이 많이 모여 사는 곳이었습니다. 그렇기 때문에 나다나엘 같은 사람은 예수님이 나사렛 출신이라고 들었을 때 "나사렛에서 무슨 선한 것이 날 수 있느냐"(요 1:46)고 말했던 것입니다.

예수님께서 천한 모습으로 이 땅에 오신 것은 천한 자들과 고난받는 자들의 친구가 되어 주시고 죄인을 구원하시기 위함이었습니다. 만왕의 왕이시고 만주의 주가 되신 예수님께서는 가난하고 헐벗고 멸시받는 자들과 함께하셨으며 죄인과 세리와 같이 식사하셨습니다. 그러므로 오늘날도 헐벗고 굶주리고 죄짓고 멸시받는 자들이 주님께로 나오기만 하면 주님께서는 친히 그들과 함께해 주시고 친구가 되어 주십니다.

그런데 본 절을 보니 예수님께서는 침례 요한에게 물 침례를 받으셨습니다. 이것은 모든 의를 이루기 위함입니다(마 3:15). '물 침례' 는 죄인이 회개하고 받는 침례입니다. 그런데 죄가 없으신 예수님께서 물 침례를 받으신 것은 인류의 죄를 대신 짊어지실 것이기 때문이었으며, 또한 물 침례를 받는 모범을 보이시기 위함이었습니다.

10-11절 곧 물에서 올라오실새 하늘이 갈라짐과 성령이 비둘기같이 자기에게 내려오심을 보시더니 하늘로부터 소리가 나기를 너는 내 사랑하는 아들이라 내가 너를 기뻐하노라 하시니라

예수님께서 침례 요한에게 물 침례를 받으시고 물에서 올라오실 때 하늘이 갈라지고 성령께서 비둘기같이 예수님께 내려오셨습니다. 성경에

는 성령님이 물, 불, 바람, 기름, 비, 술, 인, 비둘기로 표현되어 있습니다. 그런데 여기서 성령님이 비둘기로 표현된 것은 비둘기같이 온순하고 깨끗한 성령님의 성품을 나타내기 위함입니다.

그리고 이때 하늘로부터 성부 하나님께서 예수님을 향하여 "너는 내 사랑하는 아들이라 내가 너를 기뻐하노라" 고 말씀하시는 소리가 들렸습니다. 이 사랑은 완전하고도 영원한 사랑을 의미합니다.

이와 같이 예수님께서는 침례 요한의 선포는 물론, 성령님께서 임하시고 하나님께서 친히 증언하심으로써 하나님의 아들이심이 확증되셨습니다.

3. 시험을 받으시는 예수님(1:12-13)

12. 성령이 곧 예수를 광야로 몰아내신지라 13. 광야에서 사십 일을 계시면서 사탄에게 시험을 받으시며 들짐승과 함께 계시니 천사들이 수종들더라

12절 성령이 곧 예수를 광야로 몰아내신지라

예수님께서 요단 강에서 물 침례를 받으신 후 성령님께서 예수님을 광야로 몰아내셨습니다. 우리도 성령 침례를 받은 다음에 성령님께서 우리를 광야로 몰아내실 때가 있습니다. 신앙이 성장하기 위해서는 반드시 광야의 시험이 필요하기 때문입니다. 성령님께서는 우리에게 복을 주시기도 하지만 때로는 우리를 깊은 광야로 몰아내 시험을 당하게도 하십니다. 이는 우리의 믿음을 강하게 하셔서 어떤 환난 가운데서도 이길 수 있는 힘을 얻게 하기 위한 것입니다. 그러므로 우리는 믿음으로 강하고 담대하게 시험을 이겨야 합니다.

13절 광야에서 사십 일을 계시면서 사탄에게 시험을 받으시며 들짐승과 함께 계시니 천사들이 수종들더라

예수님께서는 40일 동안 광야에서 들짐승과 함께 지내시면서 사탄에게 시험을 받으셨습니다. 그러나 예수님께서는 들짐승으로부터 해를 받지 않으셨으며 사탄의 시험을 말씀으로 이기셨습니다. 이로써 예수님께서는 하나님의 아들로서 인간의 죄를 대신 짊어지고 구속하실 메시아의 사명을 감당할 수 있음을 증명하셨습니다. 예수님께서 사탄의 시험을 이기시자 천사들이 와서 예수님께 수종들었습니다.

오늘날 하나님께서는 우리들에게 복을 주시기 전에 먼저 우리를 시험하십니다. 그래서 우리의 믿음이 반석 위에 섰는가를 확인해 보시고 그 믿음 위에 복을 주십니다. 우리가 시험을 이기고 나면 천사들이 와서 수종듭니다.

4. 제자들을 부르심(1:14-20)

14. 요한이 잡힌 후 예수께서 갈릴리에 오셔서 하나님의 복음을 전파
하여 15. 이르시되 때가 찼고 하나님의 나라가 가까이 왔으니 회개
하고 복음을 믿으라 하시더라 16. 갈릴리 해변으로 지나가시다가 시
몬과 그 형제 안드레가 바다에 그물 던지는 것을 보시니 그들은 어부
라 17. 예수께서 이르시되 나를 따라오라 내가 너희로 사람을 낚는
어부가 되게 하리라 하시니 18. 곧 그물을 버려두고 따르니라 19. 조
금 더 가시다가 세베대의 아들 야고보와 그 형제 요한을 보시니 그들
도 배에 있어 그물을 깁는데 20. 곧 부르시니 그 아버지 세베대를 품
꾼들과 함께 배에 버려두고 예수를 따라가니라

14절 요한이 잡힌 후 예수께서 갈릴리에 오셔서 하나님의 복음을 전파하여

예수님의 공생애의 시작은 침례 요한과 관련이 있습니다. 이는 침례 요한이 잡힌 후에 비로소 예수님께서 사역을 시작하셨음을 통해 알 수 있습니다. 침례 요한이 잡힌 것은 그가 하나님께로부터 받은 사명을 완수하였고 이제는 예수님께서 사역하실 때가 왔음을 알리는 것입니다. 예수님께서는 이때까지 공식적인 사역의 때를 기다리셨습니다.

하나님께서는 때를 따라 일하십니다. 무슨 일이든지 하나님께서 정하신 때가 되어야 이루어집니다. 예수님께서도 하나님의 때를 기다리셨습니다. 그리고 마침내 때가 되자 예수님께서는 갈릴리에 오셔서 하나님의

복음을 선포하심으로 사역을 시작하셨습니다.

15절 이르시되 때가 찼고 하나님의 나라가 가까이 왔으니 회개하고 복음을 믿으라 하시더라

'때가 찼다' 라는 말은 예수님께서 구원의 약속을 성취하시고 사람들로 하여금 그 구원의 복음을 받아들일 수 있도록 하는 결정적인 기회를 맞이하신 것을 말합니다.

하나님의 일에는 모든 것에 때가 있습니다. 가나의 혼인 잔치에서 포도주가 떨어졌을 때 예수님께서는 "내 때가 아직 이르지 아니하였나이다"(요 2:4)라고 말씀하셨으나, 때가 되자 곧 물이 변하여 포도주가 되게 하셨습니다.

때를 따라 선포하신 예수님의 복음은 하나님의 나라가 가까이 왔으니 회개하고 복음을 믿으라는 것이었습니다. 하나님의 나라는 하나님의 절대적인 통치와 초월적인 주권을 가리킵니다. 그런데 예수님의 나타나심은 하나님의 구속 사역에 있어서 결정적인 사건이며, 하나님의 나라를 앞당기는 역할을 하고 있습니다.

16절 갈릴리 해변으로 지나가시다가 시몬과 그 형제 안드레가 바다에 그물 던지는 것을 보시니 그들은 어부라

'갈릴리 바다' 는 '게네사렛 호수' 또는 '디베랴 바다' 로도 불리는 곳으로, 이곳에는 여러 종류의 고기들이 서식하고 있었으며 그로 인해 어업이 번창했습니다. 예수님께서 이곳을 지나가시다가 고기 잡는 일에 열심을 다하고 있는 어부 시몬과 안드레를 보셨습니다.

17-18절 예수께서 이르시되 나를 따라오라 내가 너희로 사람을 낚는 어부가 되게 하리라 하시니 곧 그물을 버려두고 따르니라

공생애를 시작하신 예수님께서 제일 먼저 하신 일은 제자들을 부르신 것입니다. 그런데 예수님께서 제자들을 택하신 조건은 인간의 생각과는 판이했습니다. 예수님께서 제자로 부르신 시몬과 안드레는 고기잡이로 잔뼈가 굵은 어부들이었으며, 학교 문 앞에도 가 본 적이 없는 불학무식한 사람들이었습니다.

하나님의 나라를 세우는 데 필요한 것은 세상의 지식이 아니라 하나님의 말씀입니다. 그러므로 하나님의 나라를 세울 일꾼은 비록 세상 지식은 없더라도 하나님의 말씀을 어린아이같이 그대로 받아들이는 순박한 사람이어야 합니다. 이 때문에 예수님께서는 세상 지식은 없어도 순박한 시몬과 안드레를 제자로 부르신 것입니다.

여기서 우리가 한 가지 분명히 알아야 할 것은 예수님께서 시몬과 안드레를 제자로 부르실 때 하나님의 주권으로 그들을 부르셨지 결코 그들의 지원을 받아들인 것이 아니라는 사실입니다. 이러므로 오늘날도 주의 종은 하나님의 택하심이 있어야 되는 것이지 사람이 지원해서 되는 것이 아닙니다.

19-20절 조금 더 가시다가 세베대의 아들 야고보와 그 형제 요한을 보시니 그들도 배에 있어 그물을 깁는데 곧 부르시니 그 아버지 세베대를 품꾼들과 함께 배에 버려두고 예수를 따라가니라

예수님께서 시몬과 안드레를 데리고 조금 더 가시다가 배에서 그물을

깁고 있는 야고보와 요한을 보시고 그들도 제자로 부르셨습니다. 시몬과 안드레가 예수님의 부르심을 받고 즉시 배를 버려두고 예수님을 좇았듯이, 야고보와 요한 역시 예수님께서 부르시자 아버지와 배를 버려두고 곧바로 예수님을 따라갔습니다. 이것은 주님께서 부르시면 세상 것을 버리고 오직 주님만 따라가야 되는 것을 말합니다.

하나님께서는 사람들이 두 주인, 즉 하나님과 세상을 동시에 섬기며 하나님을 따르는 것을 원하시지 않습니다. 두 마음을 품으면 정함이 없습니다. 이런 사람은 하나님께서 원하시지 않습니다. 이러므로 하나님을 믿는 사람은 오로지 하나님을 마음에 주인으로 모시고 하나님 중심으로 살아야 합니다.

5. 더러운 귀신을 쫓아내심(1:21-28)

21. 그들이 가버나움에 들어가니라 예수께서 곧 안식일에 회당에 들
어가 가르치시매 22. 뭇사람이 그의 교훈에 놀라니 이는 그가 가르
치시는 것이 권위 있는 자와 같고 서기관들과 같지 아니함일러라
23. 마침 그들의 회당에 더러운 귀신 들린 사람이 있어 소리 질러 이
르되 24. 나사렛 예수여 우리가 당신과 무슨 상관이 있나이까 우리
를 멸하러 왔나이까 나는 당신이 누구인 줄 아노니 하나님의 거룩한
자니이다 25. 예수께서 꾸짖어 이르시되 잠잠하고 그 사람에게서

나오라 하시니 26. 더러운 귀신이 그 사람에게 경련을 일으키고 큰 소리를 지르며 나오는지라 27. 다 놀라 서로 물어 이르되 이는 어쩜이냐 권위 있는 새 교훈이로다 더러운 귀신들에게 명한즉 순종하는도다 하더라 28. 예수의 소문이 곧 온 갈릴리 사방에 퍼지더라

21절 그들이 가버나움에 들어가니라 예수께서 곧 안식일에 회당에 들어가 가르치시매

예수님께서는 제자들과 함께 가버나움으로 가셨습니다. 예수님께서는 가버나움을 사역의 본부로 삼으셨는데, 이는 예수님의 고향인 나사렛에서는 예수님을 배척하였기 때문입니다.

예수님께서는 그곳 회당에서 말씀을 가르치셨습니다. '회당'은 남 유다 왕국과 북 이스라엘 왕국이 멸망한 이후 유대 민족이 포로로 잡혀간 곳에서 성경을 함께 읽고 연구하여 신앙을 지킬 필요에 의해 생겨났으며 신약 시대에 들어와서도 계속 존재하였습니다.

회당은 안식일에는 예배 처소였고, 평일에는 아이들의 교육장으로 사용되었습니다. 그리고 회당에는 회당장이 있어 회당 관리와 예배를 주관하였습니다. 예배 시 설교는 회당장의 요청을 받은 사람이 하였습니다. 예수님께서는 이러한 회당에서 말씀을 가르치셨던 것입니다.

22절 뭇사람이 그의 교훈에 놀라니 이는 그가 가르치시는 것이 권위 있는 자와 같고 서기관들과 같지 아니함일러라

예수님께로부터 가르침을 받은 유대인들은 모두 놀랐습니다. 그것은 예수님께서 '권세 있는 자' 처럼 가르치셨기 때문입니다. 당시에는 서기

관들이 율법을 기록하고 가르치는 일을 했습니다. 그런데 예수님의 가르침은 그들의 가르침과 판이하게 달랐습니다. 예수님의 말씀에는 권위가 있고 하나님의 나라가 임하게 하는 능력이 있었습니다. 그렇기 때문에 사람들이 모두 놀랐던 것입니다.

예수님께서는 오늘날도 성령을 통하여 우리에게 말씀하고 가르치십니다(요 14:26). 그러므로 우리가 성령을 받고 성령의 능력에 붙들려서 말씀을 가르치고 선포하면 우리에게도 권위와 능력이 나타납니다.

23-24절 마침 그들의 회당에 더러운 귀신 들린 사람이 있어 소리 질러 이르되 나사렛 예수여 우리가 당신과 무슨 상관이 있나이까 우리를 멸하러 왔나이까 나는 당신이 누구인 줄 아노니 하나님의 거룩한 자니이다

예수님께서 하나님의 말씀을 전하신 회당 안에는 귀신 들린 사람이 있었습니다. 귀신 들린 사람은 귀신에게 완전히 사로잡혀 있기 때문에 제 정신이 아니었습니다.

귀신은 먼저 "우리가 당신과 무슨 상관이 있나이까?"라고 하였는데, 이는 구약에서 사람들이 다투거나 논쟁을 할 때 흔히 하던 말입니다(삼하 16:10; 19:22; 왕상 17:18; 왕하 3:13). 또한 "우리를 멸하러 왔나이까?"라는 말 역시 질문이라기보다는 단정적인 선언에 가깝다고 할 수 있습니다. 귀신은 그곳에 모여 있던 사람들보다 더 명확하게 예수님에 대해 알고 있었던 것입니다.

25절 예수께서 꾸짖어 이르시되 잠잠하고 그 사람에게서 나오라

하시니

당시 귀신을 쫓아내던 자들은 주문이나 주술을 외웠습니다. 그러나 예수님께서는 그저 귀신을 꾸짖으시며 "잠잠하고 그 사람에게서 나오라"고 단호히 명령하셨습니다. 이 권위 있는 명령은 악한 영들에 대한 예수님의 절대 권위를 나타내 줍니다.

26절 더러운 귀신이 그 사람에게 경련을 일으키고 큰 소리를 지르며 나오는지라

더러운 귀신은 그 사람에게 경련을 일으키고 큰 소리를 지르며 그의 몸에서 나갔습니다. 귀신은 예수님의 권세 아래 굴복할 수밖에 없는 것입니다(롬 16:20). 한편 이 사건은 장차 예수님께서 사탄을 멸하시고(히 2:14) 심판하실 것에 대한 증거를 보여 주는 것이기도 합니다. 이처럼 예수님께서는 사탄의 일을 멸하심으로 인간에 대한 지극한 사랑을 입증하셨습니다.

27절 다 놀라 서로 물어 이르되 이는 어찜이냐 권위 있는 새 교훈이로다 더러운 귀신들에게 명한즉 순종하는도다 하더라

예수님의 가르침에 놀랐던 사람들이 이번에는 예수님께서 말씀 한 마디로 귀신을 쫓아내시는 것을 보고 더욱 놀라며 '권위 있는 새 교훈' 이라고 감탄했습니다. '새 교훈' 은 권위 있는 교훈으로서 사람들의 심령에서 어두운 그림자를 몰아내고 새로운 빛을 비추어 줍니다.

예수님께서는 우리에게도 예수님의 이름으로 귀신을 쫓아낼 수 있는 권세를 주셨습니다. 그러므로 우리는 귀신에게 눌려 고통당하는 자를 보

면 예수 그리스도의 이름으로 명하여 귀신을 쫓아내 주어야 합니다.

28절 예수의 소문이 곧 온 갈릴리 사방에 퍼지더라

예수님의 사역 방법은 당시 종교 지도자들과는 너무나 다르고 탁월한 것이었습니다. 예수님의 권세 있는 사역에 대한 소문은 온 갈릴리 사방에 퍼졌습니다.

오늘날 우리는 예수님의 권세 있는 능력과 사랑과 구원의 복음을 온 세상에 전파하여 알려야 합니다. 그것은 입술로만 되는 것이 아닙니다. 고통 가운데 있는 인생을 살리시는 예수님의 사랑과 능력을 힘입을 때에만 가능한 것입니다.

6. 베드로의 장모를 치료하심(1:29-31)

29. 회당에서 나와 곧 야고보와 요한과 함께 시몬과 안드레의 집에 들어가시니 30. 시몬의 장모가 열병으로 누워 있는지라 사람들이 곧 그 여자에 대하여 예수께 여짜온대 31. 나아가사 그 손을 잡아 일으키시니 열병이 떠나고 여자가 그들에게 수종드니라

29절 회당에서 나와 곧 야고보와 요한과 함께 시몬과 안드레의 집에

들어가시니

예수님과 그의 제자들은 회당에서 나와 시몬과 안드레의 집으로 갔습니다. 이로 보아 시몬과 안드레의 집이 가버나움의 회당에서 멀지 않은 곳에 위치해 있음을 짐작할 수 있습니다. 이때 시몬 베드로는 이미 결혼하여 그의 장모와 함께 살고 있었습니다.

예수님께서 베드로와 안드레의 집에 가실 때 요한과 야고보가 따라온 것으로 보아, 이 네 제자는 예수님의 사역에 있어 중요한 위치를 차지하고 있었던 자들임을 알 수 있습니다. 특히 예수님께서는 그중에서도 세 제자, 즉 베드로와 야고보와 요한과 늘 동행하셨습니다. 이들은 예수님의 변화산 사건을 직접 현장에서 목격하였으며(마 17:1), 겟세마네 동산에서도 예수님과 함께 있었고(마 26:37), 예수님께서 회당장 야이로의 죽은 딸을 일으키실 때도 예수님과 함께하였습니다(5:37).

30-31절 시몬의 장모가 열병으로 누워 있는지라 사람들이 곧 그 여자에 대하여 예수께 여짜온대 나아가사 그 손을 잡아 일으키시니 열병이 떠나고 여자가 그들에게 수종드니라

베드로의 장모는 열병을 앓고 있었습니다. 제자들이 이 사실을 예수님께 말씀드리자, 예수님께서는 베드로의 장모가 누운 병상 곁으로 가셔서 그 손을 잡아 일으키셨습니다. 당시 랍비들의 규례에 따르면 방문자는 병자가 누워 있는 병상 곁에 가지 못하고 단지 마루에 앉거나 서 있어야 했습니다. 그러나 예수님께서는 이 규례에 얽매이지 않으셨습니다. 사람을 살리고 인생의 고통을 더는 일보다 더 우선될 규례가 없기 때문입니다.

예수님께서 손을 잡아 일으키시자 베드로의 장모는 즉시 열병이 나아 예수님께 감사하며 예수님과 제자들을 섬겼습니다.

7. 많은 병자를 치료하심(1:32-34)

32. 저물어 해 질 때에 모든 병자와 귀신 들린 자를 예수께 데려오니 33. 온 동네가 그 문 앞에 모였더라 34. 예수께서 각종 병이 든 많은 사람을 고치시며 많은 귀신을 내쫓으시되 귀신이 자기를 알므로 그 말하는 것을 허락하지 아니하시니라

32절 저물어 해 질 때에 모든 병자와 귀신 들린 자를 예수께 데려오니

'저물어 해 질 때' 는 안식일이 끝나는 때를 가리킵니다. 안식일이 끝나는 시각이 되자 사람들이 예수님의 소문을 듣고 수많은 병자와 귀신 들린 자를 데리고 예수님께서 계신 곳으로 몰려들었습니다.

예수님께서는 안식일에도 병자와 귀신 들린 자를 치료하여 주셨습니다. 그럼에도 불구하고 그들이 치료받기 위해 안식일이 끝날 때까지 기다린 것은 안식일의 계명을 지키는 것이 옳다는 생각을 고수하는 자들이 있었기 때문입니다. 그래서 안식일을 지키고 나서 예수님을 찾아온 것입니다.

33절 온 동네가 그 문 앞에 모였더라

예수님께서 계신 집의 문 앞은 병자들과 귀신 들린 자는 물론 그들을 데려온 사람들로 인산인해를 이루었습니다. 이를 통해 예수님의 병 고치시는 능력이 많은 이들에게로 확대됨을 볼 수 있습니다.

교회는 말씀 선포를 통하여 영혼 구원에 힘쓰는 동시에 능력 있는 권세로 귀신을 쫓아내야 합니다. 이것이 하나님 나라의 속성입니다. 예수님께서는 천국 복음을 전파하신 후에 귀신을 쫓아내시고 병든 자를 치료하셨습니다. 그리고 열두 제자와 칠십 인의 제자들에게도 귀신을 쫓아내고 병을 고쳐 주라고 명하셨습니다.

오늘날 교회가 왕성하게 일어나지 않는 이유는 하나님의 권세가 나타나지 않고 생명의 복음을 믿지 않기 때문입니다. 어떤 사람들은 "교회는 복음만 선포해야 한다."고 말합니다. 귀신을 쫓아내는 것은 2천 년 전의 일이었지 성경이 완성된 오늘날에는 필요 없다고 말합니다. 그러나 예수님께서는 어제나 오늘이나 영원토록 동일하십니다. 그러므로 복음이 전파되는 곳에서는 어디서나 귀신을 쫓아내고 병을 고치는 일이 계속되어야 합니다.

침례 요한이 옥중에서 정말 예수님이 메시아인가 의심하여 제자를 보냈을 때에도 예수님께서는 "맹인이 보며 못 걷는 사람이 걸으며 나병 환자가 깨끗함을 받으며 못 듣는 자가 들으며 죽은 자가 살아나며 가난한 자에게 복음이 전파된다 하라"(마 11:5) 고 말씀하셨습니다. 그러므로 오늘날에도 교회는 말씀 선포와 함께 귀신을 쫓아내고 병 고치는 일을 계속해야 합니다.

34절 예수께서 각종 병이 든 많은 사람을 고치시며 많은 귀신을 내쫓으시되 귀신이 자기를 알므로 그 말하는 것을 허락하지 아니하시니라

마가는 이적의 사건을 하나하나 기록하기보다 '많은' 이라는 말을 사용하여 예수님의 강한 능력을 표현하고 있습니다. 예수님께서는 각종 병이 든 많은 사람을 고치시며 많은 귀신을 내쫓아 주심으로 자신을 찾아온 사람들의 기대에 어긋나지 않게 하셨습니다.

귀신들은 예수님께서 그리스도이신 줄 알고 있었습니다(눅 4:41). 그러나 예수님께서는 귀신들을 통해 자신의 정체가 드러나는 것을 원하시지 않았습니다. 예수님께서 하나님의 아들이시며 메시아라는 사실은 바로 예수님 자신을 통해 알려져야 했기 때문입니다.

8. 가버나움을 떠나시는 예수님(1:35-39)

35. 새벽 아직도 밝기 전에 예수께서 일어나 나가 한적한 곳으로 가사 거기서 기도하시더니 36. 시몬과 및 그와 함께 있는 자들이 예수의 뒤를 따라가 37. 만나서 이르되 모든 사람이 주를 찾나이다 38. 이르시되 우리가 다른 가까운 마을들로 가자 거기서도 전도하리니 내가 이를 위하여 왔노라 하시고 39. 이에 온 갈릴리에 다니시며 그들의 여러 회당에서 전도하시고 또 귀신들을 내쫓으시더라

35절 새벽 아직도 밝기 전에 예수께서 일어나 나가 한적한 곳으로 가사 거기서 기도하시더니

예수님께서는 이른 새벽에 일어나 한적한 곳으로 가서 기도하셨습니다. 우리도 하루의 일과가 시작되기 전 새벽에 기도하는 것이 좋습니다. 우리는 적어도 하루에 한 시간 이상 기도해야 합니다. 그러면 시험에 들지 않습니다. 시험은 누구에게나 다가옵니다. 그런데 시험을 당했을 때 그것을 이기는 사람이 있고 시험에 드는 사람이 있습니다. 시험에 들면 영육 간에 상처를 입고 고통을 당합니다. 그러나 하루에 한 시간 이상 기도하면 어떠한 시험이 다가와도 능히 이겨 낼 수 있습니다.

36-37절 시몬과 및 그와 함께 있는 자들이 예수의 뒤를 따라가 만나서 이르되 모든 사람이 주를 찾나이다

제자들은 예수님께서 하나님과의 시간을 갖기 위해 사람들을 피하시는 것을 이해하지 못했습니다. 그래서 그들은 예수님의 뒤를 따라가 만나서, 사람들이 예수님을 찾고 있다는 사실을 알렸습니다.

38절 이르시되 우리가 다른 가까운 마을들로 가자 거기서도 전도하리니 내가 이를 위하여 왔노라 하시고

예수님께서는 이 땅에 하나님의 나라를 선포하시기 위하여 오셨습니다. 단지 사람들의 병을 고치시고 귀신을 쫓아냄으로써 인기를 얻으려고 오신 것이 아닙니다. 예수님께서는 하나님 나라의 확장을 위해 가버나움을 떠나 갈릴리로 가시려고 계획하셨습니다. 이처럼 예수님께서는 공생애 기간 중 잠시도 뭇 영혼에 대한 사랑을 외면하신 적이 없었습니다. 이

러한 사랑이 바로 복음 증거 사역의 원동력이 되었던 것입니다.

39절 이에 온 갈릴리에 다니시며 그들의 여러 회당에서 전도하시고 또 귀신들을 내쫓으시더라

예수님께서는 복음을 전하시는 곳마다 그곳의 귀신 들린 사람들에게서 귀신을 쫓아내셨습니다. 오늘날 우리도 복음을 전파할 때 귀신을 쫓아내고 병든 자를 일으키는 일을 해야 합니다. 물론 복음을 전하는 것이 예수님의 궁극적인 목적이지만 예수님께서는 고통받는 자들을 사랑으로 고쳐 주셨습니다. 그러므로 우리도 복음을 전할 때 귀신 들린 자가 있으면 예수님의 이름으로 귀신을 쫓아내고 병든 자가 있으면 치료의 역사가 나타나도록 기도해야 합니다.

9. 나병 환자의 치료(1:40-45)

40. 한 나병 환자가 예수께 와서 꿇어 엎드려 간구하여 이르되 원
하시면 저를 깨끗하게 하실 수 있나이다 41. 예수께서 불쌍히 여기
사 손을 내밀어 그에게 대시며 이르시되 내가 원하노니 깨끗함을
받으라 하시니 42. 곧 나병이 그 사람에게서 떠나가고 깨끗하여진
지라 43. 곧 보내시며 엄히 경고하사 44. 이르시되 삼가 아무에게
아무 말도 하지 말고 가서 네 몸을 제사장에게 보이고 네가 깨끗하

게 되었으니 모세가 명한 것을 드려 그들에게 입증하라 하셨더라
45. 그러나 그 사람이 나가서 이 일을 많이 전파하여 널리 퍼지게 하니 그러므로 예수께서 다시는 드러나게 동네에 들어가지 못하시고 오직 바깥 한적한 곳에 계셨으나 사방에서 사람들이 그에게로 나아오더라

40절 한 나병 환자가 예수께 와서 꿇어 엎드려 간구하여 이르되 원하시면 저를 깨끗하게 하실 수 있나이다

한 나병 환자가 예수님 앞에 나아가 꿇어 엎드렸습니다. 이는 자신을 낮추고 예수님께서 주 되심을 표현하는 겸손의 표시였습니다. 예수님의 사랑과 긍휼을 입기 원하는 사람들은 이 나병 환자처럼 겸손하게 주님 앞에 나아가야 할 것입니다.

나병 환자는 예수님께서 자신을 깨끗하게 해 주실 수 있는 능력을 가지고 계시다는 것을 알았습니다. 그러나 그는 자신이 깨끗하게 고침받고 못 받고는 오직 주님의 뜻에 달려 있으므로 그 뜻대로 따르겠다는 자세를 보였습니다.

41절 예수께서 불쌍히 여기사 손을 내밀어 그에게 대시며 이르시되 내가 원하노니 깨끗함을 받으라 하시니

자신이 깨끗하게 되는 것이 예수님의 뜻인지 아닌지를 묻는 나병 환자에게 예수님께서는 "내가 원하노니 깨끗함을 받으라" 고 말씀하심으로 병 고침이 주님의 뜻임을 명명백백하게 밝히셨습니다.

나병은 불치병으로 가장 흉악한 병이었습니다. 그래서 우리나라에서

는 나병을 천형(天刑)이라고까지 했습니다. 당시 율법에 따르면 나병은 부정한 병이므로 나병 환자는 격리되어 살았으며 성한 사람과의 접촉이 금지되었습니다.

그럼에도 불구하고 예수님께서는 친히 손을 내밀어 나병 환자의 몸에 대시고 병을 치료하여 주셨습니다. 예수님께서는 말씀만으로도 나병 환자를 고치실 수 있었습니다. 그럼에도 불구하고 예수님께서 나병 환자의 몸에 손을 대고 고쳐 주신 것은 사랑이 많으셨기 때문입니다.

42-43절 곧 나병이 그 사람에게서 떠나가고 깨끗하여진지라 곧 보내시며 엄히 경고하사

나병 환자는 예수님의 즉각적인 치료의 능력으로 깨끗하게 병이 나았습니다. 아마도 그는 너무 기뻐서 여기저기 다니며 만나는 사람들에게 예수님께서 자신을 고쳐 주셨다고 말하고 싶었을 것입니다. 그러나 예수님께서는 이적을 행하시는 것이 사람들에게 알려지는 것을 원하시지 않았습니다. 이에 예수님께서는 나병을 치료받은 사람에게 주의해야 할 것에 대해 말씀하셨습니다.

44절 이르시되 삼가 아무에게 아무 말도 하지 말고 가서 네 몸을 제사장에게 보이고 네가 깨끗하게 되었으니 모세가 명한 것을 드려 그들에게 입증하라 하셨더라

율법에 의하면 나병에 걸린 사람이 나았을 때에는 제일 먼저 제사장에게 가서 나병이 나았는지 조사를 받도록 되어 있었습니다. 그리하여 제사장으로부터 깨끗하게 나았다는 판정을 받아야 비로소 정상인의 생활

을 할 수 있었습니다. 그리고 깨끗하게 나았다고 판정받은 다음에는 정결 의식을 행해야 했습니다. 이 정결 의식은 집비둘기나 산비둘기로 제물을 삼아 제사를 드리고 그 제물의 피를 몸에 발라 정결하게 되었음을 선포하는 것입니다. 예수님께서는 이를 통해 율법의 의무를 존중하고 계시다는 것과 치료의 실제성을 제사장들과 사람들에게 보이기를 원하셨던 것입니다.

당시 모세의 율법은 나병을 고침받은 사람의 정결 의식에 대해서 언급하고 있으나 실제로 나병을 고침받은 사람은 거의 없었습니다. 구약에서도 하나님께서 나병 환자를 고치신 일은 단 두 번 언급되어 있을 뿐입니다(민 12:10-16; 왕하 5:14). 나병은 죽은 자를 살리는 것만큼이나 치유하기 힘든 병으로 알려져 있었습니다. 그러므로 예수님께서 나병 환자를 고치신 사건은 단순히 의례적인 치료 행위를 넘어선, 영혼에 대한 애틋한 사랑을 표현한 것이었습니다. 즉, 백성들에 대한 하나님의 새로운 행위를 나타내신 것입니다.

45절 그러나 그 사람이 나가서 이 일을 많이 전파하여 널리 퍼지게 하니 그러므로 예수께서 다시는 드러나게 동네에 들어가지 못하시고 오직 바깥 한적한 곳에 계셨으나 사방에서 사람들이 그에게로 나아오더라

예수님께서 "아무에게 아무 말도 하지 말라." 고 엄하게 말씀하셨음에도 불구하고 그 사람은 치료받은 기쁨을 전하지 않을 수 없어 많은 사람들에게 알렸습니다. 그리하여 이 소문이 널리 퍼져 예수님께서는 다시 동네에 들어가시지 못하고 바깥 한적한 곳에서 계셨습니다. 그러나 그곳

도 사람들을 피할 수 있는 곳은 아니었습니다. 사람들은 한적한 곳에 계시는 예수님을 찾아 몰려왔습니다. 그렇기 때문에 예수님께서는 이 사건을 기점으로 갈릴리 지역의 도시들을 다니며 복음을 전하시던 일을 중단하셨습니다.

제 2 장

안식일의 주인이신 **예수님**

중풍 병자를 고치심	2:1-12
죄인들과 함께 식사하심	2:13-17
금식의 문제	2:18-22
안식일에도 계속되는 사역	2:23-28

A COMMENTARY
ON THE GOSPEL OF
MARK

본 장에는 예수님의 치유 사역과 더불어 예수님께서 이 땅에 오신 이유 등이 일련의 가르침을 통해 설명되어 있습니다. 특히 본 장에는 바리새인들과 유대 종교 지도자들이 말씀에 무지하여 예수님을 힐난하며 권위에 도전하는 모습이 무려 4번이나 나타나 있습니다(7, 16, 18, 24절). 이에 대해 예수님께서는 구약의 규례와 제도가 있게 된 근본적인 이유를 들어 사랑의 실천적 행위를 강조하셨습니다.

1. 중풍 병자를 고치심(2:1-12)

1. 수일 후에 예수께서 다시 가버나움에 들어가시니 집에 계시다는
소문이 들린지라 2. 많은 사람이 모여서 문 앞까지도 들어설 자리가
없게 되었는데 예수께서 그들에게 도를 말씀하시더니 3. 사람들이
한 중풍 병자를 네 사람에게 메워 가지고 예수께로 올새 4. 무리들
때문에 예수께 데려갈 수 없으므로 그 계신 곳의 지붕을 뜯어 구멍을
내고 중풍 병자가 누운 상을 달아 내리니 5. 예수께서 그들의 믿음을
보시고 중풍 병자에게 이르시되 작은 자야 네 죄 사함을 받았느니라
하시니 6. 어떤 서기관들이 거기 앉아서 마음에 생각하기를 7. 이 사
람이 어찌 이렇게 말하는가 신성 모독이로다 오직 하나님 한 분 외에
는 누가 능히 죄를 사하겠느냐 8. 그들이 속으로 이렇게 생각하는 줄
을 예수께서 곧 중심에 아시고 이르시되 어찌하여 이것을 마음에 생
각하느냐 9. 중풍 병자에게 네 죄 사함을 받았느니라 하는 말과 일어
나 네 상을 가지고 걸어가라 하는 말 중에서 어느 것이 쉽겠느냐 10.
그러나 인자가 땅에서 죄를 사하는 권세가 있는 줄을 너희로 알게 하
려 하노라 하시고 중풍 병자에게 말씀하시되 11. 내가 네게 이르노니

일어나 네 상을 가지고 집으로 가라 하시니 12. 그가 일어나 곧 상을 가지고 모든 사람 앞에서 나가거늘 그들이 다 놀라 하나님께 영광을 돌리며 이르되 우리가 이런 일을 도무지 보지 못하였다 하더라

1절 수일 후에 예수께서 다시 가버나움에 들어가시니 집에 계시다는 소문이 들린지라

예수님께서는 고향 땅 나사렛의 회당에서 이사야 61장 1절부터 2절까지의 말씀을 인용하여 "주의 성령이 내게 임하셨으니 이는 가난한 자에게 복음을 전하게 하시려고 내게 기름을 부으시고 나를 보내사 포로 된 자에게 자유를, 눈먼 자에게 다시 보게 함을 전파하며 눌린 자를 자유롭게 하고 주의 은혜의 해를 전파하게 하려 하심이라"(눅 4:18-19)는 복음을 전하셨습니다. 그때 나사렛 사람들은 "이 사람이 요셉의 아들이 아니냐"(눅 4:22)라고 하며 배척하였습니다. 그리고 예수님께서 천국 비유를 마치시고 고향 회당에서 가르치실 때에도 "이 사람의 이 지혜와 이런 능력이 어디서 났느냐 이는 그 목수의 아들이 아니냐"(마 13:54-55)라고 말하면서 예수님을 하나님의 아들로 받아들이지 아니하고 배척하였습니다. 심지어 그들은 예수님께서 행하신 기적도 믿지 아니하였습니다. 그래서 나사렛 사람들은 예수님께서 베푸시는 기적을 체험할 수 없었습니다.

그러나 가버나움 사람들은 예수님을 환영하고 모셔 들였으며 기적을 기대하였습니다. 이 때문에 예수님께서 가버나움을 사역의 본부로 삼으셨으며, 가버나움 사람들은 예수님께서 베푸신 기적을 체험할 수 있었습니다(1:23-27, 29-34, 40-42).

오늘날에도 예수님을 믿는다고 하면서 예수님의 기적을 인정하지 않

는 사람들이 있습니다. 이들은 나사렛 사람들처럼 예수님께서 베푸시는 기적을 체험하지 못할 것입니다. 예수님께서는 믿고 기대하는 자에게 기적을 행하여 주십니다. 그러므로 우리는 가버나움 사람들처럼 예수님을 믿고 기적을 기대함으로 주님의 기적을 체험하며 살아야겠습니다.

2절 **많은 사람이 모여서 문 앞까지도 들어설 자리가 없게 되었는데 예수께서 그들에게 도를 말씀하시더니**

예수님께서 가시는 곳마다 많은 사람들이 모여들었습니다. 사람들은 인간의 지혜나 지식, 철학을 배우러 온 것이 아니라 예수님께서 전파하시는 생명의 말씀을 들음으로 은혜를 체험하기 위해서 모인 것입니다.

3-4절 **사람들이 한 중풍 병자를 네 사람에게 메워 가지고 예수께로 올새 무리들 때문에 예수께 데려갈 수 없으므로 그 계신 곳의 지붕을 뜯어 구멍을 내고 중풍 병자가 누운 상을 달아 내리니**

중풍 병자와 네 친구들이 불가능한 환경을 뚫고 예수님을 만날 수 있었던 것은 그들의 마음속에 하나님을 향한 절대적인 믿음이 있었기 때문입니다. 중풍 병자의 친구들은 절대적인 믿음으로 지붕을 뚫어 구멍을 내고 중풍 병자가 누운 상을 달아 내렸습니다. 성경은 "할 수 있거든이 무슨 말이냐 믿는 자에게는 능히 하지 못할 일이 없느니라"(9:23)고 말씀하고 있습니다.

2천 년 전 믿음의 사람을 통하여 역사하셨던 예수님께서는 오늘날도 믿음의 사람을 통하여 역사하십니다. 이러므로 오늘날 예수님의 역사하심을 체험하려면 믿음의 사람이 되어야 합니다.

5절 예수께서 그들의 믿음을 보시고 중풍 병자에게 이르시되 작은 자야 네 죄 사함을 받았느니라 하시니

예수님께서 중풍 병자와 네 친구의 믿음을 보셨다고 했습니다. '믿음'이란 눈에 보이는 것입니다. 보이지 않는 믿음은 참믿음이 아닙니다. 성경은 "행함이 없는 믿음은 그 자체가 죽은 것이라"(약 2:17)고 말씀하셨습니다.

"작은 자야 네 죄 사함을 받았느니라". 예수님께서 중풍 병자에게 이렇게 말씀하신 것은 그의 병의 근원이 죄에 있었기 때문입니다.

본래 하나님께서는 인간을 죽지 않도록 만드셨습니다. 그러나 인류의 조상 아담과 하와가 하나님께 범죄함으로 인하여 사람은 흙으로 돌아가게 되었으며 이로 말미암아 육신이 병들기 시작한 것입니다. 또한 사람은 자범죄로 병이 들기도 합니다. 이는 예수님께서 베데스다 못가에 있던 서른여덟 해 된 병자를 향하여 "보라 네가 나았으니 더 심한 것이 생기지 않게 다시는 죄를 범하지 말라"(요 5:14)고 하신 말씀이 증명하고 있습니다.

이러므로 우리는 병 고침받기 위해 기도할 때 먼저 죄를 회개하여 하나님과 우리 사이에 막힌 담부터 무너뜨려야 합니다. 그러고 나서 기도하면 하나님께서 치료의 역사를 베풀어 주시는 것입니다.

6-7절 어떤 서기관들이 거기 앉아서 마음에 생각하기를 이 사람이 어찌 이렇게 말하는가 신성 모독이로다 오직 하나님 한 분 외에는 누가 능히 죄를 사하겠느냐

서기관들은 예수님께서 신성 모독죄를 범했다고 생각하였습니다. 그

것은 오직 하나님만이 죄를 사해 주실 수 있는데 예수님께서 중풍 병자의 죄를 사해 주셨기 때문입니다. 서기관들은 예수님을 하나님의 아들로 인정하지 않고 사람으로만 보았습니다. 사람은 죄를 사해 줄 수 없습니다. 그래서 서기관들이 서로 마음에 이를 생각하였던 것입니다.

8절 그들이 속으로 이렇게 생각하는 줄을 예수께서 곧 중심에 아시고 이르시되 어찌하여 이것을 마음에 생각하느냐

예수님께서는 서기관들이 속으로 무슨 생각을 하고 있는지 아셨습니다. 예수님께서는 전지전능하신 하나님의 아들이시므로 그 앞에는 어떠한 비밀이나 감추인 것도 다 드러나는 것입니다.

9절 중풍 병자에게 네 죄 사함을 받았느니라 하는 말과 일어나 네 상을 가지고 걸어가라 하는 말 중에서 어느 것이 쉽겠느냐

예수님께서는 바리새인들이 듣고 깨닫기를 원하셨지만 완고한 그들의 마음은 좀처럼 깨어지지 않았습니다. 예수님께서는 계속해서 바리새인들에게 "중풍 병자에게 네 죄 사함을 받았느니라 하는 말과 일어나 네 상을 가지고 걸어가라 하는 말이 어느 것이 쉽겠느냐" 고 질문하셨습니다.

서기관들은 죄 사함에 대한 선포가 중풍이 나았다는 선포보다 더 쉽다고 여겼을 것입니다. 왜냐하면 병이 나았다는 선포는 가시적이고도 즉각적인 결과를 요구하기 때문입니다. 그러나 중풍 병자가 깨끗이 치유받기 위해서는 죄의 문제가 먼저 해결되어야 했습니다. 이 병자의 경우에는 병의 원인이 죄와 관련되었기 때문입니다. 따라서 죄의 문제가 해결된 중풍 병자는 더 이상 중풍으로 누워 있어야 할 이유가 없었습니다.

예수님께서는 이 질문을 통해 자신이 죄 사함의 권세가 있는 하나님의 아들임을 나타내고자 하셨던 것입니다.

10절 그러나 인자가 땅에서 죄를 사하는 권세가 있는 줄을 너희로 알게 하려 하노라 하시고 중풍 병자에게 말씀하시되

예수님께서는 당신에게 죄 사함의 권세가 있음을 서기관들이 알고 믿도록 하기 위하여 중풍 병자를 고치는 기적을 행하려 하셨습니다.

죄 사함의 은혜를 베푸실 분은 오직 예수 그리스도뿐입니다. 그렇기 때문에 인간은 오직 예수님을 통해서만 죄 사함을 받을 수 있습니다.

11-12절 내가 네게 이르노니 일어나 네 상을 가지고 집으로 가라 하시니 그가 일어나 곧 상을 가지고 모든 사람 앞에서 나가거늘 그들이 다 놀라 하나님께 영광을 돌리며 이르되 우리가 이런 일을 도무지 보지 못하였다 하더라

"네 상을 가지고 집으로 가라". 참으로 권세 있는 말씀입니다. 이러한 예수님의 선포는 두 가지의 의미를 내포하고 있습니다. 첫째는 병으로부터의 자유이고, 둘째는 죄로부터의 자유입니다. 현실로 나타나기 더 어렵다고 여겨졌던 병 고침의 기적이 '일어나 가라' 는 선포와 함께 현실로 이루어진 것처럼 '네 죄 사함을 받았느니라' 는 말씀에 따라 실제로 죄 사함을 받은 것입니다.

중풍 병자가 고침받은 것을 본 사람들은 모두 다 놀라며 하나님께 영광을 돌렸습니다. 그리고 그들은 전에는 이러한 일을 전혀 보지 못했다고 고백하였습니다.

중풍 병자와 그의 친구들의 믿음의 행위가 예수님을 감동시켰기 때문에 그들은 기적을 체험할 수 있었습니다.

2. 죄인들과 함께 식사하심(2:13-17)

13. 예수께서 다시 바닷가에 나가시매 큰 무리가 나왔거늘 예수께서
그들을 가르치시니라 14. 또 지나가시다가 알패오의 아들 레위가 세
관에 앉아 있는 것을 보시고 그에게 이르시되 나를 따르라 하시니 일
어나 따르니라 15. 그의 집에 앉아 잡수실 때에 많은 세리와 죄인들
이 예수와 그의 제자들과 함께 앉았으니 이는 그러한 사람들이 많이
있어서 예수를 따름이러라 16. 바리새인의 서기관들이 예수께서 죄
인 및 세리들과 함께 잡수시는 것을 보고 그의 제자들에게 이르되 어
찌하여 세리 및 죄인들과 함께 먹는가 17. 예수께서 들으시고 그들
에게 이르시되 건강한 자에게는 의사가 쓸데없고 병든 자에게라야
쓸데 있느니라 나는 의인을 부르러 온 것이 아니요 죄인을 부르러 왔
노라 하시니라

13절 예수께서 다시 바닷가에 나가시매 큰 무리가 나왔거늘 예수께서 그들을 가르치시니라

예수님께서는 공생애 3년 반 동안 복음 전파 사역, 가르치는 사역, 병

고치는 사역을 계속하셨습니다. 예수님께서는 사람들이 모이면 어디서나 하나님의 말씀을 가르치시며 병든 자를 고쳐 주셨습니다.

14절 또 지나가시다가 알패오의 아들 레위가 세관에 앉아 있는 것을 보시고 그에게 이르시되 나를 따르라 하시니 일어나 따르니라

'알패오의 아들 레위'는 '마태'라고도 불리는 사람으로, 그의 직업은 세리였습니다. '세리'는 유대에서 가장 천하게 취급받는 직업이었습니다.

그 당시 로마의 관원이었던 세리들은 유대인들에게서 세금을 징수하여 로마에 상납하였는데, 상납 액수보다 더 많이 책정해서 세금을 거둬들여 그 차액을 착복했습니다. 그렇기 때문에 유대인들은 세리들을 민족반역자로 여겨 상종도 하지 않았습니다.

그러나 예수님께서는 시몬과 안드레, 야고보와 요한을 택하여 부르실 때와 같이 세리 마태(레위)에게도 "나를 따르라!"고 부르셔서 열두 제자의 반열에 세우셨습니다.

15절 그의 집에 앉아 잡수실 때에 많은 세리와 죄인들이 예수와 그의 제자들과 함께 앉았으니 이는 그러한 사람들이 많이 있어서 예수를 따름이러라

레위는 예수님의 제자로 부르심을 받은 후 예수님과 그의 제자들을 초청하여 연회 자리를 마련했습니다. 그 자리에는 많은 세리와 죄인들도 함께하였습니다.

예수님께서는 3년 반의 공생애 기간 동안 가난한 자, 병든 자, 세리와 죄인 등 세상 사람들에게 버림받고 소외된 사람들의 친구가 되어 주셨습

니다.

16절 바리새인의 서기관들이 예수께서 죄인 및 세리들과 함께 잡수시는 것을 보고 그의 제자들에게 이르되 어찌하여 세리 및 죄인들과 함께 먹는가

'바리새인의 서기관들' 은 바리새파에 속하는 서기관들로 율법과 규례를 엄격하게 지켰습니다. 그러다 보니 의식과 형식에 지나치게 치우치게 되었고, 결국 그들의 신앙은 외식적인 것이 되고 말았습니다. 그들은 예수님께서 죄인 및 세리들과 어울려 음식을 잡수시는 것을 보고 몹시 못마땅하게 생각했습니다. 율법을 지키는 자는 율법을 지키지 않는 자와 자리를 함께할 수 없다는 전통적 관습을 예수님께서 무시하셨기 때문입니다. 그래서 그들은 예수님의 제자들에게 "어찌하여 세리 및 죄인들과 함께 먹는가" 라고 예수님을 비난하였습니다.

17절 예수께서 들으시고 그들에게 이르시되 건강한 자에게는 의사가 쓸데없고 병든 자에게라야 쓸데 있느니라 나는 의인을 부르러 온 것이 아니요 죄인을 부르러 왔노라 하시니라

예수님께서는 "건강한 자에게는 의사가 쓸데없고 병든 자에게라야 쓸데 있느니라" 는 격언을 인용하시면서 자신이 죄인을 부르기 위해 이 땅에 오셨다고 말씀하셨습니다. 세리와 죄인들은 죄 사함과 구원이 필요한 사람들입니다. 그들이야말로 구주이신 예수님이 필요합니다. 그러므로 예수님께서 이러한 사람들과 자리를 함께하시는 것은 지극히 당연한 일이지, 서기관들이 말하듯 비난받을 일이 아닌 것입니다.

3. 금식의 문제(2:18-22)

18. 요한의 제자들과 바리새인들이 금식하고 있는지라 사람들이 예
수께 와서 말하되 요한의 제자들과 바리새인의 제자들은 금식하는데
어찌하여 당신의 제자들은 금식하지 아니하나이까 19. 예수께서 그
들에게 이르시되 혼인집 손님들이 신랑과 함께 있을 때에 금식할 수
있느냐 신랑과 함께 있을 동안에는 금식할 수 없느니라 20. 그러나
신랑을 빼앗길 날이 이르리니 그날에는 금식할 것이니라 21. 생베
조각을 낡은 옷에 붙이는 자가 없나니 만일 그렇게 하면 기운 새것이
낡은 그것을 당기어 해어짐이 더하게 되느니라 22. 새 포도주를 낡
은 가죽 부대에 넣는 자가 없나니 만일 그렇게 하면 새 포도주가 부대
를 터뜨려 포도주와 부대를 버리게 되리라 오직 새 포도주는 새 부대
에 넣느니라 하시니라

18절 요한의 제자들과 바리새인들이 금식하고 있는지라 사람들이 예수께 와서 말하되 요한의 제자들과 바리새인의 제자들은 금식하는데 어찌하여 당신의 제자들은 금식하지 아니하나이까

구약 시대에는 온 이스라엘 백성들이 일 년에 하루를 금식하는 규례가 있었습니다. 그런데 바리새인들은 일주일에 이틀을 금식하였으며, 침례 요한의 제자들도 규례에 따라 금식을 했습니다. 그러나 예수님의 제자들은 금식을 하지 않았습니다. 이것을 보고 바리새인들이 예수님께 "어찌

하여 당신의 제자들은 금식하지 아니하나이까?" 라고 물으며 제자들이 금식하지 않는 것을 이유로 내세워 예수님을 비난하였습니다.

19-20절 예수께서 그들에게 이르시되 혼인집 손님들이 신랑과 함께 있을 때에 금식할 수 있느냐 신랑과 함께 있을 동안에는 금식할 수 없느니라 그러나 신랑을 빼앗길 날이 이르리니 그날에는 금식할 것이니라

예수님께서는 자신을 신랑에, 제자들을 신랑의 친구에 비유하셨습니다. 유대인들은 결혼식을 마친 후 잔치를 일주일 동안 계속 열었으며, 신랑의 친구들은 잔치 마지막 날 밤에 신랑을 신부의 방으로 인도한 후 잔칫집을 떠났습니다. 그런데 잔치하는 동안에는 금식할 일이 있어도 신랑 친구들은 금식하지 않았습니다. 예수님께서는 당시의 이러한 풍습을 비유로 들어 제자들이 예수님과 함께 있는 동안에는 금식할 필요가 없다고 말씀하신 것입니다.

그런 다음 예수님께서는 같이 있던 신랑을 빼앗기는 날에는 금식을 해야 한다고 말씀하셨습니다. 성경 원어에 따르면 본문에 쓰인 '빼앗김' 은 억지에 의해 잃어버리게 되는 것을 뜻합니다. 예수님께서는 바리새인들과의 짧은 금식 논쟁에서 자신이 구속 사역을 위해 십자가에 못 박혀 죽게 될 것을 암시하셨습니다.

21-22절 생베 조각을 낡은 옷에 붙이는 자가 없나니 만일 그렇게 하면 기운 새것이 낡은 그것을 당기어 해어짐이 더하게 되느니라 새 포도주를 낡은 가죽 부대에 넣는 자가 없나니 만일 그렇

게 하면 새 포도주가 부대를 터뜨려 포도주와 부대를 버리게 되리라 오직 새 포도주는 새 부대에 넣느니라 하시니라

새 옷과 새 포도주에 관한 말씀은 '혼인 비유' 와 마찬가지로 현명하지 못한 행동에 대한 교훈입니다.

'새 옷과 새 포도주' 는 '예수 그리스도의 복음' 을, '낡은 옷과 낡은 부대' 는 '유대인의 의식' 을 의미합니다.

예수 그리스도의 복음은 하나님께서 그리스도를 통하여 죄를 용서하시고 구원해 주시며 병을 고쳐 주시고 저주에서 해방시켜 주시는, 영혼이 잘됨같이 범사가 잘되고 강건하며 생명을 얻되 넘치게 얻게 하는 기쁜 소식입니다. 예수 그리스도의 복음은 타락한 인간을 하나님의 형상과 모양대로 지음 받은 인간 본래의 모습으로 회복시켜 주는 것입니다.

낡은 옷은 탄력성이 약하므로 탄력성이 강한 생베 조각으로 기우면 낡은 옷이 찢어집니다. 또한 신축성이 약한 낡은 부대에 발효성이 강한 새 포도주를 담으면 낡은 부대가 새 포도주를 감당하지 못하여 터지고 맙니다. 이와 마찬가지로 유대인의 낡은 의식은 생명력이 넘치는 예수 그리스도의 복음을 감당하지 못합니다. 예수님께서는 이 사실을 비유로 말씀하심으로 유대인들의 낡은 의식을 깨우쳐 주셨습니다.

낡은 옷과 낡은 부대는 구시대를, 새 옷과 새 포도주는 새 시대를 상징합니다. 그러므로 예수님께서 이 땅에 오심으로 율법 아래 있던 구시대는 끝이 나고 믿음으로 구원받는 새로운 시대가 시작된 것입니다.

4. 안식일에도 계속되는 사역(2:23-28)

23. 안식일에 예수께서 밀밭 사이로 지나가실새 그의 제자들이 길을
열며 이삭을 자르니 24. 바리새인들이 예수께 말하되 보시오 저들
이 어찌하여 안식일에 하지 못할 일을 하나이까 25. 예수께서 이르
시되 다윗이 자기와 및 함께한 자들이 먹을 것이 없어 시장할 때에
한 일을 읽지 못하였느냐 26. 그가 아비아달 대제사장 때에 하나님
의 전에 들어가서 제사장 외에는 먹어서는 안 되는 진설병을 먹고 함
께한 자들에게도 주지 아니하였느냐 27. 또 이르시되 안식일이 사
람을 위하여 있는 것이요 사람이 안식일을 위하여 있는 것이 아니니
28. 이러므로 인자는 안식일에도 주인이니라

23절 안식일에 예수께서 밀밭 사이로 지나가실새 그의 제자들이 길을 열며 이삭을 자르니

예수 그리스도께 대한 바리새인들의 반감은 여전했습니다. 그들은 예수님의 일거수일투족을 주시하였습니다.

바리새인들은 안식일에 밀밭에서 이삭을 자르는 예수님의 제자들을 목격했습니다. 이웃의 곡식밭에 들어가 이삭을 자르는 행위는 율법에서 용인되어 있었기에 별 문제가 되지 않았습니다(신 23:25). 문제가 되는 것은 제자들이 그러한 행위를 안식일에 했다는 데 있었습니다. 율법에 "너는 엿새 동안 일하고 일곱째 날에는 쉴지니 밭 갈 때에나 거둘 때에도 쉴

지며"(출 34:21)라고 기록되어 있습니다. 이와 같이 안식일에는 이삭을 자르지 못하게 되어 있었기 때문에 바리새인들은 예수님의 제자들이 율법을 어겼다고 비난한 것입니다.

24절 바리새인들이 예수께 말하되 보시오 저들이 어찌하여 안식일에 하지 못할 일을 하나이까

바리새인들은 제자들의 행동에 대한 책임이 스승에게 있다고 여겼습니다. 이러한 이유로 바리새인들은 "저들이 어찌하여 안식일에 하지 못할 일을 하나이까"라고 예수님께 직접 항변을 하였습니다.

25-26절 예수께서 이르시되 다윗이 자기와 및 함께한 자들이 먹을 것이 없어 시장할 때에 한 일을 읽지 못하였느냐 그가 아비아달 대제사장 때에 하나님의 전에 들어가서 제사장 외에는 먹어서는 안 되는 진설병을 먹고 함께한 자들에게도 주지 아니하였느냐

예수님께서는 사무엘상 21장 1절부터 6절까지에 기록된 내용을 환기시키면서 바리새인들의 항변에 대답하셨습니다.

성소에 관한 규정에 의하면 매 금요일마다 성소에 진설되어 있는 떡을 새로운 떡으로 교체하고 묵은 떡은 제사장들이 먹도록 되어 있었습니다(출 25:30; 35:13; 39:36; 레 24:5-9). 그런데 다윗은 자기와 함께한 자들이 시장할 때에 제사장들만 먹게 되어 있는 떡을 먹었습니다(삼상 21:1-6). 예수님께서는 바로 이 사건을 들어 바리새인들의 비난에 반격을 가하셨습니다. 예수님께서는 획일적이고 일률적으로 적용될 수 없는 인간의 상황을

묵살하고 단순히 안식일 법으로 자신과 제자들을 정죄하고자 했던 바리새인들의 사악한 의도를 꾸짖으신 것입니다.

27절 또 이르시되 안식일이 사람을 위하여 있는 것이요 사람이 안식일을 위하여 있는 것이 아니니

하나님께서 율법을 주신 근본 목적은 사람들에게 복을 주시기 위한 것이었습니다. 그러나 유대인들은 율법의 참목적을 깨닫지 못했습니다. 그들은 사람보다 율법을 더 중시했고 공공연히 '사람은 율법을 위해 창조된 존재' 라고 말하였습니다.

당시 유대 전통은 안식일에 대해 너무나 많은 요구와 제약 사항들을 강요하여 사람들이 그 짐을 감당하지 못할 정도였습니다. 그리하여 사람들을 안식일의 율법에 가두어 버리는 결과를 초래하였습니다. 그렇기 때문에 예수님께서는 유대교의 전통을 마다하시고 하나님께서 사람들에게 안식일을 주신 원래의 목적을 강조하셨습니다. 즉, 하나님께서는 인간이 영적으로, 정신적으로, 육체적으로 회복되기를 원하시고 이러한 목적에서 율법이 만들어졌다는 것입니다.

28절 이러므로 인자는 안식일에도 주인이니라

'안식일' 은 야훼 하나님께서 사람들을 구원하시기 위해 마련하신 계획의 일부였습니다. 그런데 바리새인들을 비롯한 유대의 종교 지도자들은 안식일의 개념을 잘못된 것으로 바꾸어 놓았습니다. 그래서 사람들은 안식일로 인해 눌리고 마음에 짐이 되는 상황에 처하게 된 것입니다.

예수님께서는 안식일의 주체로서 사람을 중시하셨을 뿐만 아니라 자

신이 모든 것에 주인 되심을 선포하셨습니다. 만물의 주인 되시는 예수님께서는 사람들을 억누르는 어떠한 것도 용납하시지 않습니다. 그렇다고 예수님께서 율법을 폐하신 것은 아닙니다. 오히려 예수님께서는 율법의 근본정신을 사람들에게 가르치고자 하셨습니다. 그것은 바로 사랑이었으며, 예수님께서는 그 사랑으로 율법을 완성시키셨습니다.

제 3 장

하나님의 뜻대로 하는 자

A COMMENTARY
ON THE GOSPEL OF
MARK

예수님과 유대 종교 지도자들의 갈등은 계속되었습니다. 예수님께서는 종교 지도자들이 예수님을 고발하기 위해 주시하고 있음에도 불구하고 선교 사역을 활발하게 하셨습니다. 또한 예수님께서는 병든 자를 고치셨고, 나아가 복음의 씨앗을 뿌리고 관리할 일꾼으로 열두 제자를 택하셨습니다.

예수님께서는 하나님의 아들로서 이처럼 공적 사역에 최선을 다하셨습니다. 실로 예수님께서는 하나님의 뜻을 친히 좇으신 분으로서 모범을 보여 주셨습니다.

1. 손 마른 사람을 고치심(3:1-6)

1. 예수께서 다시 회당에 들어가시니 한쪽 손 마른 사람이 거기 있는
지라 2. 사람들이 예수를 고발하려 하여 안식일에 그 사람을 고치시
는가 주시하고 있거늘 3. 예수께서 손 마른 사람에게 이르시되 한가
운데에 일어서라 하시고 4. 그들에게 이르시되 안식일에 선을 행하
는 것과 악을 행하는 것, 생명을 구하는 것과 죽이는 것, 어느 것이
옳으냐 하시니 그들이 잠잠하거늘 5. 그들의 마음이 완악함을 탄식
하사 노하심으로 그들을 둘러보시고 그 사람에게 이르시되 네 손을
내밀라 하시니 내밀매 그 손이 회복되었더라 6. 바리새인들이 나가
서 곧 헤롯당과 함께 어떻게 하여 예수를 죽일까 의논하니라

1절 예수께서 다시 회당에 들어가시니 한쪽 손 마른 사람이 거기 있는지라

예수님께서는 안식일에 손 마른 사람을 고치심으로 초기 사역에서 유

대 지도자들과 다섯 번째로 충돌하였습니다. 이는 "인자는 안식일에도 주인이니라"(2:28)고 하신 예수님의 선포를 실질적으로 보여 주는 사건이기도 합니다.

때와 지리적 위치에 대해서는 정확히 알 수 없지만 예수님께서는 유대의 한 회당에 들어가셨다가 손 마른 사람을 보셨습니다.

2절 사람들이 예수를 고발하려 하여 안식일에 그 사람을 고치시는가 주시하고 있거늘

여기서 언급되고 있는 '사람들'은 바리새인들입니다(6절). 이들은 손 마른 사람의 딱한 처지에 대해서는 별 관심이 없었고 오로지 예수님을 흠잡아 죽일 구실을 찾는 데에만 혈안이 되어 있었습니다. 그래서 이들은 예수님께서 안식일에 사람을 고치시는가 엿보았습니다. 이들은 사람의 형편을 돌아보는 일은 소홀히 하고 오히려 사람들에게 율법의 굴레를 씌우고자 하는 자들이었습니다.

3-4절 예수께서 손 마른 사람에게 이르시되 한가운데에 일어서라 하시고 그들에게 이르시되 안식일에 선을 행하는 것과 악을 행하는 것, 생명을 구하는 것과 죽이는 것, 어느 것이 옳으냐 하시니 그들이 잠잠하거늘

예수님께서는 바리새인들이 보는 앞에서 손 마른 사람을 향하여 "한가운데에 일어서라"고 권세 있게 명령하셨습니다. 그리고 바리새인들에게 "안식일에 선을 행하는 것과 악을 행하는 것, 생명을 구하는 것과 죽이는 것, 어느 것이 옳으냐"고 질문하셨습니다. 예수님께서 바리새인

들에게 이렇게 질문하신 이유는 그들의 완악함을 깨우치고 사람이 마땅히 행하여야 할 도리를 해야 한다는 것을 깨닫게 하기 위함이었습니다. 진리가 상황에 따라 바뀔 수 없듯이, 선을 행하고 생명을 구하는 일 또한 상황에 따라 바뀔 수 없다는 것입니다. 성경은 "사람이 선을 행할 줄 알고도 행하지 아니하면 죄니라"(약 4:17)고 말씀하고 있습니다. 예수님께서는 선을 행하고 생명을 구하기 위해서 이 땅에 오셨습니다.

바리새인들은 안식일의 규례에 얽매여 있었기 때문에 율법이 허용하는 일 외에는 어떤 일도 생각하지 않았습니다. 그래서 그들은 예수님의 질문에 대해 그저 잠잠히 있을 뿐이었습니다.

5절 그들의 마음이 완악함을 탄식하사 노하심으로 그들을 둘러보시고 그 사람에게 이르시되 네 손을 내밀라 하시니 내밀매 그 손이 회복되었더라

바리새인들은 마음이 완악하여 사람의 생명은 어찌 되든 간에 오직 율법을 지키고 의식을 행하기만 하면 된다고 생각하였습니다. 그들은 지나치게 율법에 집착함으로 인해 인간을 위해 안식일을 정하신 하나님의 본래의 뜻을 잊어버렸던 것입니다. 그들은 안식일을 통해 인간에게 베푸시고자 했던 하나님의 선한 뜻과 인간의 고통에 둔감했던 것입니다.

예수님께서는 그들의 온전치 못한 생각을 아시고 그들을 둘러보셨습니다. 그리고 손 마른 사람을 향해 "네 손을 내밀라" 하시고 이에 그가 순종하여 손을 내밀자 즉시로 그의 손을 회복시켜 주셨습니다. 이처럼 하나님의 능력은 우리가 주님의 말씀에 순종할 때 나타납니다.

예수님께서는 손 마른 사람을 고쳐 주심으로 안식일에 '선을 행하는 것'과 '생명을 구하는 것'의 중요성을 보여 주셨고 '믿음의 중요성'을 일깨워 주셨습니다. 이 사건을 통하여 예수님께서는 곤궁한 형편에 처한 사람을 구할 뿐 아니라 인간이 인위적으로 만든 규례로부터 놓여나기를 원하심을 보여 주신 것입니다.

6절 바리새인들이 나가서 곧 헤롯당과 함께 어떻게 하여 예수를 죽일까 의논하니라

바리새인들은 예수님께서 안식일에 손 마른 사람을 고치신 것을 보고 예수님을 죽이기 위해 헤롯당과 함께 의논하였습니다. 예수님을 통해 선포됐던 하나님의 은혜가 다름 아닌 이스라엘의 지도자들에 의해 거부됨을 볼 수 있습니다. '헤롯당'은 헤롯 왕과 관련이 있거나 이들에 대한 지원자들로 유대 사회에서는 영향력이 있는 사람들이었습니다.

예수님께서는 안식일에 손 마른 사람을 고치심으로 안식일의 진정한 의미를 일깨워 주셨지만, 안식일을 올바로 지킨다고 자처하는 바리새인들은 오히려 사람에게 해를 끼치고 죽이는 일에 가담하는 모습을 보여 주었습니다.

2. 많은 사람들이 예수님께로 몰려옴(3:7-12)

7. 예수께서 제자들과 함께 바다로 물러가시니 갈릴리에서 큰 무리
가 따르며 8. 유대와 예루살렘과 이두매와 요단 강 건너편과 또 두
로와 시돈 근처에서 많은 무리가 그가 하신 큰일을 듣고 나아오는지
라 9. 예수께서 무리가 에워싸 미는 것을 피하기 위하여 작은 배를
대기하도록 제자들에게 명하셨으니 10. 이는 많은 사람을 고치셨으
므로 병으로 고생하는 자들이 예수를 만지고자 하여 몰려왔음이더
라 11. 더러운 귀신들도 어느 때든지 예수를 보면 그 앞에 엎드려 부
르짖어 이르되 당신은 하나님의 아들이니이다 하니 12. 예수께서 자
기를 나타내지 말라고 많이 경고하시니라

7절 예수께서 제자들과 함께 바다로 물러가시니 갈릴리에서 큰 무리가 따르며

예수님께서는 손 마른 사람을 고치신 후 제자들과 함께 바다로 물러가셨습니다.

마가는 예수님께서 바다로 물러가신 이유에 대해 언급하고 있지 않습니다. 그러나 마태복음 12장 14절부터 15절에 "바리새인들이 나가서 어떻게 하여 예수를 죽일까 의논하거늘 예수께서 아시고 거기를 떠나가시니"라고 기록한 것을 보아 예수님께서 유대인들을 피하기 위해 그곳을 떠나 바다로 가신 것을 알 수 있습니다.

예수님께서 갈릴리에 가시니 많은 사람들이 예수님께로 몰려왔습니다.

8절 유대와 예루살렘과 이두매와 요단 강 건너편과 또 두로와 시돈 근처에서 많은 무리가 그가 하신 큰일을 듣고 나아오는지라

본 절에 언급된 지역들은 모든 이스라엘과 그 이웃 지방입니다. 예수님께서 갈릴리에 오셨을 때 가버나움 근처뿐만 아니라 먼 지역에서도 사람들이 모여든 것으로 보아 예수님께 대한 소문이 삽시간에 얼마나 멀리 퍼져 나갔는지 알 수 있습니다.

9-10절 예수께서 무리가 에워싸 미는 것을 피하기 위하여 작은 배를 대기하도록 제자들에게 명하셨으니 이는 많은 사람을 고치셨으므로 병으로 고생하는 자들이 예수를 만지고자 하여 몰려왔음이더라

예수님께로 나온 사람들은 모두 병 고침 받기를 열망했습니다. 그들은 예수님께서 많은 병자들을 치료하신 사실을 알고 예수님을 만지려고 앞 다투어 예수님께로 나아와 에워싸고 서로 밀고 당겼습니다. 그래서 예수님께서는 제자들에게 작은 배 하나를 준비하도록 명하셨습니다.

11-12절 더러운 귀신들도 어느 때든지 예수를 보면 그 앞에 엎드려 부르짖어 이르되 당신은 하나님의 아들이니이다 하니 예수께서 자기를 나타내지 말라고 많이 경고하시니라

무리들 중에는 귀신에 사로잡혀 있는 사람들도 있었습니다. 귀신들은

어느 때든지 예수님을 보면 "당신은 하나님의 아들이니이다" 라고 엎드려 고백하였습니다. 그러나 예수님께서는 귀신들로부터 그러한 고백을 듣고 싶지 않으셨습니다. 이 때문에 예수님께서는 더러운 귀신들에게 자기를 나타내지 말라고 많이 경고하셨습니다. 예수님께서는 사람들을 구원하러 오셨기 때문에 귀신들의 고백을 듣고 싶지 않으셨던 것입니다.

3. 열두 제자를 택하심(3:13-19)

13. 또 산에 오르사 자기가 원하는 자들을 부르시니 나아온지라 14.
이에 열둘을 세우셨으니 이는 자기와 함께 있게 하시고 또 보내사 전
도도 하며 15. 귀신을 내쫓는 권능도 가지게 하려 하심이러라 16.
이 열둘을 세우셨으니 시몬에게는 베드로란 이름을 더하셨고 17. 또
세베대의 아들 야고보와 야고보의 형제 요한이니 이 둘에게는 보아
너게 곧 우레의 아들이란 이름을 더하셨으며 18. 또 안드레와 빌립
과 바돌로매와 마태와 도마와 알패오의 아들 야고보와 및 다대오와
가나나인 시몬이며 19. 또 가룟 유다니 이는 예수를 판 자더라

13절 또 산에 오르사 자기가 원하는 자들을 부르시니 나아온지라

예수님께서는 자신을 좇던 자들을 떠나 산에 오르셔서 밤새도록 하나님께 기도하셨습니다(눅 6:12). 그리고 자기가 원하는 자들을 택하여 제

자로 삼으셨습니다.

성경은 "너희가 나를 택한 것이 아니요 내가 너희를 택하여 세웠나니 이는 너희로 가서 열매를 맺게 하고 또 너희 열매가 항상 있게 하여 내 이름으로 아버지께 무엇을 구하든지 다 받게 하려 함이니라"(요 15:16)고 말씀하고 있습니다. 이같이 예수님께서는 사람들을 택하심에 있어 누구의 간섭도 받지 않고 절대적인 주권을 가지고 선택하십니다. 따라서 우리가 구원을 얻고 예수님의 일꾼으로 쓰임받게 된 것은 주님의 은혜로 말미암은 것입니다.

열두 명의 제자들은 예수님께서 부르셨을 때 지체하거나 망설임 없이 즉시 순종하여 예수님께 나아왔습니다.

14-15절 이에 열둘을 세우셨으니 이는 자기와 함께 있게 하시고 또 보내사 전도도 하며 귀신을 내쫓는 권능도 가지게 하려 하심이러라

"이에 열둘을 세우셨으니". '열둘' 이라는 숫자는 하나님의 구속 사역에 있어 중요한 의미가 있습니다. 열둘은 이스라엘의 열두 지파를 상징적으로 나타냅니다. 또한 예수님께서는 열두 제자를 택하심으로 온 이스라엘에 대한 구원 사역을 계획하셨습니다. 뿐만 아니라 이 열두 제자를 기초로 새로운 이스라엘, 곧 영적 이스라엘을 세우시겠다는 약속을 하셨습니다.

예수님께서 열두 제자를 부르신 것은 하나님의 구속의 은혜를 선포할 일꾼으로 쓰시고자 함이었습니다. 즉, 그들을 자신과 함께 있게 하시면서 선교를 보다 확장시키고자 하셨던 것입니다. 예수님께서는 열두 제자에

게 복음의 산 증인이 되게 하셨으며 귀신을 내쫓는 권능을 주셨습니다.

주님께서 우리를 택하여 부르신 것도 우리로 하여금 예수님과 깊은 교제를 하고, 하나님의 나라를 선포하며, 악한 영의 세력을 대적하도록 하기 위해서입니다. 이 세 가지는 부르심을 입은 자들의 삶 가운데 나타나야 합니다. 그러므로 우리는 기도와 묵상 그리고 말씀 가운데 예수님과 교제를 나누며, 전도로써 하나님의 나라를 선포하며, 악하고 어둔 영의 세력에 눌려 신음하는 자들에게서 귀신을 쫓아내는 권세 있는 삶을 살아야 하는 것입니다.

16절 이 열둘을 세우셨으니 시몬에게는 베드로란 이름을 더하셨고

택하심을 입은 열두 제자 중 예수님의 초기 갈릴리 사역에서 부름받은 자로(1:16) 시몬이 제일 먼저 소개되고 있습니다.

예수님께서는 시몬에게 '베드로' 라는 새 이름을 주셨는데, 이는 아람어로 '게바' 이며 '반석' 이라는 뜻입니다. 그러나 시몬은 반석이라는 새 이름에 걸맞는 성품과 모습을 갖추고 있지 못했습니다. 그럼에도 불구하고 예수님께서 시몬에게 '반석' 이란 의미의 새 이름을 더하여 주신 데는 이유가 있었습니다.

구약의 전통을 살펴볼 때 어떤 약속을 받거나 특별한 일에 부르심을 입을 때는 새로운 이름이 주어진 경우가 많았습니다. '베드로' 라는 새 이름이 시몬에게 주어진 것도 예수님께서 사역하시는 동안에 시몬을 열두 제자 중 수제자로 삼으시고 초대 교회의 형성기에 시몬을 지도자로 세우겠다는 약속을 주신 것이라 할 수 있습니다. "주는 그리스도시니이다"(8:29)라고 고백한 시몬은 훗날 예루살렘, 가이사랴 등지에 복음을 증거함으로 예수님께서 세우실 그리스도 교회의 반석이 되었습니다.

17절 또 세베대의 아들 야고보와 야고보의 형제 요한이니 이 둘에게는 보아너게 곧 우레의 아들이란 이름을 더하셨으며

세베대의 아들 야고보와 그의 형제 요한은 열두 제자 중에서 베드로와 함께 중요한 위치를 차지하였습니다(5:37; 9:2; 13:3).

예수님께서는 그들에게 '우레의 아들' 이란 뜻인 '보아너게' 라는 이름을 새로 주셨습니다. 이 이름은 그들의 불같은 성격을 잘 반영하고 있습니다(막 9:38; 10:35-39; 눅 9:54).

18절 또 안드레와 빌립과 바돌로매와 마태와 도마와 알패오의 아들 야고보와 및 다대오와 가나나인 시몬이며

'안드레' 는 예수님의 갈릴리 사역 초기부터 예수님을 좇았던 열두 제자 중 한 사람입니다. '빌립' 은 '말을 사랑하는 자' 란 뜻의 이름으로, 그는 주님을 따른 후 나다나엘을 주께로 인도했습니다. '바돌로매' 는 그 뜻이 '탈마이의 아들' 이며, 요한복음 1장 45절에 언급된 나다나엘과 동일 인물로 추측하고 있습니다. '마태' 는 본 서 2장 14절에서 언급된 세리 '레위' 와 동일 인물로, "나를 따르라!" 는 예수님의 부르심에 순종하여 주님을 좇은 사람입니다. '도마' 는 아람어 이름으로 '쌍둥이' 라는 뜻이며, 의심이 많은 사람입니다(요 20:25). '알패오의 아들 야고보' 에 대해서는 열두 제자의 명단에 기록된 것 외에는 알려진 바가 없습니다. 만일 알패오의 아들로 언급된 레위와 야고보가 형제라면 열두 제자 중에는 세 쌍의 형제가 있게 되는 것입니다. 시몬과 안드레, 세베대의 아들 야고보와

그의 형제 요한, 그리고 알패오의 아들 레위(2:14)와 야고보가 그들입니다. 이와 함께 열두 제자 중 하나인 '다대오'는 누가복음에 기록된 제자들의 명단과 비교해 볼 때 야고보의 아들 유다와 동일 인물로 알려져 있습니다(눅 6:16; 행 1:13). 그리고 가나나인 '시몬'이 있습니다. '가나나'는 '가나안'의 히브리식 표현이며 '열심당'을 의미합니다. 그러므로 '가나나인 시몬'은 '열심당원 시몬'이라는 말입니다.

19절 또 가룟 유다니 이는 예수를 판 자더라

앞에서(16-18절) 소개된 열한 명 외에 나머지 한 제자는 '가룟 유다'입니다. 다른 제자들은 갈릴리 출신들인데 비해 '가룟 유다'는 유대 지역 출신이었습니다. 그는 '가룟'이라는 지방에서 온 사람이라는 의미로 '가룟 유다'로 불렸는데 그의 이름에는 '예수를 판 자'라는 설명이 덧붙여지고 있습니다. 우리는 이것을 통해 예수님께서 겪으실 고난에 있어 유다의 역할을 짐작해 볼 수 있습니다.

예수님께서는 하나님의 선교 사역을 자신과 함께 수행해 나가며 사역을 자신의 죽음 이후에도 지속적으로 이어 가기 위해 열두 제자를 특별히 세우셨습니다. 이들은 각기 다양한 배경을 가지고 예수님께로 나아왔습니다. 이들은 당시 사람들에게 영향력을 행사할 만한 위치에 있는 사람들이 아니었습니다. 어부, 세리, 당파적 독립 운동가 등이 바로 그들의 신분이었습니다. 그럼에도 불구하고 제자들은 예수님의 사역을 이어 교회를 세우고 하나님의 나라를 확장해 나가는 데 큰 몫을 감당했습니다.

오늘도 하나님의 구원 사역은 바로 주님의 부르심을 받은 우리를 통해 이어지고 있습니다. 이는 우리의 신분이나 지위, 성품, 배경과는 아무런 상관이 없는 그리스도의 주권적 선택에 의한 것입니다. 주님께서 먼저 우리를 택하여 불러 하나님의 구원 사역을 이어 가고 계신 것입니다.

4. 예수님의 참된 가족(3:20-35)

20. 집에 들어가시니 무리가 다시 모이므로 식사할 겨를도 없는지라
21. 예수의 친족들이 듣고 그를 붙들러 나오니 이는 그가 미쳤다 함
일러라 22. 예루살렘에서 내려온 서기관들은 그가 바알세불이 지폈
다 하며 또 귀신의 왕을 힘입어 귀신을 쫓아낸다 하니 23. 예수께서
그들을 불러다가 비유로 말씀하시되 사탄이 어찌 사탄을 쫓아낼 수
있느냐 24. 또 만일 나라가 스스로 분쟁하면 그 나라가 설 수 없고
25. 만일 집이 스스로 분쟁하면 그 집이 설 수 없고 26. 만일 사탄이
자기를 거슬러 일어나 분쟁하면 설 수 없고 망하느니라 27. 사람이
먼저 강한 자를 결박하지 않고는 그 강한 자의 집에 들어가 세간을 강
탈하지 못하리니 결박한 후에야 그 집을 강탈하리라 28. 내가 진실
로 너희에게 이르노니 사람의 모든 죄와 모든 모독하는 일은 사하심
을 얻되 29. 누구든지 성령을 모독하는 자는 영원히 사하심을 얻지
못하고 영원한 죄가 되느니라 하시니 30. 이는 그들이 말하기를 더
러운 귀신이 들렸다 함이러라 31. 그때에 예수의 어머니와 동생들이
와서 밖에 서서 사람을 보내어 예수를 부르니 32. 무리가 예수를 둘
러앉았다가 여짜오되 보소서 당신의 어머니와 동생들과 누이들이 밖

에서 찾나이다 33. 대답하시되 누가 내 어머니이며 동생들이냐 하
시고 34. 둘러앉은 자들을 보시며 이르시되 내 어머니와 내 동생들
을 보라 35. 누구든지 하나님의 뜻대로 행하는 자가 내 형제요 자매
요 어머니이니라

20-21절 집에 들어가시니 무리가 다시 모이므로 식사할 겨를도 없는지라 예수의 친족들이 듣고 그를 붙들러 나오니 이는 그가 미쳤다 함일러라

예수님께서 가버나움에 있는 한 집에 들어가신 것을 알고 사람들이 몰려왔는데 그 수가 얼마나 많았던지 예수님께서 식사하실 시간도 없었습니다.

예수님의 가족들은 예수님을 붙잡아 강제로라도 집으로 데려가려고 했습니다. 이들이 예수님을 집으로 데려가려 한 것은 예수님께서 미쳤는 소문을 들었기 때문입니다. 예수님을 대적하려는 자들이 예수님께서 먹고 주무시는 것마저도 잊은 채 사역에 몰두하신 것을 비난하기 위하여 거짓 소문을 퍼뜨렸던 것입니다. 그래서 급기야 가족들까지도 예수님께서 미쳤다는 생각을 갖게 되었던 것입니다.

22절 예루살렘에서 내려온 서기관들은 그가 바알세불이 지폈다 하며 또 귀신의 왕을 힘입어 귀신을 쫓아낸다 하니

예루살렘에서 서기관들이 왔다는 사실은 예수님의 갈릴리 사역이 당시 유대 종교 지도자들의 중대한 관심사가 되었음을 입증해 줍니다. 서기관들은 예수님께서 귀신을 쫓아내는 능력을 가졌다는 것과 많은 무리

들이 따른다는 사실을 알고 있었습니다. 따라서 이들은 예수님의 이적과 행하시는 일들을 살펴보기 위하여 급파된 일종의 공식 밀사들이라는 것을 알 수 있습니다.

서기관들은 예수님에 대해 두 가지 혐의를 잡아냈습니다. 그 하나는 예수님께서 바알세불이 지폈다는 것이었습니다. '지폈다' 는 것은 신이 사람에게 내렸다는 것입니다. 따라서 바알세불이 지폈다는 것은 바알세불에 사로잡혔다는 뜻입니다. 요한복음에는 "그가 귀신 들려 미쳤거늘" (요 10:20)이라고 기록되어 있습니다. 다른 하나는 예수님께서 귀신의 왕을 힘입어 귀신을 쫓아낸다는 것이었습니다. '바알세불' 은 귀신들의 왕을 가리키는데(마 12:24) 원래는 사탄을 지칭하는 말로 사용되는 용어였습니다.

23절 예수께서 그들을 불러다가 비유로 말씀하시되 사탄이 어찌 사탄을 쫓아낼 수 있느냐

사탄을 힘입어 사탄을 몰아낸다는 것은 전혀 성립될 수 없는 논리입니다. 그러므로 예수님께서는 자신이 바알세불에 사로잡혀 있다는 서기관들의 주장이 얼마나 어리석은 것인가를 드러내어 지적하신 후 비유의 말씀으로 그들을 깨우치고자 하셨습니다.

24-26절 또 만일 나라가 스스로 분쟁하면 그 나라가 설 수 없고 만일 집이 스스로 분쟁하면 그 집이 설 수 없고 만일 사탄이 자기를 거슬러 일어나 분쟁하면 설 수 없고 망하느니라

예수님께서는 서기관들의 주장이 모순임을 지적하시기 위해 실례를

들어 설명하셨습니다.

만일 서기관들의 주장대로 예수님께서 귀신의 왕을 힘입어 귀신을 쫓아낸다는 것이 사실이라면 이는 사탄이 자신의 세력 자체를 스스로 파괴하는 것이 된다고 하셨습니다. 이는 나라가 스스로 분쟁하면 망하게 되고 집이 스스로 분쟁하면 집안이 망하게 되는 것과 같은 이치입니다. 그러므로 서기관들의 주장이 사실이라면 사탄은 스스로 분쟁하여 망하게 된다는 것입니다. 그러나 분쟁함으로써 자신의 세력을 무력화하여 스스로 망할 만큼 사탄은 어리석지 않습니다. 결국 예수님께서는 이러한 비유를 통해 서기관들의 어리석음을 꾸짖으신 것입니다.

27절 사람이 먼저 강한 자를 결박하지 않고는 그 강한 자의 집에 들어가 세간을 강탈하지 못하리니 결박한 후에야 그 집을 강탈하리라

예수님의 이 비유는 중요한 교훈을 주고 있습니다. 예수님께서 귀신들을 쫓아낸다는 것은 곧 예수님께서 귀신의 왕인 사탄보다 더 강력한 분이시며 그 강력한 능력으로 사탄의 활동을 저지하시고 사탄에게 갇힌 자를 놓여나게 하신다는 것을 의미합니다.

사탄을 대적하여 인간의 삶의 모든 부분에서 사탄을 몰아내는 것은 바로 예수님의 사역이기도 했습니다. 즉, 예수님께서 이 세상에 오신 것은 사탄의 지배하에 있는 인생들을 구하시기 위함이었다는 것입니다.

사탄은 이미 예수님께서 세상에 오심으로 결박된 존재가 되었습니다. 그뿐만 아니라 마지막 때에 완전히 패할 운명에 놓여 있습니다.

28-30절 내가 진실로 너희에게 이르노니 사람의 모든 죄와 모든 모독하는 일은 사하심을 얻되 누구든지 성령을 모독하는 자는 영원히 사하심을 얻지 못하고 영원한 죄가 되느니라 하시니 이는 그들이 말하기를 더러운 귀신이 들렸다 함이러라

본문에서 예수님께서는 비유를 통해 바알세불에 사로잡혔다는 서기관들의 주장이 터무니없는 모순임을 지적하셨습니다.

예수님께서 '진실로' 라는 표현으로 말씀을 시작하신 것은 본 서에서만도 13번이나 됩니다(3:28; 8:12; 9:1,41; 10:15,29; 11:23; 12:43; 13:30; 14:9,18,25,30). 이는 예수님의 선포의 확실성을 보다 강하게 표현하는 경우에 사용되는 용어입니다.

본문의 말씀은 사람들의 모든 죄는 용서받을 수 있으나 성령을 모독하는 죄는 사함받지 못한다는 것입니다. 성령을 모독하는 일이란 예수님의 선포와 행위를 통해 이루어지는 하나님의 구속의 은혜와 능력을 의도적으로 부인하는 것을 의미합니다. 귀신들이 쫓겨 나가는 것은 바로 하나님의 나라가 이 땅에 임한 징표입니다. 그러므로 이것을 사탄의 역사로 몰아붙이는 것은 바로 성령의 능력을 부인하는 것이요, 성령을 모독하는 죄입니다. 서기관들은 하나님의 역사를 사탄의 역사라고 함으로써 거룩하신 하나님의 영의 활동을 부정하고 빛을 어둠이라 칭하는 과오를 범했던 것입니다. 서기관들은 예수님에 대한 깊은 적대감과 불신으로 성령에 의한 하나님의 구원마저도 부인하고 거부했던 것입니다.

오늘날도 성령의 역사를 보고서도 자신의 악한 의도와 시기로 인해 성령을 훼방하는 사람들이 있습니다. 이런 사람들은 영원히 죄 사함을 받지 못합니다. 그러므로 우리는 무엇보다도 우리 심령의 자세를 잘 살펴

보고 어떤 일을 하든지 우리의 심령이 하나님 앞에서 온전한 상태가 되도록 자신을 돌이켜 보아야 할 것입니다.

31절 그때에 예수의 어머니와 동생들이 와서 밖에 서서 사람을 보내어 예수를 부르니

예수님의 모친과 동생들이 예수님을 찾아온 이유는 예수님께서 미쳤다는 소문을 듣고 예수님을 데려가기 위해서였습니다. 그런데 예수님께서 무리에게 둘러싸여 있어 가까이 갈 수 없었으므로 그들은 다른 사람에게 부탁하여 예수님을 불렀습니다.

32-33절 무리가 예수를 둘러앉았다가 여짜오되 보소서 당신의 어머니와 동생들과 누이들이 밖에서 찾나이다 대답하시되 누가 내 어머니이며 동생들이냐 하시고

예수님의 주변에 둘러앉았던 무리가 예수님께 가족들이 밖에서 예수님을 찾고 있다고 알려 주었습니다. 이때 예수님께서는 "누가 내 어머니이며 동생들이냐" 고 물으심으로 하나님의 백성들에게 있어서 진정한 의미에서의 가족에 대하여 깨닫게 해 주셨습니다.

34-35절 둘러앉은 자들을 보시며 이르시되 내 어머니와 내 동생들을 보라 누구든지 하나님의 뜻대로 행하는 자가 내 형제요 자매요 어머니이니라

"누구든지 하나님의 뜻대로 하는 자는 내 형제요 자매요 어머니이니라". 이 말씀은 예수님께서 가족의 개념을 혈연적인 차원에서 새로운 차

원으로 해석하신 것입니다. 예수님과의 관계를 결정짓는 중요한 요인이 바로 '하나님의 뜻대로 행하는 삶' 인 것을 가르치신 것입니다(마 12:50; 눅 8:21).

하나님의 뜻을 성실히 구하고 이를 좇을 때 예수님과의 긴밀한 관계가 형성되며, 예수님께서는 이러한 자들을 향해 형제요, 자매요, 어머니라고 하십니다. 우리는 예수님을 모심으로 가족의 일원이 되었습니다. 그러므로 우리는 더욱더 하나님의 뜻을 행하여 예수님과 한가족이 된 기쁨을 나누어야겠습니다.

제 4 장

하나님 나라의 비유

A COMMENTARY
ON THE GOSPEL OF
MARK

예수님께서는 하나님 나라에 관한 비밀을 비유로 가르치셨습니다. 씨 뿌리는 자의 비유, 등불의 비유, 씨앗의 성장을 통한 비유, 겨자씨 비유 등은 하나님 나라의 실현과 하나님의 주권적 섭리를 보여 주고 있습니다. 그러나 무리들과 제자들은 예수님께서 비유를 통해 가르치시고자 하는 것을 깨닫지 못하였습니다.

그 후 예수님께서는 갈릴리 지방을 떠나 배를 타고 거라사로 가시다가 갈릴리 바다에서 풍랑을 잠잠하게 하심으로 살아 계신 하나님으로서의 능력을 나타내 보이셨습니다.

1. 비유를 통해 하나님 나라를 가르치심 (4:1-34)

1. 예수께서 다시 바닷가에서 가르치시니 큰 무리가 모여들거늘 예
수께서 바다에 떠 있는 배에 올라앉으시고 온 무리는 바닷가 육지에
있더라 2. 이에 예수께서 여러 가지를 비유로 가르치시니 그 가르치
시는 중에 그들에게 이르시되 3. 들으라 씨를 뿌리는 자가 뿌리러
나가서 4. 뿌릴새 더러는 길가에 떨어지매 새들이 와서 먹어 버렸고
5. 더러는 흙이 얕은 돌밭에 떨어지매 흙이 깊지 아니하므로 곧 싹이
나오나 6. 해가 돋은 후에 타서 뿌리가 없으므로 말랐고 7. 더러는
가시 떨기에 떨어지매 가시가 자라 기운을 막으므로 결실하지 못하
였고 8. 더러는 좋은 땅에 떨어지매 자라 무성하여 결실하였으니 삼
십 배나 육십 배나 백 배가 되었느니라 하시고 9. 또 이르시되 들을
귀 있는 자는 들으라 하시니라 10. 예수께서 홀로 계실 때에 함께한
사람들이 열두 제자와 더불어 그 비유들에 대하여 물으니 11. 이르
시되 하나님 나라의 비밀을 너희에게는 주었으나 외인에게는 모든

것을 비유로 하나니 12. 이는 그들로 보기는 보아도 알지 못하며 듣
기는 들어도 깨닫지 못하게 하여 돌이켜 죄 사함을 얻지 못하게 하려
함이라 하시고 13. 또 이르시되 너희가 이 비유를 알지 못할진대 어
떻게 모든 비유를 알겠느냐 14. 뿌리는 자는 말씀을 뿌리는 것이라
15. 말씀이 길가에 뿌려졌다는 것은 이들을 가리킴이니 곧 말씀을 들
었을 때에 사탄이 즉시 와서 그들에게 뿌려진 말씀을 빼앗는 것이요
16. 또 이와 같이 돌밭에 뿌려졌다는 것은 이들을 가리킴이니 곧 말
씀을 들을 때에 즉시 기쁨으로 받으나 17. 그 속에 뿌리가 없어 잠깐
견디다가 말씀으로 인하여 환난이나 박해가 일어나는 때에는 곧 넘
어지는 자요 18. 또 어떤 이는 가시 떨기에 뿌려진 자니 이들은 말씀
을 듣기는 하되 19. 세상의 염려와 재물의 유혹과 기타 욕심이 들어
와 말씀을 막아 결실하지 못하게 되는 자요 20. 좋은 땅에 뿌려졌다
는 것은 곧 말씀을 듣고 받아 삼십 배나 육십 배나 백 배의 결실을 하
는 자니라 21. 또 그들에게 이르시되 사람이 등불을 가져오는 것은
말 아래에나 평상 아래에 두려 함이냐 등경 위에 두려 함이 아니냐
22. 드러내려 하지 않고는 숨긴 것이 없고 나타내려 하지 않고는 감
추인 것이 없느니라 23. 들을 귀 있는 자는 들으라 24. 또 이르시되
너희가 무엇을 듣는가 스스로 삼가라 너희의 헤아리는 그 헤아림으
로 너희가 헤아림을 받을 것이며 더 받으리니 25. 있는 자는 받을 것
이요 없는 자는 그 있는 것까지도 빼앗기리라 26. 또 이르시되 하나
님의 나라는 사람이 씨를 땅에 뿌림과 같으니 27. 그가 밤낮 자고 깨
고 하는 중에 씨가 나서 자라되 어떻게 그리되는지를 알지 못하느니
라 28. 땅이 스스로 열매를 맺되 처음에는 싹이요 다음에는 이삭이
요 그다음에는 이삭에 충실한 곡식이라 29. 열매가 익으면 곧 낫을
대나니 이는 추수 때가 이르렀음이라 30. 또 이르시되 우리가 하나
님의 나라를 어떻게 비교하며 또 무슨 비유로 나타낼까 31. 겨자씨
한 알과 같으니 땅에 심길 때에는 땅 위의 모든 씨보다 작은 것이로되
32. 심긴 후에는 자라서 모든 풀보다 커지며 큰 가지를 내나니 공중

의 새들이 그 그늘에 깃들일 만큼 되느니라 33. 예수께서 이러한 많은 비유로 그들이 알아들을 수 있는 대로 말씀을 가르치시되 34. 비유가 아니면 말씀하지 아니하시고 다만 혼자 계실 때에 그 제자들에게 모든 것을 해석하시더라

1절 예수께서 다시 바닷가에서 가르치시니 큰 무리가 모여들거늘 예수께서 바다에 떠 있는 배에 올라앉으시고 온 무리는 바닷가 육지에 있더라

예수님께서는 회당에서뿐만 아니라 바닷가에서도 말씀을 가르치셨습니다. 바닷가에는 회당에 들어갈 수 없는 가난하고 병들고 헐벗고 굶주리고 멸시받는 사람들이 와서 예수님의 말씀을 듣고 병 고침을 받을 수 있었습니다. 이 때문에 예수님께서 바닷가에서 말씀을 가르치시면 회당에서 말씀을 가르치실 때보다 더 많은 사람들이 몰려왔습니다.

예수님께서 바닷가에 가셔서 말씀을 가르치시는데 사람들이 너무 많이 모여들어서 도저히 가르치실 수 없었습니다. 더욱이 예수님께서 살던 시대는 오늘날처럼 음향 시설이 갖추어져 있지도 않았기 때문에 큰 소리로 설교를 해도 잘 들을 수 없었습니다. 이에 예수님께서는 무리를 바닷가 육지에 있게 하시고 자신은 배를 타고 육지에서 조금 떨어진 곳에서 말씀을 선포하셨습니다.

갈릴리 바다는 바람이 불지 않는 날에는 수면이 마치 유리 같았기 때문에 예수님께서 배 위에서 설교를 하시면 소리가 물에 반사되어 많은 무리가 잘 들을 수 있었습니다. 이처럼 예수님께서는 자연환경을 이용하여 모든 사람들이 말씀을 잘 들을 수 있도록 하셨습니다.

2절 이에 예수께서 여러 가지를 비유로 가르치시니 그 가르치시는 중에 그들에게 이르시되

예수님께서는 사람들을 가르치실 때 비유를 들어 말씀하셨습니다. 왜냐하면 사람들이 잘 알고 있는 것이나 친근한 것을 비유로 들어 말씀하심으로써 사람들의 이해를 돕고 오래 기억할 수 있게 하기 위해서였습니다.

3절 들으라 씨를 뿌리는 자가 뿌리러 나가서

'들으라' 는 말씀에 관심을 가지고 정신을 집중하여 경청하라는 말씀입니다. 말씀을 들을 때 한 귀로 듣고 한 귀로 흘리는 사람이 있습니다. 이러한 사람은 말씀을 아무리 많이 들어도 깨닫지 못합니다. 그러나 말씀에 관심을 가지고 귀를 기울이고 정신을 집중하면 말씀을 깨달을 수 있습니다. 이러므로 예수님께서 들으라고 말씀하신 것입니다.

예수님께서는 씨 뿌리는 자의 비유를 들어 말씀하셨습니다. 농사짓는 것은 흔히 볼 수 있는 광경이므로 씨 뿌리는 자의 비유는 누구나 알아들을 수 있습니다. 예수님께서는 지식이 없는 사람도 잘 알아들을 수 있도록 하기 위해 주위에서 흔히 볼 수 있는 비유를 들어 말씀하셨습니다.

4절 뿌릴새 더러는 길가에 떨어지매 새들이 와서 먹어 버렸고

씨 뿌리는 사람이 씨를 뿌리는데 어떤 씨는 길가에 떨어졌습니다. '길가' 는 밭 사이에 있는 좁은 길로, 사람들이 늘 밟고 왕래하므로 땅이 굳어져 있습니다. 이러한 땅에서는 씨앗이 뿌리를 내릴 수 없습니다. 길가에 떨어진 씨는 새들이 와서 먹어 버렸습니다.

5-6절 더러는 흙이 얕은 돌밭에 떨어지매 흙이 깊지 아니하므로 곧 싹이 나오나 해가 돋은 후에 타서 뿌리가 없으므로 말랐고

또 어떤 씨는 흙이 얕은 돌밭에 떨어졌습니다. '흙이 얕은 돌밭' 이란 바위 위에 흙이 얕게 덮여 있는 곳을 말합니다. 흙이 얕은 돌밭에 떨어진 씨앗은 싹이 나도 흙이 얕고 그 밑에는 바위가 있으므로 뿌리를 깊게 내리지 못합니다. 그렇기 때문에 해가 내리비치면 말라 죽고 맙니다.

7절 더러는 가시 떨기에 떨어지매 가시가 자라 기운을 막으므로 결실하지 못하였고

또 어떤 씨는 가시 떨기가 자라는 곳에 떨어졌습니다. 가시 떨기가 자라는 곳은 땅이 좋습니다. 그래서 그곳에 떨어진 씨앗은 싹이 돋아 어느 정도까지는 자라납니다. 그러나 무성한 가시덤불 때문에 햇빛을 받지 못하여 더 이상 자라지 못해 열매를 맺지 못합니다.

8절 더러는 좋은 땅에 떨어지매 자라 무성하여 결실하였으니 삼십 배나 육십 배나 백 배가 되었느니라 하시고

또 어떤 씨는 좋은 땅에 떨어졌습니다. 그래서 싹이 돋고 줄기가 자라고 열매를 30배, 60배, 100배로 맺었습니다.

9절 또 이르시되 들을 귀 있는 자는 들으라 하시니라

예수님의 말씀을 똑같이 들어도, 그 말씀이 무엇을 뜻하는 것인지 깨달아 아는 사람도 있고 전혀 말씀의 의미를 깨닫지 못하는 사람도 있습니다. '들을 귀 있는 자' 란 예수님의 말씀을 듣고 깨닫는 사람을 말합니다.

10절 **예수께서 홀로 계실 때에 함께한 사람들이 열두 제자와 더불어 그 비유들에 대하여 물으니**

예수님께서 사람들에게 말씀을 가르치실 때 회당, 바닷가 등 장소를 바꿔 가며 가르치셨고, 가르치시는 방법도 직설적으로 또는 비유로 방법을 달리하여 가르치셨습니다.

예수님께서 혼자 계실 때 제자들을 비롯하여 함께한 자들이 예수님께 비유로 말씀하시는 이유와 그 비유가 무엇을 의미하는지를 여쭈었습니다. 이에 대해 예수님께서는 비유로 말씀하시는 목적(11-12절)과 씨 뿌리는 자의 비유의 의미(13-20절)를 설명해 주셨습니다.

11절 **이르시되 하나님 나라의 비밀을 너희에게는 주었으나 외인에게는 모든 것을 비유로 하나니**

신약 성경에 기록되어 있는 '비밀' 은 하나님께서 그의 백성들에게 드러내 보이시는 것들을 가리킵니다. 이 '비밀' 은 모든 사람에게 선포되었으나 단지 믿음을 가진 자들만 깨달아 알 수 있습니다.

예수님께서는 제자들과 같이 계실 때에는 제자들이 알아들을 수 있도록 말씀해 주셨습니다. 그러나 '외인', 즉 완악한 마음을 가진 자들 앞에서는 비유로 말씀하여 하나님 나라의 비밀을 깨달을 수 없게 하셨습니다.

12절 **이는 그들로 보기는 보아도 알지 못하며 듣기는 들어도 깨닫지 못하게 하여 돌이켜 죄 사함을 얻지 못하게 하려 함이라 하시고**

예수님께서 비유로 가르치신 이유는 이를 통해 하나님의 진리에 대해 열려진 자들을 얻음과 동시에 마음이 굳어서 하나님의 경고와 은혜를 거부하는 많은 자들을 드러내기 위해서였습니다(사 8:16). 예수님께서는 이들은 보아도 알지 못하고 들어도 깨닫지 못해 죄 사함을 얻지 못한다고 경고하셨습니다. 이 경고는 바로 완악한 마음으로 진리를 거부하는 사람들의 각성을 촉구하기 위한 것입니다.

13-14절 **또 이르시되 너희가 이 비유를 알지 못할진대 어떻게 모든 비유를 알겠느냐 뿌리는 자는 말씀을 뿌리는 것이라**

예수님께서는 씨 뿌리는 자의 비유의 의미를 설명하시기에 앞서 비유의 의미를 알지 못해 질문한 자들을 나무라셨습니다. 그리고 씨 뿌리는 자의 비유가 무엇을 의미하는지를 설명해 주셨습니다. 예수님께서는 먼저 하나님의 나라를 땅에 비유하여 말씀하심으로 복음을 받아들이는 마음 자세에 대해 가르치셨습니다.

'씨' 는 말씀이고, '씨 뿌리는 자' 는 말씀을 전하는 자입니다. 그러므로 예수님의 말씀인 복음을 전하는 모든 사람은 다 씨를 뿌리는 자라고 볼 수 있습니다.

15절 **말씀이 길가에 뿌려졌다는 것은 이들을 가리킴이니 곧 말씀을 들었을 때에 사탄이 즉시 와서 그들에게 뿌려진 말씀을 빼앗는 것이요**

여기서 '길가' 란 자신의 경험과 생각으로 심령이 굳어질 대로 굳어진 완악한 자를 가리킵니다. 이런 사람들에게는 말씀이 그 심령 가운데 뿌리를 내릴 수 없기 때문에 결국 사탄이 그 말씀을 빼앗아 가는 것입니다.

그러므로 복음을 아무리 들어도 하나님의 백성으로 택함을 받지 못하는 것입니다.

16-17절 또 이와 같이 돌밭에 뿌려졌다는 것은 이들을 가리킴이니 곧 말씀을 들을 때에 즉시 기쁨으로 받으나 그 속에 뿌리가 없어 잠깐 견디다가 말씀으로 인하여 환난이나 박해가 일어나는 때에는 곧 넘어지는 자요

'돌밭'은 길가보다는 좀 나아 보입니다. 그러나 돌밭에 뿌려진 씨는 싹은 돋아나지만 뿌리가 깊지 못해 금방 말라 버립니다. 이와 마찬가지로 돌밭과 같은 심령에 말씀을 받은 자는 순간적으로는 말씀을 기쁨으로 받아들이나 말씀으로 인해 환난이나 박해가 다가오면 믿음을 저버리므로 말씀의 결실을 맺지 못합니다.

또한 돌밭 같은 마음을 가진 자는 자아가 강합니다. 자아가 깨어지지 않은 사람은 자기의 이해 상관을 기준으로 해서 모든 것을 판단합니다. 그러므로 말씀을 받아도 자신에게 손해라고 생각하면 쉽게 저버립니다.

18-19절 또 어떤 이는 가시 떨기에 뿌려진 자니 이들은 말씀을 듣기는 하되 세상의 염려와 재물의 유혹과 기타 욕심이 들어와 말씀을 막아 결실하지 못하게 되는 자요

길가나 돌밭과는 달리 가시 떨기에 떨어진 씨는 싹이 나서 자랍니다. 그러나 어느 정도 성장하면 주위에 있는 가시로 인하여 더 이상 성장하지 못하기 때문에 결실하지 못하고 맙니다. 성경은 가시를 세 가지로 설명하고 있습니다. 세상을 살아가면서 갖게 되는 염려, 재물이 가져오는 유

혹, 그리고 각종이 그것들입니다. 이러한 세상적인 것들이 말씀이 결실하는 것을 방해하여 결실하지 못하게 하는 것입니다.

20절 좋은 땅에 뿌려졌다는 것은 곧 말씀을 듣고 받아 삼십 배나 육십 배나 백 배의 결실을 하는 자니라

열매를 맺으며 사는 사람은 말씀에 무관심하지 않고, 말씀으로 인해 다가오는 고통을 마다하지도 않고, 세상의 유혹과 염려에 빠지지도 않으며, 오직 말씀을 듣고 깨달아 말씀대로 살아가기를 힘씁니다.

'좋은 땅'은 말씀에 관심을 기울이고 자아가 깨어지고 먼저 하나님의 나라와 그의 의를 구하는 마음을 말합니다. 이러한 마음을 가진 사람은 말씀을 받아들여서 30배, 60배, 100배의 결실을 합니다.

21절 또 그들에게 이르시되 사람이 등불을 가져오는 것은 말 아래에나 평상 아래에 두려 함이냐 등경 위에 두려 함이 아니냐

'등경'은 등잔을 올려놓는 받침대입니다. 등불은 어두운 집 안을 환하게 밝히기 위해 사용합니다(마 5:15). 그러므로 예수님께서는 등불이 집 안을 골고루 잘 비추게 하려면 높은 곳에 두어야 한다고 말씀하셨습니다.

우리는 하나님의 은혜로 복음을 듣고 예수 그리스도 안에서 구원을 받았습니다. 예수님은 빛이십니다(요 12:46). 그러므로 예수 그리스도 안에서 구원받은 우리는 예수님의 빛을 받아 등불이 되었습니다. 등불은 등경 위에 놓여야 멀리까지 빛을 비출 수 있습니다. 하나님께서 우리에게 은혜를 주신 것은 구원받은 우리를 통해 다른 사람들을 구원하시기 위함입니다. 이러므로 우리는 하나님께서 우리를 구원해 주신 것을 감사드리고 또한 복음을 널리 전하여 다른 사람들도 구원받게 해야 합니다. 그것이 등경 위에 놓인 등불로서 우리가 할 바입니다.

22절 드러내려 하지 않고는 숨긴 것이 없고 나타내려 하지 않고는 감추인 것이 없느니라

이 말씀은 '복음의 비밀'과 관련하여 생각할 수 있습니다(눅 8:17). 이 비밀은 숨기기 위한 것이 아니라 때가 올 때 밝히 드러내기 위한 것입니다. 그러므로 숨겨진 것이 있다는 것은 언제고 명백히 드러날 때가 있음을 예고해 주는 것이기도 합니다. 그러나 이제 그때가 되었으므로 복음은 드러나야 합니다.

23절 들을 귀 있는 자는 들으라

복음서를 보면 예수님께서 비유를 들어 말씀하시면서 "들을 귀 있는 자는 들으라"는 말씀을 세 번 하셨습니다(마 11:15; 13:9; 눅 14:35). 예수님께서 같은 말씀을 세 번이나 하신 것은 사람들로 하여금 그 말씀의 중요성을 알게 하기 위함입니다. 즉, 그 말씀의 의미를 깊게 되새겨 보아야 한다는 것을 알려 주시는 것입니다.

24-25절 또 이르시되 너희가 무엇을 듣는가 스스로 삼가라 너희의 헤아리는 그 헤아림으로 너희가 헤아림을 받을 것이며 더 받으리니 있는 자는 받을 것이요 없는 자는 그 있는 것까지도 빼앗기리라

“너희의 헤아리는 그 헤아림으로 너희가 헤아림을 받을 것이며”. 이 말씀은 하나님의 말씀을 들을 때 작은 그릇을 준비하면 작은 은혜를 받고 큰 그릇을 준비하면 큰 은혜를 받는다는 의미입니다.

“더 받으리니 있는 자는 받을 것이요 없는 자는 그 있는 것까지도 빼앗기리라”. 하나님의 말씀을 들을 때 관심을 가지고 정신을 집중하여 들으면 큰 그릇을 준비한 것이 되어 은혜를 많이 받아 영적으로 더욱 부요하게 됩니다. 그러나 하나님의 말씀에 귀를 기울이지 않으면 그릇이 준비되어 있지 않으므로 얻는 것이 없어서 영적으로 가난하게 됩니다. 이러므로 우리는 말씀을 듣는 태도에 따라 부요하게 되기도 하고 가난하게 되기도 한다는 것을 알고, 늘 말씀에 집중하여 영적으로 부요한 사람이 되어야겠습니다.

26-27절 또 이르시되 하나님의 나라는 사람이 씨를 땅에 뿌림과 같으니 그가 밤낮 자고 깨고 하는 중에 씨가 나서 자라되 어떻게 그리되는지를 알지 못하느니라

예수님께서는 하나님의 나라를 씨앗에 비유하여 다시 말씀하셨습니다. 예수님께서는 씨앗의 성장 과정과 결실에 비유하여 하나님의 나라의 성장과 결실에 관하여 가르쳐 주셨습니다.

사람이 할 수 있는 일이란 단지 씨앗을 뿌리는 일뿐입니다. 사람은 결코 씨앗을 싹트게 하고 자라나게 할 수 없습니다. 씨앗이 싹트고 자라게 하는 일은 하나님께서 하십니다. 하나님의 나라의 성장과 결실도 이와 같습니다. 우리는 단지 복음의 씨앗을 뿌리는 전도자일 뿐입니다. 그 복음의 씨앗이 싹트고 자라나서 결실하게 하는 일은 하나님께서 하십니

다. 즉, 우리가 복음을 전할 때 그것을 듣고 받아들이는 사람은 죄 사함을 받고 영이 거듭나며 하나님의 생명을 받아 믿음이 자라나고 하나님 앞에 많은 열매를 맺게 되는 것입니다.

28절 땅이 스스로 열매를 맺되 처음에는 싹이요 다음에는 이삭이요 그다음에는 이삭에 충실한 곡식이라

씨앗을 뿌리는 일은 사람이 하지만, 그 씨앗이 싹트고 줄기가 자라고 열매 맺는 것은 사람의 힘으로 되는 것이 아니라 하나님께서 지배하시는 자연의 힘으로 됩니다. 우리가 복음을 듣고 구원을 얻는 것도 우리의 힘으로 되는 것이 아니라 하나님의 성령께서 역사하셔야 가능합니다. 복음이 널리 전파되고 성령의 역사로 구원받는 사람이 늘어나게 되면 하나님 나라가 성장하고 결실하게 되는 것입니다.

29절 열매가 익으면 곧 낫을 대나니 이는 추수 때가 이르렀음이라

씨앗을 뿌린 후 시간이 경과하여 열매가 익으면 추수를 합니다. 마찬가지로 하나님께서 계획하신 구원이 다 이루어지면 추수, 즉 세상을 심판하십니다. 예수님께서 심판의 때를 '추수' 로 비유하여 설명하신 것은 성경 여러 곳에서 찾아볼 수 있습니다(마 3:12; 13:30; 눅 3:17; 계 14:14-16).

30-32절 또 이르시되 우리가 하나님의 나라를 어떻게 비교하며 또 무슨 비유로 나타낼까 겨자씨 한 알과 같으니 땅에 심길 때에는 땅 위의 모든 씨보다 작은 것이로되 심긴 후에는 자라서 모

든 풀보다 커지며 큰 가지를 내나니 공중의 새들이 그 그늘에 깃들일 만큼 되느니라

예수님께서는 '하나님의 나라' 를 작은 겨자씨에 비유하여 설명하셨습니다. 예수님께서 하나님의 나라에 대하여 여러 가지의 비유로 설명하신 것은 그만큼 하나님의 나라가 오묘하고 신비하기 때문입니다.

겨자씨는 당시 유대인들이 주변에서 쉽게 찾아볼 수 있었습니다. 이 겨자씨는 사람이 땅에 심는 씨 중에서 가장 작지만 심으면 훗날 공중의 새들이 깃들일 수 있는 큰 나무로 성장합니다.

이렇듯 하나님의 나라의 시작도 때로는 사람들의 시각으로 볼 때 겨자씨처럼 세상의 그 어느 것보다도 작아 보일 수 있습니다. 그러나 겨자씨가 큰 나무로 자라듯 하나님의 나라도 크게 확장되는 것입니다.

오순절에 마가 요한의 다락방에 모인 120문도는 오로지 기도에 힘쓰다가 성령 충만함을 받자 밖으로 나가 담대하게 복음을 전했습니다. 이와 같이 초대 교회는 120문도로 시작했으나 계속적으로 놀라운 부흥, 성장을 했습니다. 그리하여 약 3백 년 만에 로마는 기독교 국가가 되었고, 지금은 전 세계에 복음이 전파되어 수많은 사람들이 구원을 받고 곳곳에 교회가 세워졌습니다.

겨자씨가 자라 나무가 되자 새들이 와서 깃들었습니다. 이처럼 사람들은 교회에 와서 구원받고 은혜를 얻으며, 교회가 확장됨에 따라 성도의 수도 그만큼 늘어난 것입니다.

33-34절 예수께서 이러한 많은 비유로 그들이 알아들을 수 있는 대로 말씀을 가르치시되 비유가 아니면 말씀하지 아니하시

고 다만 혼자 계실 때에 그 제자들에게 모든 것을 해석하시더라

예수님께서는 말씀을 전하고 가르치실 때 여러 가지 방법들을 사용하셨습니다. 그러나 예수님께서는 하나님의 나라에 관한 한 비유가 아니면 말씀하지 않으셨습니다(마 13:34).

예수님께서 비유를 사용하신 이유는 두 가지입니다. 그중 하나는 사람들로 하여금 말씀을 쉽게 알아듣게 하기 위함이었습니다. 이것은 "내가 입을 열어 비유로 말하고 창세부터 감추인 것들을 드러내리라"(마 13:35)고 한 선지자의 말을 예수님께서 이루려 하셨다는 말씀과도 연관됩니다. 이와 같이 예수님께서는 비유를 통해 하나님의 나라의 비밀을 깨닫게 해 주셨습니다.

예수님께서 하나님 나라에 대하여 비유로 말씀하신 또 다른 이유는 복음을 거부하는 자들이 하나님의 나라의 비밀을 깨달을 수 없도록 하기 위함이었습니다. 그러나 예수님께서는 혼자 계실 때에 제자들에게 비유가 의미하는 모든 것을 상세하게 설명해 주셨습니다. 오늘날도 주님께서는 성령님을 통해 우리의 마음속에 하나님의 나라에 대한 비밀을 깨닫게 해 주십니다.

2. 풍랑을 잠잠하게 하시는 예수님(4:35-41)

35. 그날 저물 때에 제자들에게 이르시되 우리가 저편으로 건너가자
하시니 36. 그들이 무리를 떠나 예수를 배에 계신 그대로 모시고 가
매 다른 배들도 함께하더니 37. 큰 광풍이 일어나며 물결이 배에 부
딪쳐 들어와 배에 가득하게 되었더라 38. 예수께서는 고물에서 베
개를 베고 주무시더니 제자들이 깨우며 이르되 선생님이여 우리가
죽게 된 것을 돌보지 아니하시나이까 하니 39. 예수께서 깨어 바람
을 꾸짖으시며 바다더러 이르시되 잠잠하라 고요하라 하시니 바람
이 그치고 아주 잔잔하여지더라 40. 이에 제자들에게 이르시되 어
찌하여 이렇게 무서워하느냐 너희가 어찌 믿음이 없느냐 하시니 41.
그들이 심히 두려워하여 서로 말하되 그가 누구이기에 바람과 바다
도 순종하는가 하였더라

35절 그날 저물 때에 제자들에게 이르시되 우리가 저편으로 건너가자 하시니

'그날' 은 예수님께서 바닷가에서 배에 올라 무리들에게 비유를 들어 가르치신 날입니다(1절). 예수님께서는 그날 저물 때에 갈릴리 지방을 떠나 갈릴리 바다 건너편 거라사 지방으로 가자고 제자들에게 말씀하셨습니다(5:1).

36-37절 그들이 무리를 떠나 예수를 배에 계신 그대로 모시고 가매 다른 배들도 함께하더니 큰 광풍이 일어나며 물결이 배에 부딪쳐 들어와 배에 가득하게 되었더라

예수님과 제자들이 배를 타고 거라사 지방으로 가는 도중에 갑자기 광풍이 일기 시작하여 배가 거의 침몰할 위기에 처하였습니다. 갈릴리 바다는 지형적인 특성으로 인해 갑자기 큰 광풍이 일어나는데 예수님과 제자들이 바다를 건너가다가 그런 폭풍을 만나게 된 것입니다.

38절 예수께서는 고물에서 베개를 베고 주무시더니 제자들이 깨우며 이르되 선생님이여 우리가 죽게 된 것을 돌보지 아니하시나이까 하니

이때 예수님께서는 고물에서 베개를 베고 주무시고 계셨습니다. 그런데 배가 침몰할 위기에 처하자, 다급해진 제자들은 예수님을 흔들어 깨우며 도움을 요청했습니다.

39절 예수께서 깨어 바람을 꾸짖으시며 바다더러 이르시되 잠잠하라 고요하라 하시니 바람이 그치고 아주 잔잔하여지더라

예수님께서는 제자들의 요청에 바람과 바다를 꾸짖으셨습니다. 그러자 바람과 바다는 곧 잔잔해졌습니다. 예수님께서는 성난 바다를 잠잠하게 하시고 거센 바람을 잠재우심으로 자신이 자연을 다스리시는 하나님이심을 나타내 보이신 것입니다. 이와 같이 살아 계신 하나님께서는 인간의 경험 가운데 그의 능력과 의지를 나타내심으로 인간의 삶에 개입하셨습니다. 이러한 하나님께서는 오늘도 동일하게 그 능력을 우리 가운데

수행하고 계십니다.

40-41절 이에 제자들에게 이르시되 어찌하여 이렇게 무서워하느냐 너희가 어찌 믿음이 없느냐 하시니 그들이 심히 두려워하여 서로 말하되 그가 누구이기에 바람과 바다도 순종하는가 하였더라

예수님께서는 제자들의 연약한 믿음에 대해 책망하셨습니다. 예수님께서는 자신을 통해 나타나는 하나님의 구원의 능력에 대해 믿음을 요구하신 것입니다. 그러나 제자들은 여전히 영적 무지와 몰이해에서 벗어나지 못하고 예수님을 두려워하며 "그가 누구이기에 바람과 바다도 순종하는가"라고 의문을 나타냈습니다.

예수님께서는 매순간 모든 영역에 있어 주권을 행사하십니다. 예수님께서 말씀으로 바다와 바람을 잠잠하게 하심으로 자신의 초자연적인 능력을 실제로 나타내 보이셨습니다. 예수님께서는 살아 계신 하나님이시며 지금 우리 안에 성령으로 와 계십니다. 그러므로 우리가 주님을 믿고 의지할 때 우리의 삶 가운데 주님의 놀라운 능력을 체험할 수 있는 것입니다.

제 5 장

능력을 행하시는 예수님

A COMMENTARY
ON THE GOSPEL OF
MARK

예수님께서는 인간이시며 삼위일체 되신 하나님이십니다. 그러므로 예수님께서는 겸손하게 자신을 낮추심으로 인성을 보이시기도 했지만 한편으로 신성을 지니신 하나님으로서 능력을 행하시기도 했습니다.

예수님께서는 인간의 두 가지 요구, 즉 영적인 요구와 육적인 요구를 모두 충족시켜 주시기 위하여 귀신을 쫓아내시고 병 고침의 능력을 행하셨습니다. 이것은 예수님의 구원이 전인적인 것임을 말해 줍니다.

1. 귀신 들린 자를 고치심(5:1-20)

1. 예수께서 바다 건너편 거라사인의 지방에 이르러 2. 배에서 나오
시매 곧 더러운 귀신 들린 사람이 무덤 사이에서 나와 예수를 만나니
라 3. 그 사람은 무덤 사이에 거처하는데 이제는 아무도 그를 쇠사
슬로도 맬 수 없게 되었으니 4. 이는 여러 번 고랑과 쇠사슬에 매였
어도 쇠사슬을 끊고 고랑을 깨뜨렸음이러라 그리하여 아무도 그를
제어할 힘이 없는지라 5. 밤낮 무덤 사이에서나 산에서나 늘 소리
지르며 돌로 자기의 몸을 해치고 있었더라 6. 그가 멀리서 예수를
보고 달려와 절하며 7. 큰 소리로 부르짖어 이르되 지극히 높으신
하나님의 아들 예수여 나와 당신이 무슨 상관이 있나이까 원하건대
하나님 앞에 맹세하고 나를 괴롭히지 마옵소서 하니 8. 이는 예수께
서 이미 그에게 이르시기를 더러운 귀신아 그 사람에게서 나오라 하
셨음이라 9. 이에 물으시되 네 이름이 무엇이냐 이르되 내 이름은 군
대니 우리가 많음이니이다 하고 10. 자기를 그 지방에서 내보내지
마시기를 간구하더니 11. 마침 거기 돼지의 큰 떼가 산 곁에서 먹고
있는지라 12. 이에 간구하여 이르되 우리를 돼지에게로 보내어 들어

가게 하소서 하니 13. 허락하신대 더러운 귀신들이 나와서 돼지에게
로 들어가매 거의 이천 마리 되는 떼가 바다를 향하여 비탈로 내리달
아 바다에서 몰사하거늘 14. 치던 자들이 도망하여 읍내와 여러 마
을에 말하니 사람들이 어떻게 되었는지를 보러 와서 15. 예수께 이
르러 그 귀신 들렸던 자 곧 군대 귀신 지폈던 자가 옷을 입고 정신이
온전하여 앉은 것을 보고 두려워하더라 16. 이에 귀신 들렸던 자가
당한 것과 돼지의 일을 본 자들이 그들에게 알리매 17. 그들이 예수
께 그 지방에서 떠나시기를 간구하더라 18. 예수께서 배에 오르실
때에 귀신 들렸던 사람이 함께 있기를 간구하였으나 19. 허락하지
아니하시고 그에게 이르시되 집으로 돌아가 주께서 네게 어떻게 큰
일을 행하사 너를 불쌍히 여기신 것을 네 가족에게 알리라 하시니
20. 그가 가서 예수께서 자기에게 어떻게 큰일 행하셨는지를 데가볼
리에 전파하니 모든 사람이 놀랍게 여기더라

1절 예수께서 바다 건너편 거라사인의 지방에 이르러

'바다 건너편' 은 갈릴리 바다 동남쪽을 가리키며, 많은 돼지 떼가 있던 것으로 보아 이방인들이 살던 지방임을 알 수 있습니다(11절). 왜냐하면 유대인들은 돼지고기를 불결한 것으로 여겨 먹지 않았기 때문입니다.

'거라사인의 지방' 은 갈릴리 바다 동남쪽으로 약 35마일(56㎞)떨어진 곳에 위치해 있었으며, 이곳에서 멀지 않은 곳에 공동묘지가 있었습니다.

예수님께서는 바람과 바다를 잠잠하게 하심으로 하나님으로서의 능력을 드러내신 후 치료의 은혜를 베푸시기 위하여 이 거라사인의 지방으로 가셨습니다.

2절 배에서 나오시매 곧 더러운 귀신 들린 사람이 무덤 사이에서 나

와 예수를 만나니라

성경을 보면 귀신의 종류가 많은데 귀신의 우두머리는 사탄입니다. 사탄은 원래 하나님 앞에서 수종들며 하나님의 거룩함을 찬양하던 가장 높은 천사 루시퍼였습니다. 그는 교만하고 타락하여 사탄이 되었고 그와 함께 타락한 천사들이 공중의 권세를 잡고 있습니다.

사람들에게 고통을 가져오는 흑암의 세력 가운데 가장 낮은 계급에 속한 것이 귀신입니다. 군대로 비유하여 말하면 사탄이 사령관이고 타락한 천사가 장교라면 귀신은 졸병입니다. 우리를 도둑질하고 죽이고 멸망시키는 일, 즉 실제적인 싸움을 하는 것이 바로 이 귀신들입니다.

귀신은 여러 종류가 있습니다. 사람들로 하여금 윤리, 도덕적으로 부패하게 만들어 타락시키는 귀신, 사람들의 마음속에 염려, 근심, 번민, 고통을 주고 악한 분쟁을 일으키게 하는 귀신, 거짓말하게 하는 귀신 등 여러 종류의 귀신들이 하나님의 형상대로 지음받은 사람들의 삶 속에서 악한 일을 꾸미고 있습니다.

예수님께서는 더러운 귀신으로 말미암아 참혹하게 된 한 사람을 만나셨습니다.

3-4절 그 사람은 무덤 사이에 거처하는데 이제는 아무도 그를 쇠사슬로도 맬 수 없게 되었으니 이는 여러 번 고랑과 쇠사슬에 매였어도 쇠사슬을 끊고 고랑을 깨뜨렸음이러라 그리하여 아무도 그를 제어할 힘이 없는지라

더러운 귀신 들린 자는 공동묘지에서 살고 있었습니다. 그는 무서운 힘을 가지고 광포하게 행동하였습니다. 귀신 들린 자의 횡포와 광란이

너무나 심해서 사람들은 고랑과 쇠사슬로 그를 여러 번 옭아맸습니다. 그러나 그럴 때마다 그가 쇠사슬을 끊고 고랑을 깨뜨려 버렸으므로 그 누구도 그를 제어할 수 없었습니다.

5절 밤낮 무덤 사이에서나 산에서나 늘 소리 지르며 돌로 자기의 몸을 해치고 있었더라

밤낮으로 소리를 지르고 자해하는 귀신 들린 자의 처참한 모습을 통해 우리는 하나님의 형상을 따라 지음받은 인간의 모습을 파괴하고 왜곡시키는 귀신들의 악한 행위를 볼 수 있습니다. 귀신들과 악한 영의 세력은 사람의 마음을 미혹하게 하며(고후 11:3) 결국은 멸망으로 인도합니다(마 25:41). 그리고 포로 된 자들에게 언제나 주인 행세를 하며 가혹한 폭군으로 군림합니다. 그러므로 우리는 언제나 깨어서 귀신들과 악한 영의 세력의 궤계를 바로 알고 물리쳐야 합니다.

6-8절 그가 멀리서 예수를 보고 달려와 절하며 큰 소리로 부르짖어 이르되 지극히 높으신 하나님의 아들 예수여 나와 당신이 무슨 상관이 있나이까 원하건대 하나님 앞에 맹세하고 나를 괴롭히지 마옵소서 하니 이는 예수께서 이미 그에게 이르시기를 더러운 귀신아 그 사람에게서 나오라 하셨음이라

예수님께서는 귀신을 향하여 "더러운 귀신아 그 사람에게서 나오라"고 엄히 꾸짖으셨습니다. 그러자 귀신은 예수님께 절을 하며 간청하였습니다.

귀신은 예수님께서 하나님의 아들이심을 알고 있었으므로, 예수님의

권세에 무릎 꿇을 수밖에 없고 예수님의 명령에 따라 쫓겨날 수밖에 없음을 잘 알고 있었습니다. 그래서 귀신은 예수님께 "하나님 앞에 맹세하고 나를 괴롭히지 마옵소서"라고 간청했던 것입니다.

9절 이에 물으시되 네 이름이 무엇이냐 이르되 내 이름은 군대니 우리가 많음이니이다 하고

예수님께서 귀신에게 "네 이름이 무엇이냐"고 물으시자, 귀신은 "내 이름은 군대니 우리가 많음이니이다"라고 대답하였습니다.

당시 로마의 일 개 군대는 6천 명 이상의 군인들로 편성되어 있었습니다. 그러므로 귀신의 대답으로 미루어 볼 때 거라사의 귀신 들린 자는 수많은 귀신에게 사로잡혀 있었음을 알 수 있으며, 그를 사로잡고 있는 귀신의 세력은 엄청나며 파괴적이라는 것을 짐작할 수 있습니다.

10절 자기를 그 지방에서 내보내지 마시기를 간구하더니

예수님의 권위 앞에서 정체가 드러난 귀신은 어찌할 바를 몰라 하며 그 지방에서 쫓아내지 말아 달라고 예수님께 요청했습니다. 다른 성경을 보면 이때 귀신이 '무저갱으로 들어가라 하지 마시기를 간구하였다'고 했습니다(눅 8:31). 이를 볼 때 귀신은 '무저갱'이라는 영원한 심판의 자리에 들어가게 되는 것을 두려워하여 이처럼 간사한 작전을 계속하였음을 알 수 있습니다.

11절 마침 거기 돼지의 큰 떼가 산 곁에서 먹고 있는지라

본래 유대인들은 돼지를 부정한 동물로 여겨 가까이하지 않았을 뿐 아

니라 먹지도 않았습니다. 율법에 돼지고기 먹는 것이 금지되어 있기 때문입니다(레 11:7; 신 14:8).

그런데 그 지방에 돼지가 많이 있었다는 것을 미루어 그곳은 이방인들이 많이 살고 있는 곳이었음을 짐작할 수 있습니다.

12-13절 이에 간구하여 이르되 우리를 돼지에게로 보내어 들어가게 하소서 하니 허락하신대 더러운 귀신들이 나와서 돼지에게로 들어가매 거의 이천 마리 되는 떼가 바다를 향하여 비탈로 내리달아 바다에서 몰사하거늘

귀신들은 예수님께 돼지에게로 들어가게 해 달라고 요청하였습니다. 이에 예수님께서 허락하시자 귀신들은 그 사람에게서 나와 돼지 떼에게로 들어갔습니다. 그러자 미쳐 버린 돼지 떼들은 비탈로 내리달아 바다에서 몰사하고 말았습니다.

돼지 떼에게 일어난 일을 보면서 우리는 귀신이 그 사로잡힌 자에게 행하려 했던 일의 결과를 알 수 있습니다. 귀신은 그 사람을 죽이려다가 여의치 않게 되자 돼지 떼를 통해 그 일을 이루고자 했던 것입니다.

여기서 우리는 예수님께서 귀신의 요구, 즉 돼지 떼에게로 들어가는 일을 허락하신 이유에 관해서 살펴볼 필요가 있습니다. 그 이유는 두 가지인데, 그중 하나는 아직까지 귀신들이 종국적으로 멸망당할 시기가 이르지 않았기 때문입니다. 이 사건은 악의 세력에 대한 승리의 상징이며 보증이었습니다. 따라서 악의 세력에 대한 완전한 승리의 때는 지연될 뿐이며 반드시 실현될 것임을 알아야 합니다. 그리고 다른 한 가지 이유는, 귀신은 사람을 도둑질하고 죽이고 멸망시키는 일을 한다는 것을 보

여 주기 위함입니다. 이러한 두 가지 이유로 예수님께서 귀신을 좇으실 때 돼지 떼에게 들어가는 것을 허락하셨던 것입니다.

14-15절 치던 자들이 도망하여 읍내와 여러 마을에 말하니 사람들이 어떻게 되었는지를 보러 와서 예수께 이르러 그 귀신 들렸던 자 곧 군대 귀신 지폈던 자가 옷을 입고 정신이 온전하여 앉은 것을 보고 두려워하더라

돼지 떼를 치던 고용인들이 도망하여 읍내와 마을에 가서 자기들이 목격한 사건을 말하자, 어찌된 일인가 하고 많은 사람들이 보러 왔습니다. 그들은 군대 귀신 들렸던 자가 옷을 입고 온전한 정신으로 앉아 있는 것을 보고 두려워하였습니다.

16-17절 이에 귀신 들렸던 자가 당한 것과 돼지의 일을 본 자들이 그들에게 알리매 그들이 예수께 그 지방에서 떠나시기를 간구하더라

마을 사람들은 예수님께서 행하신 이적을 찬양하며 감사하기보다는 그들의 물질적인 손실, 즉 돼지 떼가 몰사함으로 생긴 피해만 생각했습니다. 이처럼 사람들은 영적 맹인이 되면 이기적인 생각을 갖게 됩니다. 또한 그들은 예수님께서 그 지역에 계신 것에 대해서도 달갑지 않게 생각하였습니다. 그래서 결국 어리석은 마을 사람들은 주님께 그 지방에서 떠나 달라고 요청했습니다.

이것이 오늘날의 세상입니다. 세상은 악한 자에게 속해 있기 때문에 예수 그리스도께서 오신 것을 싫어할 뿐만 아니라, 예수님께서 비뚤어

지고 어그러진 사람들을 온전한 사람으로 고쳐 주시는 것도 원하지 않습니다. 예수님을 환영하기는커녕 오히려 떠나라고 말하는 것이 세상 사람들입니다.

18절 예수께서 배에 오르실 때에 귀신 들렸던 사람이 함께 있기를 간구하였으나

군대 귀신이 떠나감으로 온전하게 된 사람은 예수님께서 자신을 고쳐 주신 은혜에 감사하여 예수님과 함께 있기를 간구하였습니다. 이는 자기 생명의 은인이신 예수님께서 원하신다면 어떤 것이라도 기꺼이 하겠다는 감사와 감격의 표현이었을 것입니다. 뿐만 아니라 악령으로부터 해방된 그 사람은 예수님의 가르침을 받고 예수님과 교제하기를 원하였을 것입니다. 이것이 바로 구원의 은총에 대한 감격과 감사가 생활 속에서 나타나는 것입니다.

한편 우리는 여기서 대조적인 상황을 볼 수 있습니다. 즉, 돼지 떼의 몰사로 경제적 피해를 입은 자들은 예수님을 떠나라고 간청한 반면 귀신 들렸던 자는 예수님과 함께 있기를 청했다는 사실입니다. 예수님의 은혜를 체험한 자와 그렇지 않은 자의 차이는 바로 여기서 나타납니다. 우리는 예수님께 임마누엘 하나님으로서 우리와 늘 함께하여 주시기를 간청해야 할 것입니다.

19절 허락하지 아니하시고 그에게 이르시되 집으로 돌아가 주께서 네게 어떻게 큰일을 행하사 너를 불쌍히 여기신 것을 네 가족에게 알리라 하시니

예수님의 말씀에는 복음 전파에 관한 중요한 의미가 함축되어 있습니다. 생활 속에서 주님의 사랑을 깊이 체험한 사람만이 진정한 복음 증거자가 될 수 있습니다.

예수님께서는 귀신 들렸던 사람의 청을 물리치시고 그에게 "네 가족에게 알리라" 고 말씀하셨습니다. 그곳이 이방인들이 사는 지방이었기 때문에 이렇게 명하신 것입니다. 만일 그곳이 유대인들이 사는 지방이었다면 예수님께서는 자신을 드러내지 말라고 당부하셨을 것입니다(1:44). 왜냐하면 자신에 대한 소문으로 인해 유대 대적자들이 복음 선포 사역을 방해할 수도 있었기 때문입니다. 그러나 이방 지역에서의 이적 사건에 대해서는 "가족에게 알리라" 고 하셨습니다. 그리고 이와 같은 예수님의 권면에 따라 데가볼리 전 지역에는 예수님의 이적 사건이 전파되었습니다. 이처럼 하나님 나라의 복음은 개인에서 가정으로, 가정에서 지역으로, 더 나아가 온 세상으로 전파되면서 확장됩니다(마 28:19-20; 행 1:8).

20절 그가 가서 예수께서 자기에게 어떻게 큰일 행하셨는지를 데가볼리에 전파하니 모든 사람이 놀랍게 여기더라

귀신 들렸던 사람은 예수 그리스도의 말씀에 즉각 순종하여 예수님께서 그에게 행하신 능력을 그의 가족뿐만 아니라 그가 살고 있는 온 성내(눅 8:39)와 이방 지역 데가볼리에 전파하였습니다. 그가 데가볼리에서 얼마나 열심히 전파했던지 나중에 예수님께서 데가볼리에 복음을 전하러 가셨을 때 사람들이 인산인해로 모여들었습니다.

받은 바 은혜와 믿음의 체험을 온 이웃과 동리에 입으로, 삶으로 나타

낼 때 더 큰 힘이 있고 더 놀라운 능력의 산 증거가 되는 것입니다.

2. 회당장 야이로의 딸과 혈루증 앓는 여자를 고치심(5:21-43)

21. 예수께서 배를 타시고 다시 맞은편으로 건너가시니 큰 무리가 그
에게로 모이거늘 이에 바닷가에 계시더니 22. 회당장 중의 하나인
야이로라 하는 이가 와서 예수를 보고 발아래 엎드리어 23. 간곡히
구하여 이르되 내 어린 딸이 죽게 되었사오니 오셔서 그 위에 손을 얹
으사 그로 구원을 받아 살게 하소서 하거늘 24. 이에 그와 함께 가실
새 큰 무리가 따라가며 에워싸 밀더라 25. 열두 해를 혈루증으로 앓
아 온 한 여자가 있어 26. 많은 의사에게 많은 괴로움을 받았고 가진
것도 다 허비하였으되 아무 효험이 없고 도리어 더 중하여졌던 차에
27. 예수의 소문을 듣고 무리 가운데 끼어 뒤로 와서 그의 옷에 손을
대니 28. 이는 내가 그의 옷에만 손을 대어도 구원을 받으리라 생각
함일러라 29. 이에 그의 혈루 근원이 곧 마르매 병이 나은 줄을 몸에
깨달으니라 30. 예수께서 그 능력이 자기에게서 나간 줄을 곧 스스
로 아시고 무리 가운데서 돌이켜 말씀하시되 누가 내 옷에 손을 대었
느냐 하시니 31. 제자들이 여짜오되 무리가 에워싸 미는 것을 보시
며 누가 내게 손을 대었느냐 물으시나이까 하되 32. 예수께서 이 일
행한 여자를 보려고 둘러보시니 33. 여자가 자기에게 이루어진 일을
알고 두려워하여 떨며 와서 그 앞에 엎드려 모든 사실을 여쭈니 34.

**예수께서 이르시되 딸아 네 믿음이 너를 구원하였으니 평안히 가라
네 병에서 놓여 건강할지어다 35. 아직 예수께서 말씀하실 때에 회
당장의 집에서 사람들이 와서 회당장에게 이르되 당신의 딸이 죽었
나이다 어찌하여 선생을 더 괴롭게 하나이까 36. 예수께서 그 하는
말을 곁에서 들으시고 회당장에게 이르시되 두려워하지 말고 믿기만
하라 하시고 37. 베드로와 야고보와 야고보의 형제 요한 외에 아무
도 따라옴을 허락하지 아니하시고 38. 회당장의 집에 함께 가사 떠
드는 것과 사람들이 울며 심히 통곡함을 보시고 39. 들어가서 그들
에게 이르시되 너희가 어찌하여 떠들며 우느냐 이 아이가 죽은 것이
아니라 잔다 하시니 40. 그들이 비웃더라 예수께서 그들을 다 내보
내신 후에 아이의 부모와 또 자기와 함께한 자들을 데리시고 아이 있
는 곳에 들어가사 41. 그 아이의 손을 잡고 이르시되 달리다굼 하시
니 번역하면 곧 내가 네게 말하노니 소녀야 일어나라 하심이라 42.
소녀가 곧 일어나서 걸으니 나이가 열두 살이라 사람들이 곧 크게 놀
라고 놀라거늘 43. 예수께서 이 일을 아무도 알지 못하게 하라고 그
들을 많이 경계하시고 이에 소녀에게 먹을 것을 주라 하시니라**

21절 예수께서 배를 타시고 다시 맞은편으로 건너가시니 큰 무리가 그에게로 모이거늘 이에 바닷가에 계시더니

거라사 지방 사람들이 예수님께서 그 지방을 떠나 주시기를 바라므로 예수님께서 배를 타시고 갈릴리 바다의 서편 가버나움 지역으로 건너가시니 큰 무리가 그곳으로 모여들었습니다. 예수님께 대해 반감을 가진 일부 사람들은 예수님을 영접하지 않았지만 많은 무리는 예수님을 환영하며 좇았습니다. 그들은 인생의 문제와 필요를 예수님께서 해결해 주시고 충족시켜 주신다는 것을 알았기 때문입니다.

예수님께서는 가시는 곳마다 사람들에게 영혼이 잘됨같이 범사에 잘되며 강건하고 생명을 얻되 넘치도록 얻게 해 주셨습니다.

22절 회당장 중의 하나인 야이로라 하는 이가 와서 예수를 보고 발아래 엎드리어

회당장은 예배를 주도하고 관리하는 일을 포함하여 회당을 다스리는 일을 맡은 자로 대중들로부터 많은 존경을 받았습니다. 그런데 회당장 야이로가 예수님의 발아래 엎드려 절한 것은 대단한 각오를 한 것입니다. 왜냐하면 그 당시 대제사장과 바리새인과 사두개인과 율법 교사들은 예수님을 인정하지 않았을 뿐만 아니라 예수님을 모셔 들이는 자를 유대교에서 출교시켰기 때문입니다. 그럼에도 불구하고 회당장 야이로가 예수님 발아래 엎드려 간구한 것은 예수님께 최대의 존경을 표한 것이었습니다.

23절 간곡히 구하여 이르되 내 어린 딸이 죽게 되었사오니 오셔서 그 위에 손을 얹으사 그로 구원을 받아 살게 하소서 하거늘

회당장 야이로는 사랑하는 어린 딸이 중병에 걸려 죽을 지경에 이르렀으므로 안수하여 고쳐 달라고 예수님께 간청하였습니다.

우리도 예기치 않은 어려운 일을 당할 때가 있습니다. 그럴 때 우리는 감사함으로 문제 해결을 위해 예수님께 간절히 기도해야 합니다. 예수님께서는 이러한 고난을 통해서 우리를 복음에 참여하게 하시고 믿음에 동참하도록 섭리하시기 때문입니다.

24절 이에 그와 함께 가실새 큰 무리가 따라가며 에워싸 밀더라

예수님께서는 회당장 야이로의 믿음의 요청에 즉각 응답하셔서 야이로의 집으로 향하셨습니다. 이때 큰 무리가 예수님을 따라가며 에워싸 밀었습니다.

25-26절 열두 해를 혈루증으로 앓아 온 한 여자가 있어 많은 의사에게 많은 괴로움을 받았고 가진 것도 다 허비하였으되 아무 효험이 없고 도리어 더 중하여졌던 차에

그들 중에는 열두 해를 혈루증으로 앓아 온 한 여자가 있었습니다. 그녀는 혈루증을 고치기 위해 잘 알려진 의원들을 다 찾아다녀 보았으나 재산만 탕진하였을 뿐 병세는 나날이 악화되었습니다. 이로 인해 그녀는 깊은 절망에 빠져 있었습니다.

27-28절 예수의 소문을 듣고 무리 가운데 끼어 뒤로 와서 그의 옷에 손을 대니 이는 내가 그의 옷에만 손을 대어도 구원을 받으리라 생각함일러라

혈루증을 앓아 온 여자는 예수님께서 맹인과 못 걷게 된 사람과 나병환자를 고쳐 주시고 귀신 들린 자에게서 귀신을 쫓아내 주셨다는 소문을 들었습니다. 이 소문을 듣고 깊은 절망에 빠져 있던 그녀는 희망을 갖게 되었습니다. 믿음은 들음에서 나며 들음은 그리스도의 말씀으로 말미암으므로 말씀을 듣고 올바르게 믿을 때 하나님의 기사와 이적이 나타나는 것입니다. 그녀는 예수님의 소문을 듣고 예수님의 옷에만 손을 대어도 자신의 병이 낫는다는 믿음을 가졌습니다. 그런데 마침 예수님께서 오

셨다는 소식을 듣자 사람들의 무리에 끼어 예수님의 뒤로 다가가서 그의 옷에 손을 댄 것입니다.

29절 이에 그의 혈루 근원이 곧 마르매 병이 나은 줄을 몸에 깨달으니라

그녀가 예수님의 옷에 손을 대자 그녀의 믿음대로 혈루 근원이 곧 말랐습니다. 예수님의 치료는 즉각적으로 이루어졌습니다. 이에 그녀는 자신이 고침받은 사실을 확실하게 깨달았습니다.

인간의 방법으로 병이 치료되더라도 환자가 원기를 회복하려면 상당한 시일이 필요합니다. 그러나 하나님께서 고쳐 주실 때는 즉각적인 변화와 치료의 능력을 체험할 수 있습니다.

30절 예수께서 그 능력이 자기에게서 나간 줄을 곧 스스로 아시고 무리 가운데서 돌이켜 말씀하시되 누가 내 옷에 손을 대었느냐 하시니

그녀는 예수님 안에서 역사하시는 하나님의 능력으로 말미암아 고침을 받았습니다.

"그 능력이 자기에게서 나간 줄을 곧 스스로 아시고"란 예수님께서 무슨 일이 일어났는지, 그녀가 무슨 의도로 손을 대었는지 이미 다 알고 계신다는 것입니다. 이때 예수님께서 "누가 내 옷에 손을 대었느냐"고 물으신 의도는 그녀를 꾸짖으려는 것이 아니라 오히려 그녀로 하여금 병 낫게 된 사실을 무리들 앞에서 간증하게 하심으로 그녀의 믿음을 격려해 주시기 위함이었습니다(32-34절).

31절 제자들이 여짜오되 무리가 에워싸 미는 것을 보시며 누가 내게 손을 대었느냐 물으시나이까 하되

제자들은 예수님께서 하신 말씀의 의미를 잘 몰랐습니다. 그들은 무슨 일이 일어났는지 몰랐기 때문에 그저 무리들이 에워싸 밀고 당기는 것이라고 대답했습니다.

32-33절 예수께서 이 일 행한 여자를 보려고 둘러보시니 여자가 자기에게 이루어진 일을 알고 두려워하여 떨며 와서 그 앞에 엎드려 모든 사실을 여쭈니

예수님께서는 자신에게 손을 댄 여자를 찾으려고 둘러보셨습니다. 그러자 그녀는 부정한 병을 앓는 몸으로 예수님의 옷에 손을 댄 것에 대해 예수님께서 꾸짖지나 않을까 하는 생각에 두려워 떨었습니다.

예수님께로 나온 그녀는 자신이 예수님의 옷에 손을 대었던 이유뿐만 아니라 곧바로 병을 고침받은 사실을 이야기하여 예수님의 능력을 간증하였습니다.

34절 예수께서 이르시되 딸아 네 믿음이 너를 구원하였으니 평안히 가라 네 병에서 놓여 건강할지어다

"평안히 가라" 함은 영적 구원을 주신 것이고, "네 병에서 놓여 건강할지어다" 함은 예수님께서 여자의 믿음의 고백을 들으시고 육체적 치유를 주신 것입니다. 이는 그녀가 간증함으로 주님께 받은 복입니다. 성경에 "사람이 마음으로 믿어 의에 이르고 입으로 시인하여 구원에 이르느니라"(롬 10:10)고 기록되어 있습니다. 예수님께서 그녀로 하여금 입으로 시

인하게 하신 것은 다시 병마가 찾아와도 단호히 물리칠 수 있게 하기 위해서였습니다. 입으로 시인할 때 믿음이 강해짐으로 마귀가 그 사람을 다시 점령할 수 없기 때문입니다.

성경에 "네가 땅에서 무엇이든지 매면 하늘에서도 매일 것이요 네가 땅에서 무엇이든지 풀면 하늘에서도 풀리리라"(마 16:19)고 기록되어 있습니다. 이는 입술로 시인함으로 맺고 푸는 것을 말합니다. 그러므로 우리는 하나님의 은혜를 받으면 그것을 자주 고백하여 마귀가 틈타지 못하도록 해야 합니다.

35절 아직 예수께서 말씀하실 때에 회당장의 집에서 사람들이 와서 회당장에게 이르되 당신의 딸이 죽었나이다 어찌하여 선생을 더 괴롭게 하나이까

예수님께서 혈루증을 고침받은 여자와 말씀하실 때 회당장 야이로의 딸이 죽었다는 전갈이 왔습니다. 아울러 회당장의 집에서 온 사람들은 예수님을 모시고 오는 것이 무의미하다는 뜻을 전했습니다. 그들은 예수님께서 능력이 많으시다는 것은 알았지만 죽은 사람까지 살릴 수 있으리라고는 믿지 못했던 것입니다. 그래서 그들은 회당장에게 더 이상 예수님을 괴롭히지 말라고 당부하였습니다.

36절 예수께서 그 하는 말을 곁에서 들으시고 회당장에게 이르시되 두려워하지 말고 믿기만 하라 하시고

예수님께서는 회당장 야이로의 딸이 죽었다는 말을 들으셨지만 이에 개의치 않으셨습니다. 그리고 회당장 야이로에게 "두려워하지 말고 믿

기만 하라" 고 말씀하셨습니다. 이는 혼으로 살지 말고 영으로 살라는 뜻입니다.

혼은 인간의 마음입니다. 혼으로 사는 사람은 육신의 감각과 이성 그리고 과학을 통해서 살므로 이것들로 문제를 해결하지 못하면 절망하고 맙니다. 그러나 영으로 사는 사람은 하나님의 말씀을 따라 살므로 눈에는 아무것도 안 보이고 귀에는 아무 소리 안 들리고 손에는 잡히는 것이 없을지라도 하나님을 믿음으로 기적을 체험하며 문제를 해결받습니다. 그러므로 우리는 하나님의 말씀을 따라 사는 영의 사람이 되어야 합니다.

37절 베드로와 야고보와 야고보의 형제 요한 외에 아무도 따라옴을 허락하지 아니하시고

예수님께서는 회당장 야이로의 집을 향해 가시면서 다른 제자들보다 믿음이 돈독한 베드로와 야고보와 요한만 데리고 가셨습니다.

베드로와 야고보와 요한은 예수님께서 변화산으로 가셨을 때(마 17:1; 눅 9:28)와 겟세마네 동산으로 기도하러 가셨을 때(마 26:37; 막 14:33)에도 동행하였습니다.

38절 회당장의 집에 함께 가사 떠드는 것과 사람들이 울며 심히 통곡함을 보시고

회당장의 집은 이미 초상집 분위기였습니다. 유대인들은 사람이 죽으면 장례를 치를 때 우는 사람을 고용하는 관례가 있었습니다(대하 35:25; 렘 9:17-18). 그래서 장례가 나면 가난한 사람이라도 우는 사람을 고용했습니다. 회당장의 집은 피리 소리와 가족들과 고용된 사람들의 울음소리로 소란스러웠습니다.

39절 들어가서 그들에게 이르시되 너희가 어찌하여 떠들며 우느냐 이 아이가 죽은 것이 아니라 잔다 하시니

예수님께서는 우는 사람들을 향해 꾸짖으셨습니다. 그리고 "이 아이가 죽은 것이 아니라 잔다" 고 말씀하셨습니다. 예수님께서는 회당장의 딸이 실제로 죽었음에도 불구하고 아직 죽음의 세력에게 내어 주지 않았음을 분명히 하셨습니다. 아이가 잠에서 곧 깨어날 것이기에 곡할 필요가 없는 것입니다. 예수님께서 이와 유사한 표현을 사용하신 것을 죽은 나사로를 살리신 사건에서도 볼 수 있습니다(요 11:11-14).

40절 그들이 비웃더라 예수께서 그들을 다 내보내신 후에 아이의 부모와 또 자기와 함께한 자들을 데리시고 아이 있는 곳에 들어가사

사람들은 "이 아이가 죽은 것이 아니라 잔다" 고 하신 예수님의 말씀을 듣고 비웃었습니다. 예수님께서 말씀하신 뜻은 그 아이가 실제로 죽지 않았다는 것이 아닙니다. 그 아이는 예수님에 의해서 살아날 것이기 때문에 죽음이 영원히 지속되지 않을 것이라는 의미에서 '아이가 잔다' 고 말씀하신 것입니다. 예나 지금이나 사람들은 주님의 말씀을 피상적으로 깨닫고 비웃는 일이 많습니다. 만일 그들이 예수님께서 하나님의 아들 그리스도이신 줄 알았다면 비웃지 않았을 것입니다.

예수님께서는 피리 부는 자들과 떠드는 무리를 집 안에서 다 내보내셨습니다. 예수님께서 능력을 행하시는 데 불신앙이 방해가 되기 때문입니

다. 예수님께서는 믿음을 가진 그 아이의 부모와 세 제자만 데리고 아이가 있는 곳에 들어가셨습니다.

41절 그 아이의 손을 잡고 이르시되 달리다굼 하시니 번역하면 곧 내가 네게 말하노니 소녀야 일어나라 하심이라

예수님께서 소녀에게 권위 있는 말씀으로 단호하게 명령하셨습니다. 죽은 사람을 명하여 일어나게 할 수 있는 능력은 하나님만 가지고 계십니다. '달리다굼' 이란 말은 당시 유대인들 사이에 유행하던 아람어로 '소녀야 내가 네게 말하노니 일어나라' 는 뜻입니다.

42절 소녀가 곧 일어나서 걸으니 나이가 열두 살이라 사람들이 곧 크게 놀라고 놀라거늘

'일어나라' 는 예수님의 명령에 소녀가 다시 살아나서 일어나 걷자 예수님의 말씀을 비웃고 흉보던 자들은 모두 크게 놀랐습니다.

43절 예수께서 이 일을 아무도 알지 못하게 하라고 그들을 많이 경계하시고 이에 소녀에게 먹을 것을 주라 하시니라

예수님께서는 갈릴리 지역에서 이적을 행하실 때마다 그 일을 아무도 알지 못하게 하라고 당부하셨습니다(1:44; 3:12). 그 이유는 예수님께서 사역을 마치실 때까지 유대 지도자들을 자극하고 싶지 않으셨기 때문입니다. 대중 속에서 예수님의 명성이 자자해질수록 유대 종교 지도자들의 적대감은 커질 것이고 그렇게 되면 예수님께서 이 땅에서의 사역을 완수하시기 전에 위험에 처해질 수도 있기 때문이었습니다(5:19; 7:36;

8:26).

예수님께서는 사람들을 경계하시고 나서 소녀에게 먹을 것을 주라고 말씀하셨습니다. 죽은 사람을 살리는 일은 사람이 할 수 없습니다. 그러므로 그 일은 예수님께서 직접 하셨습니다. 그러나 살아난 소녀에게 음식을 주는 일은 사람이 할 수 있습니다. 그렇기 때문에 예수님께서 소녀에게 먹을 것을 주라고 말씀하신 것입니다. 이처럼 예수님께서는 하나님께서 하실 일과 사람이 해야 할 일을 구분하여 행하셨습니다. 이러므로 우리는 우리가 해야 할 일에 최선을 다해야 하겠습니다.

우리는 본 장을 통하여 구체적으로 어려움에 처한 사람을 도우시는 예수님을 보았습니다. 공동묘지에 거처했던 귀신 들린 자, 혈루증으로 앓던 여자, 죽었던 야이로의 딸은 모두 당시 유대 사회에서 불결하게 여겨 접근하기를 꺼려한 사람들이었습니다. 그러나 예수님께서는 곤궁과 처참한 상태에 빠진 그들에게 직접적이고 실제적인 도움을 베푸셨습니다. 어제나 오늘이나 영원토록 동일하신 예수님께서 오늘도 우리를 찾아오셔서 도와주시기를 원하십니다.

제 6 장

고향에서의 배척

A COMMENTARY
ON THE GOSPEL OF
MARK

예수님의 성장 과정을 보아 온 나사렛 사람들은 예수님을 단지 목수 요셉의 아들로만 인정했기 때문에 예수님의 가르침을 받아들이지 않았을 뿐만 아니라 예수님을 배척하였습니다. 그로 인해 예수님께서는 고향인 나사렛에서 아무 권능도 행하실 수 없었습니다.

그러나 고향을 제외하고는 예수님께서 가시는 곳마다 큰 이적과 기사를 행하심으로 많은 사람들이 변화받았습니다.

이와 같이 본 장에는 복음을 받아들이는 자와 받아들이지 않는 자 사이의 큰 차이가 드러나 있습니다. 복음을 듣고 믿음으로 구원받는 사람에게 있어서 복음은 하나님의 능력이지만, 복음을 받아들이지 않고 배척하는 자들에게는 복음이 미련한 것으로 보일 뿐입니다.

1. 나사렛에서 냉대를 받으심(6:1-6)

1. 예수께서 거기를 떠나사 고향으로 가시니 제자들도 따르니라 2.
안식일이 되어 회당에서 가르치시니 많은 사람이 듣고 놀라 이르되
이 사람이 어디서 이런 것을 얻었느냐 이 사람이 받은 지혜와 그 손
으로 이루어지는 이런 권능이 어찌 됨이냐 3. 이 사람이 마리아의
아들 목수가 아니냐 야고보와 요셉과 유다와 시몬의 형제가 아니냐
그 누이들이 우리와 함께 여기 있지 아니하냐 하고 예수를 배척한지
라 4. 예수께서 그들에게 이르시되 선지자가 자기 고향과 자기 친척
과 자기 집 외에서는 존경을 받지 못함이 없느니라 하시며 5. 거기
서는 아무 권능도 행하실 수 없어 다만 소수의 병자에게 안수하여 고
치실 뿐이었고 6. 그들이 믿지 않음을 이상히 여기셨더라 이에 모든
촌에 두루 다니시며 가르치시더라

1절 예수께서 거기를 떠나사 고향으로 가시니 제자들도 따르니라

예수님께서는 회당장 야이로의 딸을 살리신 후 제자들과 함께 고향 나사렛으로 가셨습니다. 그리고 이 기간 동안 예수님께서는 본 장 7절부터 13절까지 언급되고 있는 제자들의 사역을 위해 그들을 훈련시키셨습니다.

2절 안식일이 되어 회당에서 가르치시니 많은 사람이 듣고 놀라 이르되 이 사람이 어디서 이런 것을 얻었느냐 이 사람이 받은 지혜와 그 손으로 이루어지는 이런 권능이 어찌 됨이냐

예수님의 고향 사람들은 예수님을 단지 목수의 아들로만 알고 있었기 때문에 능력 있게 말씀을 가르치시는 예수님의 모습을 보고 놀랐습니다. 예수님의 말씀의 능력은 사람의 권위에 의한 것이 아니라 하나님께로부터 직접 위임받은 권위에서 나온 것이었으므로 사람들이 놀랄 수밖에 없었습니다.

3절 이 사람이 마리아의 아들 목수가 아니냐 야고보와 요셉과 유다와 시몬의 형제가 아니냐 그 누이들이 우리와 함께 여기 있지 아니하냐 하고 예수를 배척한지라

나사렛 사람들은 예수님께서 행하신 기사와 이적에 관한 소문을 이미 들어 알고 있었고, 예수님의 놀라운 지혜와 말씀의 능력을 경험했음에도 불구하고 노골적으로 예수님을 경멸했습니다.

"이 사람이 마리아의 아들 목수가 아니냐"는 말은 '이 사람은 우리와 마찬가지로 손을 써서 일하여 먹고사는 평범한 사람이지 않느냐'는 뜻입니다. 그들은 하나님께서 예수님을 이 세상에 보내신 것을 믿지 않았

을 뿐만 아니라 예수님께서 행하신 이적과 기사도 인정하지 않고 예수님을 배척하였습니다.

4절 예수께서 그들에게 이르시되 선지자가 자기 고향과 자기 친척과 자기 집 외에서는 존경을 받지 못함이 없느니라 하시며

나사렛 사람들의 배척을 받은 예수님께서는 "선지자가 자기 고향과 자기 친척과 자기 집 외에서는 존경을 받지 못함이 없느니라" 고 말씀하셨습니다. 우리는 본 절을 통해서 가족들도 예수님의 권위를 인정하지 않았음을 알 수 있습니다(3:20-21; 31-35).

5절 거기서는 아무 권능도 행하실 수 없어 다만 소수의 병자에게 안수하여 고치실 뿐이었고

예수님께서는 나사렛 사람들의 불신앙으로 인해 그곳에서는 소수의 병자들을 고쳐 주셨을 뿐 더 큰 권능은 행하실 수 없었습니다. 하나님의 능력은 우리가 믿음으로 시인하고 받아들일 때 나타납니다. 그런데 나사렛 사람들은 불신앙으로 말미암아 다른 많은 사람들이 경험한 하나님의 능력을 체험하지 못하였습니다.

6절 그들이 믿지 않음을 이상히 여기셨더라 이에 모든 촌에 두루 다니시며 가르치시더라

복음서를 보면 예수님께서 사람의 신앙으로 인해 놀라신 때가 세 번 있습니다. 첫째는 이방인 로마 백부장의 신앙(마 8:10) 때문이고, 둘째는 가나안 여자의 신앙(마 15:28) 때문이며, 셋째는 고향인 나사렛 사람들의

불신앙때문에 놀라셨습니다.

예수님께서는 나사렛에서 심한 배척과 멸시를 받으셨지만 갈릴리 전 지역으로 사역을 넓혀 가셨습니다. 그리고 하나님께서 맡기신 임무를 계속 수행하시기 위해 두루 다니시며 천국 복음을 가르치셨습니다.

주님의 소원은 땅 끝까지 가서 온 세상 만민에게 복음을 전파하는 것입니다. 그러므로 우리는 때를 얻든지 못 얻든지 복음을 전파해야 합니다. 이는 우리에게 주어진 주님의 지상 명령이기 때문입니다.

2. 열두 제자의 파송(6:7-13)

7. 열두 제자를 부르사 둘씩 둘씩 보내시며 더러운 귀신을 제어하는
권능을 주시고 8. 명하시되 여행을 위하여 지팡이 외에는 양식이나
배낭이나 전대의 돈이나 아무것도 가지지 말며 9. 신만 신고 두 벌
옷도 입지 말라 하시고 10. 또 이르시되 어디서든지 누구의 집에 들
어가거든 그곳을 떠나기까지 거기 유하라 11. 어느 곳에서든지 너희
를 영접하지 아니하고 너희 말을 듣지도 아니하거든 거기서 나갈 때
에 발 아래 먼지를 떨어 버려 그들에게 증거를 삼으라 하시니 12. 제
자들이 나가서 회개하라 전파하고 13. 많은 귀신을 쫓아내며 많은
병자에게 기름을 발라 고치더라

7절 열두 제자를 부르사 둘씩 둘씩 보내시며 더러운 귀신을 제어하는 권능을 주시고

'둘' 은 증인의 숫자입니다. 하나님께서는 언제나 어떤 말씀을 하시고 증언하기 위해 두 사람을 세우셨습니다. 한 사람의 증언보다 두 사람의 증언이 더 믿을 수 있기 때문입니다(신 17:6). 예수님께서도 복음 전파를 위하여 열두 제자를 둘씩 둘씩 짝지어 마을로 보내셨는데 이는 하나님 나라의 증거를 보다 확고히 하기 위해서였습니다. 또한 서로 도우며 용기를 북돋아 주어 사역을 끝까지 감당하도록 하기 위함이었습니다.

예수님께서는 언제나 복음을 전하실 때 귀신에 대하여 말씀하셨을 뿐만 아니라 귀신 들린 자에게서 귀신을 쫓아내셨습니다. 이는 흉악한 귀신들이 그만큼 세상에서 많이 활동하고 있음을 말해 주는 것입니다. 예수님께서는 열두 제자를 하나님 나라의 복음 증거자로 보내시면서 귀신을 쫓아내는 권능을 주셨습니다. 이는 제자들이 복음 전파를 방해하는 귀신을 먼저 쫓아낸 다음 복음을 전하게 하기 위해서였습니다.

성경에 "믿고 침례를 받는 사람은 구원을 얻을 것이요 믿지 않는 사람은 정죄를 받으리라 믿는 자들에게는 이런 표적이 따르리니 곧 그들이 내 이름으로 귀신을 쫓아내며 새 방언을 말하며 뱀을 집어 올리며 무슨 독을 마실지라도 해를 받지 아니하며 병든 사람에게 손을 얹은즉 나으리라"(16:16-18)고 기록되어 있습니다. 오늘날에도 귀신은 우리를 도둑질하고 죽이고 멸망시키려고 우는 사자와 같이 두루 다니며 삼킬 자를 찾고 있습니다(벧전 5:8). 그러므로 우리는 예수님께서 주신 권세로 귀신을 쫓아내야 합니다.

8-9절 명하시되 여행을 위하여 지팡이 외에는 양식이나 배낭이나 전대의 돈이나 아무것도 가지지 말며 신만 신고 두 벌 옷도 입지 말라 하시고

예수님께서는 전도 여행을 떠나는 제자들에게 양식이나 갈아입을 옷이나 돈이나 아무것도 가지고 가지 말라고 말씀하셨습니다. 다만 여행 중에 피로를 덜어 주며 힘을 지탱하게 해 줄 수 있는 지팡이만 가져가라고 하셨습니다. 이것은 예수님께서 제자들의 먹을 양식, 입을 옷, 거처할 곳을 책임져 주실 것이므로 예수님만 의뢰하고 믿으라는 것입니다. 성경은 "나의 의인은 믿음으로 말미암아 살리라 또한 뒤로 물러가면 내 마음이 그를 기뻐하지 아니하리라"(히 10:38)고 말씀하고 있습니다. 예수님께서는 제자들에게 여행 경비를 준비하지 못하게 하심으로 그들이 주님만 의뢰하고 믿음으로 나아가도록 훈련시키신 것입니다.

10절 또 이르시되 어디서든지 누구의 집에 들어가거든 그곳을 떠나기까지 거기 유하라

예수님께서는 제자들이 어느 곳에 가든지 그 동네를 떠나기 전까지 한 집에 머물고 이 집 저 집으로 옮기지 말라고 말씀하셨습니다. 만일 더 나은 거처로 옮겨 갈 수 있다 하더라도 그 동네를 떠나기까지는 처음 머물렀던 거처에 계속 있으라고 당부하신 것입니다. 이는 일시적인 편안함을 좇아 행동함으로 말미암아 복음을 전하는 데에 방해받는 일이 없도록 하기 위해 당부하신 말씀입니다.

11절 어느 곳에서든지 너희를 영접하지 아니하고 너희 말을 듣지도

아니하거든 거기서 나갈 때에 발 아래 먼지를 떨어 버려 그들에게 증거를 삼으라 하시니

발 아래 먼지를 떨어 버리는 것은 당시 유대인들이 부정한 이방인의 지역으로 갔다가 돌아올 때 행하던 관습입니다. 그것은 그들이 이방 지역을 다녀올 때 옷이나 발의 먼지를 떨어 버리지 않으면 부정하다고 생각했기 때문입니다.

예수님께서는 제자들에게 그들을 영접하지도 않고 그들이 전하는 복음을 듣지도 않거든, 그곳을 떠날 때에 발 아래 먼지를 떨어 버리라고 말씀하셨습니다. 이는 하나님의 말씀을 거부한 자들에 대한 엄한 경고로, 그들은 하나님께로부터 영원히 버림을 받는다는 의미입니다(눅 9:5; 행 13:51; 18:6). 이로써 제자들은 말씀을 받아들이지 않는 지역을 하나님의 심판에 내어 맡기는 것입니다.

12-13절 제자들이 나가서 회개하라 전파하고 많은 귀신을 쫓아내며 많은 병자에게 기름을 발라 고치더라

예수님께로부터 전도 사역 전반에 관한 말씀을 들은 후 제자들은 나가서 예수님과 마찬가지로 회개의 메시지를 전파했습니다. 그리고 그들은 많은 귀신을 쫓아내고 병자들을 고치는 사역을 하였습니다. 예수님께서 하나님께로부터 능력을 부여받아 사역하신 것과 같이 제자들도 예수님의 이름과 권능을 힘입어 귀신을 쫓아내고 병든 자를 치료했습니다. 이렇게 귀신을 쫓아내고 병자를 고치는 행위는 하나님의 나라가 임하였다는 것을 보여 주는 증거입니다.

3. 침례 요한의 죽음(6:14-29)

14. 이에 예수의 이름이 드러난지라 헤롯 왕이 듣고 이르되 이는 침례 요한이 죽은 자 가운데서 살아났도다 그러므로 이런 능력이 그 속에서 일어나느니라 하고 15. 어떤 이는 그가 엘리야라 하고 또 어떤 이는 그가 선지자니 옛 선지자 중의 하나와 같다 하되 16. 헤롯은 듣고 이르되 내가 목 벤 요한 그가 살아났다 하더라 17. 전에 헤롯이 자기가 동생 빌립의 아내 헤로디아에게 장가든 고로 이 여자를 위하여 사람을 보내어 요한을 잡아 옥에 가두었으니 18. 이는 요한이 헤롯에게 말하되 동생의 아내를 취한 것이 옳지 않다 하였음이라 19. 헤로디아가 요한을 원수로 여겨 죽이고자 하였으되 하지 못한 것은 20. 헤롯이 요한을 의롭고 거룩한 사람으로 알고 두려워하여 보호하며 또 그의 말을 들을 때에 크게 번민을 하면서도 달갑게 들음이러라 21. 마침 기회가 좋은 날이 왔으니 곧 헤롯이 자기 생일에 대신들과 천부장들과 갈릴리의 귀인들로 더불어 잔치할새 22. 헤로디아의 딸이 친히 들어와 춤을 추어 헤롯과 그와 함께 앉은 자들을 기쁘게 한지라 왕이 그 소녀에게 이르되 무엇이든지 네가 원하는 것을 내게 구하라 내가 주리라 하고 23. 또 맹세하기를 무엇이든지 네가 내게 구하면 내 나라의 절반까지라도 주리라 하거늘 24. 그가 나가서 그 어머니에게 말하되 내가 무엇을 구하리이까 그 어머니가 이르되 침례 요한의 머리를 구하라 하니 25. 그가 곧 왕에게 급히 들어가 구하여 이르되 침례 요한의 머리를 소반에 얹어 곧 내게 주기를 원하옵나이다 하니 26. 왕이 심히 근심하나 자기가 맹세한 것과 그 앉은 자들로 인하여 그를 거절할 수 없는지라 27. 왕이 곧 시위병 하나를 보내어 요

한의 머리를 가져오라 명하니 그 사람이 나가 옥에서 요한을 목 베어
28. 그 머리를 소반에 얹어다가 소녀에게 주니 소녀가 이것을 그 어
머니에게 주니라 29. 요한의 제자들이 듣고 와서 시체를 가져다가
장사하니라

14절 이에 예수의 이름이 드러난지라 헤롯 왕이 듣고 이르되 이는 침례 요한이 죽은 자 가운데서 살아났도다 그러므로 이런 능력이 그 속에서 일어나느니라 하고

제자들의 능력 있는 전도 사역으로 인하여 예수님의 이름이 알려지게 되었습니다. 그 소문을 들은 헤롯 왕은 자신이 죽인 침례 요한이 다시 살아나서 새로운 능력을 받아 귀신을 쫓아내고 병든 자를 고친다고 생각하였습니다.

15절 어떤 이는 그가 엘리야라 하고 또 어떤 이는 그가 선지자니 옛 선지자 중의 하나와 같다 하되

사람들은 예수님에 대하여 잘못된 생각들을 하고 있었습니다. 어떤 사람들은 예수님을 '엘리야' 또는 구약의 '선지자 중의 하나와 같은 자'라고 하였습니다. 그것은 옛 선지자들이 하나님의 기적을 많이 행하였기 때문입니다.

16절 헤롯은 듣고 이르되 내가 목 벤 요한 그가 살아났다 하더라

헤롯 왕은 평소에 침례 요한을 의롭고 거룩한 사람으로 알고 두려워하였습니다. 악인들이 하나님의 종들을 두려워하는 것은 그들이 거룩하고

성별된 생활을 하기 때문입니다. 하나님의 종들은 살아 있을 때뿐만 아니라 죽은 후에도 악인들에게 두려움을 줍니다.

헤롯 왕은 범죄함으로 공포와 불안으로 마음이 혼란하게 되었습니다.

17절 전에 헤롯이 자기가 동생 빌립의 아내 헤로디아에게 장가든 고로 이 여자를 위하여 사람을 보내어 요한을 잡아 옥에 가두었으니

침례 요한은 헤롯 왕의 비도덕적인 행동을 지적하고 책망한 일로 인해 감옥에 갇혔습니다.

헤롯 왕은 이복동생 빌립의 아내인 헤로디아에게 반해 자신의 아내로 맞아들였습니다. 이는 간음(출 20:14, 17)과 근친상간(레 20:21)에 해당되는 죄였습니다. 이 추악한 사실을 안 침례 요한은 담대히 왕 앞에 나아가서 왕의 죄악을 책망하였습니다.

침례 요한은 하나님 앞에 불의한 것에 대해서는 죽음도 두려워하지 않을 만큼 철저히 하나님 중심의 삶을 살았습니다. 이런 모습은 하나님의 의와 진리를 증거하는 자들에게서 공통적으로 볼 수 있는 모습입니다.

18절 이는 요한이 헤롯에게 말하되 동생의 아내를 취한 것이 옳지 않다 하였음이라

침례 요한은 의롭고 거룩한 사람이었으므로 헤롯 왕의 불의를 보고 눈감아 줄 수 없었습니다. 그래서 담대하게 헤롯 왕에게 "동생의 아내를 아내로 취하는 것이 옳지 않다"고 책망하였습니다.

하나님의 종들은 죄를 경고하고 책망하는 일을 소홀히 해서는 안 됩니다. 공적이든 사적이든 죄를 눈감아 주거나 그 범죄에 대해 침묵할 것이

아니라 옳지 않은 것을 지적하며 경고해야 합니다(딤후 4:2; 딛 2:15). 그리고 이를 행함에 있어서는 오로지 하나님 앞에 선 자로서 사람의 신분 고하를 막론하고 형평을 유지해야 합니다.

19절 헤로디아가 요한을 원수로 여겨 죽이고자 하였으되 하지 못한 것은

남편 빌립을 버리고 시아주버니 헤롯 왕과 결혼한 헤로디아는 침례 요한의 책망을 듣고 회개하기는커녕 도리어 침례 요한을 원수로 여기고 죽이려고 했습니다.

악한 사람은 자신에 대해 바른말을 해 주는 사람들을 오히려 증오합니다. 우리도 평소 마음속에 은폐된 어떤 죄를 지적받을 때 우리 마음속에서 책망하는 자를 향하여 격렬한 적개심으로 맞서고 있지 않나 생각해 볼 필요가 있습니다.

성경은 "악인은 자기의 악에 걸리며 그 죄의 줄에 매이나니 그는 훈계를 받지 아니함으로 말미암아 죽겠고 심히 미련함으로 말미암아 혼미하게 되느니라"(잠 5:22-23)고 악인에 대해 경고하고 있습니다.

20절 헤롯이 요한을 의롭고 거룩한 사람으로 알고 두려워하여 보호하며 또 그의 말을 들을 때에 크게 번민을 하면서도 달갑게 들음이러라

헤로디아는 침례 요한을 죽이고자 하였으나 헤롯 왕이 침례 요한을 의롭고 거룩한 자로 알고 두려워하여 보호하였기 때문에 마음대로 할 수 없었습니다.

유약한 헤롯 왕은 침례 요한의 말을 귀 기울여 들었습니다. 침례 요한의 말은 헤롯 왕의 심경을 복잡하게 만들었고 번민에 휩싸이게 했습니다. 그러나 침례 요한의 말을 따르기에는 너무나 우유부단했던 헤롯 왕은 결국 죄를 회개하기를 거부하였습니다.

21절 마침 기회가 좋은 날이 왔으니 곧 헤롯이 자기 생일에 대신들과 천부장들과 갈릴리의 귀인들로 더불어 잔치할새

헤로디아는 자신과 헤롯 왕의 결혼을 책망한 침례 요한을 죽이기 위해 기회를 노렸습니다. 그런데 마침 좋은 기회가 왔습니다.

교회의 절기와 행사들이 경건을 위한 좋은 기회인 것과는 반대로, 세상의 절기와 잔치들은 육신의 정욕을 위한 좋은 기회가 되고 집권자들의 행사는 흔히 큰일을 저지르는 기회가 됩니다(단 5:1-6). 그러므로 세상의 잔치에 분별없이 취하는 것은 어리석고 불행한 일입니다.

헤롯 왕은 자신의 생일에 대신들과 천부장들과 귀인들을 초대하여 풍성한 잔치를 벌였습니다.

22-23절 헤로디아의 딸이 친히 들어와 춤을 추어 헤롯과 그와 함께 앉은 자들을 기쁘게 한지라 왕이 그 소녀에게 이르되 무엇이든지 네가 원하는 것을 내게 구하라 내가 주리라 하고 또 맹세하기를 무엇이든지 네가 내게 구하면 내 나라의 절반까지라도 주리라 하거늘

잔치 도중에 헤로디아의 딸이 춤을 추었습니다. 헤롯 왕은 헤로디아의 딸의 춤에 완전히 매혹되어 그 소녀에게 무엇이든지 원하는 대로 주겠다

는 약속을 하였습니다.

뿐만 아니라 헤롯 왕은 소녀가 원하면 나라의 절반까지라도 주겠다고 맹세했습니다. 이처럼 성급하고도 분별없이 약속하고 맹세하는 것은 참으로 경솔한 행위이며 화를 자초하는 것입니다.

24절 그가 나가서 그 어머니에게 말하되 내가 무엇을 구하리이까 그 어머니가 이르되 침례 요한의 머리를 구하라 하니

헤롯 왕으로부터 나라의 절반까지라도 주겠다는 맹세를 받은 헤로디아의 딸은 재빨리 어머니에게로 가서 자문을 구했습니다. 그러자 헤로디아는 서슴없이 "침례 요한의 머리를 구하라"고 답변했습니다. 침례 요한을 죽이려고 기회를 노리던 헤로디아는 기회가 오자 놓치지 않았습니다.

25절 그가 곧 왕에게 급히 들어가 구하여 이르되 침례 요한의 머리를 소반에 얹어 곧 내게 주기를 원하옵나이다 하니

헤로디아의 딸은 재빨리 헤롯 왕에게로 가서 어머니 헤로디아가 일러준 대로 "침례 요한의 머리를 소반에 얹어 곧 내게 주기를 원하옵나이다"라고 말하였습니다.

우리의 주위에는 우리로 하여금 범죄하게 하는 유혹이 많이 있습니다. 그러므로 우리는 하나님의 말씀 위에 굳게 서야 하며 전능하신 하나님께만 순종하고 사람의 악한 궤휼을 피해야 합니다.

26절 왕이 심히 근심하나 자기가 맹세한 것과 그 앉은 자들로 인하여 그를 거절할 수 없는지라

헤롯 왕은 헤로디아 딸의 요청을 듣자 심히 근심하였습니다. 왜냐하면 헤롯 왕은 침례 요한을 두려워하며 존경했기 때문입니다. 그리고 침례 요한을 죽이면 백성들이 소요를 일으킬 것이라고 염려했기 때문입니다.

그러나 헤롯 왕은 많은 사람들 앞에서 헤로디아의 딸에게 원하는 것을 주겠다고 맹세했기 때문에 그녀의 요청을 거절할 수 없었습니다.

27-28절 왕이 곧 시위병 하나를 보내어 요한의 머리를 가져오라 명하니 그 사람이 나가 옥에서 요한을 목 베어 그 머리를 소반에 얹어다가 소녀에게 주니 소녀가 이것을 그 어머니에게 주니라

원한 갚는 일에 눈과 마음이 모두 어두워져 침례 요한을 죽이려 했던 헤로디아는 헤롯 왕을 이용해서 자기의 뜻을 관철했습니다. 결국 헤롯 왕은 시위병에게 침례 요한의 목을 베도록 명령하였습니다.

시위병은 헤롯 왕의 명령에 따라 침례 요한의 목을 베어 소반에 얹어서 헤로디아의 딸에게 주었습니다. 그러자 그 딸은 곧 헤로디아에게 침례 요한의 머리를 건네주었습니다.

29절 요한의 제자들이 듣고 와서 시체를 가져다가 장사하니라

침례 요한의 제자들은 스승이 죽었다는 소식을 전해 듣고 헤롯 왕에게 가서 침례 요한의 시신을 달라고 요구했습니다. 그들은 목이 없는 스승의 시신을 찾아 장사를 지냈습니다. 그리고 그 모든 일을 예수님께 알렸습니다(마 14:12).

이로써 예수님보다 앞서 와서 예수님의 길을 예비하였던 침례 요한의 생애는 종말을 고한 것입니다.

4. 오천 명을 먹이심(6:30-44)

30. 사도들이 예수께 모여 자기들이 행한 것과 가르친 것을 낱낱이
고하니 31. 이르시되 너희는 따로 한적한 곳에 가서 잠깐 쉬어라 하
시니 이는 오고 가는 사람이 많아 음식 먹을 겨를도 없음이라 32. 이
에 배를 타고 따로 한적한 곳에 갈새 33. 그들이 가는 것을 보고 많
은 사람이 그들인 줄 안지라 모든 고을로부터 도보로 그곳에 달려와
그들보다 먼저 갔더라 34. 예수께서 나오사 큰 무리를 보시고 그 목
자 없는 양 같음으로 인하여 불쌍히 여기사 이에 여러 가지로 가르치
시더라 35. 때가 저물어 가매 제자들이 예수께 나아와 여짜오되 이
곳은 빈 들이요 날도 저물어 가니 36. 무리를 보내어 두루 촌과 마을
로 가서 무엇을 사 먹게 하옵소서 37. 대답하여 이르시되 너희가 먹
을 것을 주라 하시니 여짜오되 우리가 가서 이백 데나리온의 떡을 사
다 먹이리이까 38. 이르시되 너희에게 떡 몇 개나 있는지 가서 보라
하시니 알아보고 이르되 떡 다섯 개와 물고기 두 마리가 있더이다 하
거늘 39. 제자들에게 명하사 그 모든 사람으로 떼를 지어 푸른 잔디
위에 앉게 하시니 40. 떼로 백 명씩 또는 오십 명씩 앉은지라 41. 예
수께서 떡 다섯 개와 물고기 두 마리를 가지사 하늘을 우러러 축사하
시고 떡을 떼어 제자들에게 주어 사람들에게 나누어 주게 하시고 또
물고기 두 마리도 모든 사람에게 나누시매 42. 다 배불리 먹고 43.
남은 떡 조각과 물고기를 열두 바구니에 차게 거두었으며 44. 떡을
먹은 남자는 오천 명이었더라

30절 사도들이 예수께 모여 자기들이 행한 것과 가르친 것을 낱낱이 고하니

예수님께서 복음을 전파하고 기적을 행하도록 마을로 보내셨던 제자들이 돌아왔습니다. 제자들은 자신들이 행하고 가르친 모든 것을 낱낱이 예수님께 보고하였습니다.

복음에는 하나님의 능력과 권능이 함께 따릅니다. 이러므로 우리가 예수 그리스도의 복음을 전할 때에 사람들이 통회하고 자복하고 변화받으며 귀신이 쫓겨 나가고 병자가 치료받는 역사가 나타나야 하는 것입니다.

31절 이르시되 너희는 따로 한적한 곳에 가서 잠깐 쉬어라 하시니 이는 오고 가는 사람이 많아 음식 먹을 겨를도 없음이라

제자들이 나가서 복음을 전파하고 귀신을 쫓아내며 병자를 고치자 사람들이 몰려왔습니다. 그런데 그 수가 얼마나 많았던지 밥 먹을 시간조차 없었습니다. 이러므로 예수님께서는 제자들에게 한적한 곳에 가서 휴식을 취하라고 말씀하셨습니다.

사람이 밤낮으로 일할 수는 없습니다. 하나님께서 우리에게 밤을 주신 것은 낮 동안 일하고 밤에는 쉬게 하기 위해서입니다. 그리고 하나님께서는 일주일 중 엿새 동안 힘써 일하고 이레째는 쉬라고 말씀하셨습니다. 이러므로 우리는 반드시 휴식 시간을 가져야 합니다. 그래야 우리의 건강이 유지되는 것입니다.

32-33절 이에 배를 타고 따로 한적한 곳에 갈새 그들이 가는 것을 보

고 많은 사람이 그들인 줄 안지라 모든 고을로부터 도보로 그 곳에 달려와 그들보다 먼저 갔더라

예수님과 제자들이 잠깐 휴식을 취하기 위해 조용한 곳으로 가려고 배를 탔습니다. 그런데 사람들이 예수님과 제자들이 배를 타고 지나가시는 것을 보고 갈릴리 바다 건너편으로 먼저 가서 기다렸습니다.

34절 예수께서 나오사 큰 무리를 보시고 그 목자 없는 양 같음으로 인하여 불쌍히 여기사 이에 여러 가지로 가르치시더라

예수님께서는 많은 사람들이 먼저 와서 기다리고 있는 것을 보시고 그들을 '목자 없는 양'(민 27:17; 겔 34:5)같이 불쌍히 여기셨습니다. 그래서 쉬지 못하시고 그들에게 말씀을 가르치시고 병자들을 고쳐 주셨습니다. 양은 목자로부터 물과 꼴과 안식처를 제공받아야 살 수 있습니다. 목자가 없으면 양은 살 수가 없는 것입니다.

35-36절 때가 저물어 가매 제자들이 예수께 나아와 여짜오되 이곳은 빈 들이요 날도 저물어 가니 무리를 보내어 두루 촌과 마을로 가서 무엇을 사 먹게 하옵소서

예수님께서 말씀을 가르치시매 사람들은 그 말씀에 심취되어 시간 가는 줄 몰랐습니다. 해가 저물어 가자 제자들은 예수님께 그곳이 빈 들이고 이미 해가 저물어 가고 있으니 사람들을 보내어 가까운 마을에 가서 음식을 사 먹게 하자고 말씀드렸습니다.

37절 대답하여 이르시되 너희가 먹을 것을 주라 하시니 여짜오되 우

리가 가서 이백 데나리온의 떡을 사다 먹이리이까

예수님께서는 뜻밖에도 제자들에게 "너희가 먹을 것을 주라" 고 말씀하셨습니다. 그러나 제자들의 계산에 의하면 모여 있는 무리들에게 먹을 것을 주려면 약 이백 데나리온 어치의 떡이 필요했습니다. 당시 근로자의 하루 품삯이 한 데나리온이었므로 이백 데나리온은 거의 여덟 달을 일한 품삯에 해당되는 금액입니다. 그런데 제자들은 돈도 없을뿐더러 설사 돈이 있더라도 그 금액만큼의 떡을 사는 것은 불가능하다고 생각했습니다.

예수님께서는 제자들의 계산 방식과는 다른 차원으로 말씀하셨지만 제자들은 이해하지 못한 것입니다.

38절 이르시되 너희에게 떡 몇 개나 있는지 가서 보라 하시니 알아보고 이르되 떡 다섯 개와 물고기 두 마리가 있더이다 하거늘

예수님께서는 제자들에게 남아 있는 떡이 몇 개나 있느냐고 물으셨습니다. 그래서 제자들이 알아보니 떡 다섯 개와 물고기 두 마리가 전부였습니다. 이것은 그곳에 모여 있는 수많은 사람들의 굶주린 배를 채우기에는 어림도 없는 양이었습니다. 그러나 예수님께서는 이 상황을 해결하는데 필요한 것은 인간이 지닌 자원이 아님을 가르치려고 하셨던 것입니다.

39-40절 제자들에게 명하사 그 모든 사람으로 떼를 지어 푸른 잔디 위에 앉게 하시니 떼로 백 명씩 또는 오십 명씩 앉은지라

예수님께서는 제자들에게 모든 사람으로 떼를 지어 푸른 잔디 위에 앉게 하라고 명하셨습니다. 이는 제자들로 하여금 사람들에게 먹을 것을 보다 효과적으로 나누어 줄 수 있게 하려는 것이었습니다. 우리는 본 절

을 통하여 예수님께서 광야에 있는 모든 사람들이 한 사람도 빠지지 않고 공평하게 먹을 수 있도록 세밀하게 배려하고 계심을 알 수 있습니다.

41-42절 예수께서 떡 다섯 개와 물고기 두 마리를 가지사 하늘을 우러러 축사하시고 떡을 떼어 제자들에게 주어 사람들에게 나누어 주게 하시고 또 물고기 두 마리도 모든 사람에게 나누시매 다 배불리 먹고

예수님께서는 떡 다섯 개와 물고기 두 마리를 가지고 하나님께 감사 기도를 드리시고 나서 제자들로 하여금 그 떡과 물고기를 사람들에게 나눠 주게 하셨습니다. 그러자 기적이 일어났습니다. 떡과 물고기가 계속 생겨나 그 많은 사람들이 다 배불리 먹을 수 있게 되었던 것입니다.

예수님께서는 제자들에게 떡 다섯 개와 물고기 두 마리를 심게 하시고 그 위에 기적을 나타내셨습니다. 하나님의 법칙은 '심고 거두는 법칙' 입니다. 이스라엘에 3년 6개월 동안 가뭄이 계속될 때 사르밧 과부가 마지막으로 남은 가루 한 움큼과 기름 조금으로 음식을 만들어 먼저 선지자 엘리야를 대접하자 가뭄이 끝날 때까지 가루 통에 가루가 떨어지지 아니하고 기름병에 기름이 떨어지지 아니하는 기적을 체험하였습니다. 이러므로 우리는 심고 거두는 법칙을 우리의 생활 속에 적용해야겠습니다.

43절 남은 떡 조각과 물고기를 열두 바구니에 차게 거두었으며

제자들이 예수님께 떡 다섯 개와 물고기 두 마리로 믿음의 씨앗을 심자 그곳에 모인 사람들이 다 배불리 먹고도 남은 것이 열두 바구니에 가득 찼습니다.

우리가 하나님께 믿음의 씨앗을 심으면 하나님께서는 우리에게 30배, 60배, 100배로 거두게 해 주십니다.

44절 떡을 먹은 남자는 오천 명이었더라

당시는 사람들의 숫자를 셀 때 남자만 세었습니다. 떡을 먹은 남자가 오천 명이라고 했는데 그 자리에는 여자와 아이들도 있었으므로 그곳에 모인 사람들의 숫자는 그보다 훨씬 많았습니다. 그런데 하나님께서는 그 많은 사람들이 다 배불리 먹고도 남도록 풍성하게 채우셨습니다. 이러므로 우리는 늘 좋으신 하나님께 기대를 가지고 믿음의 씨앗을 심어야 합니다.

5. 바다 위를 걸으심(6:45-52)

**45. 예수께서 즉시 제자들을 재촉하사 자기가 무리를 보내는 동안에
배 타고 앞서 건너편 벳새다로 가게 하시고 46. 무리를 작별하신 후
에 기도하러 산으로 가시니라 47. 저물매 배는 바다 가운데 있고 예
수께서는 홀로 뭍에 계시다가 48. 바람이 거스르므로 제자들이 힘겹
게 노 젓는 것을 보시고 밤 사경쯤에 바다 위로 걸어서 그들에게 오사
지나가려고 하시매 49. 제자들이 그가 바다 위로 걸어오심을 보고
유령인가 하여 소리 지르니 50. 그들이 다 예수를 보고 놀람이라 이
에 예수께서 곧 그들에게 말씀하여 이르시되 안심하라 내니 두려워
하지 말라 하시고 51. 배에 올라 그들에게 가시니 바람이 그치는지**

라 제자들이 마음에 심히 놀라니 52. 이는 그들이 그 떡 떼시던 일을 깨닫지 못하고 도리어 그 마음이 둔하여졌음이러라

45절 예수께서 즉시 제자들을 재촉하사 자기가 무리를 보내는 동안에 배 타고 앞서 건너편 벳새다로 가게 하시고

예수님께서 오병이어의 기적을 행하신 후에 무리들이 보인 반응에 대해 요한복음에는 다음과 같이 기록되어 있습니다. "그 사람들이 예수께서 행하신 이 표적을 보고 말하되 이는 참으로 세상에 오실 그 선지자라 하더라 그러므로 예수께서 그들이 와서 자기를 억지로 붙들어 임금으로 삼으려는 줄 아시고 다시 혼자 산으로 떠나가시니라"(요 6:14-15).

무리들은 예수님을 임금으로 삼으려 했습니다. 그들은 예수님이 이스라엘을 로마로부터 해방시켜 주실 것을 기대했던 것입니다. 그러나 예수님께서는 이 땅의 임금이 되기 위해 이 세상에 오신 것이 아닙니다. 그러므로 예수님께서는 한편으로는 사람들을 돌려보내시며 다른 한편으로는 제자들이 배를 타고 빨리 벳새다로 가도록 하셨습니다.

46절 무리를 작별하신 후에 기도하러 산으로 가시니라

예수님께서는 사람들을 다 보내신 후에 혼자 기도하러 산으로 가셨습니다. 예수님께서는 기도를 많이 하셨습니다. 때로는 밤이 새도록 기도하셨습니다. 이렇게 예수님께서 기도를 많이 하셨기 때문에 공생애 기간에 다가온 많은 어려움을 이기실 수 있었던 것입니다.

우리도 신앙생활에서 승리하려면 기도를 생활화해야 합니다. 기도는

하나님의 권능을 받는 원천이기 때문입니다(막 9:28-29; 약 5:16-18).

47-48절 저물매 배는 바다 가운데 있고 예수께서는 홀로 뭍에 계시다가 바람이 거스르므로 제자들이 힘겹게 노 젓는 것을 보시고 밤 사경쯤에 바다 위로 걸어서 그들에게 오사 지나가려고 하시매

'밤 사경' 은 새벽 3시부터 6시 사이입니다. 초저녁에 벳새다로 가기 위해 배를 타고 떠난 제자들은 도중에 풍랑을 만나 새벽이 되도록 힘겹게 노를 저으며 고생하고 있었습니다. 예수님께서는 기도 중 이 광경을 보시고 바다 위로 걸어서 제자들이 타고 있는 배로 다가가셨습니다.

인생을 살다 보면 전혀 예기치 않은 일들이 닥치며 감당하기 힘든 인생의 폭풍이 몰아칠 때가 있습니다. 그러나 우리는 우리의 삶의 고통을 주님께서 살피시고 도와주시므로 실망하거나 좌절할 필요가 없습니다(벧전 5:7).

49-50절 제자들이 그가 바다 위로 걸어오심을 보고 유령인가 하여 소리 지르니 그들이 다 예수를 보고 놀람이라 이에 예수께서 곧 그들에게 말씀하여 이르시되 안심하라 내니 두려워하지 말라 하시고

제자들은 자신들을 구원하기 위해 바다 위를 걸어오시는 예수님을 보고 유령이라고 생각했습니다. 어부들은 바다에서 유령을 만나면 죽는다고 믿고 있었습니다. 그렇게 때문에 예수님을 유령으로 본 제자들은 '이제는 죽었다!' 고 생각하여 공포에 떨며 소리를 질렀습니다. 그들은 예수님께서 폭풍이 심한 바다 위를 걸어서 그들에게 오시리라고는 생각지도

못했던 것입니다.

예수님께서는 두려워 떠는 제자들에게 "안심하라 내니 두려워하지 말라" 고 말씀하셨습니다. 이 말씀은 제자들의 마음을 안심시키고 평온하게 해 주었습니다.

51절 배에 올라 그들에게 가시니 바람이 그치는지라 제자들이 마음에 심히 놀라니

예수님께서는 말씀으로 그리고 그들과 함께하심으로 제자들을 안심시키셨습니다. 예수님께서 배에 오르시자 폭풍은 잠잠해졌습니다. 이로써 예수님께서는 자연을 다스리심을 나타내셨습니다. 폭풍까지도 잠재우시는 초자연적인 기적을 체험한 제자들은 심히 놀랐습니다.

52절 이는 그들이 그 떡 떼시던 일을 깨닫지 못하고 도리어 그 마음이 둔하여졌음이러라

만일 제자들이 예수님께서 남자만 오천 명을 먹이신 이적의 사건을 통하여 예수님을 올바로 알고 믿었더라면, 예수님께서 물 위로 걸어오시고 바다를 잠잠하게 하신 것을 보고 그토록 놀라지는 않았을 것입니다. 그러나 마음이 둔한 제자들은 예수님께서 전능하신 하나님이심을 믿지 못했기 때문에 예수님께서 바다를 잠잠하게 하신 것을 보고 심히 놀랐던 것입니다.

예수님께서는 기적을 행하시는 분입니다. 예수님께서는 전능하신 하나님이시므로 어떤 기적도 행하실 수 있습니다. 배고픈 자에게는 기적으로 빵을 주시고, 풍랑으로 고생하는 자에게는 기적으로 바다를 잠잠

하게 해 주시고, 병으로 고통당하는 자에게는 기적으로 병을 고쳐 주십니다. 예수님께서는 사람의 형편과 처지에 따라 기적을 행하십니다. 그러므로 오늘날 우리도 주님을 믿고 기적을 기대하면 주님께서 우리를 찾아오셔서 기적을 행하여 주시는 것입니다.

6. 게네사렛에서 병을 고치심(6:53-56)

53. 건너가 게네사렛 땅에 이르러 대고 54. 배에서 내리니 사람들이
곧 예수신 줄을 알고 55. 그 온 지방으로 달려 돌아다니며 예수께서
어디 계시다는 말을 듣는 대로 병든 자를 침상째로 메고 나아오니
56. 아무 데나 예수께서 들어가시는 지방이나 도시나 마을에서 병자
를 시장에 두고 예수께 그의 옷 가에라도 손을 대게 하시기를 간구하
니 손을 대는 자는 다 성함을 얻으니라

53절 건너가 게네사렛 땅에 이르러 대고

'게네사렛' 은 가버나움 남쪽에 있는 인구가 조밀하고 비옥한 평원입니다. 이곳은 기온도 매우 적합하여 다양한 종류의 수목이 자랍니다. 찬 공기를 필요로 하는 호두나무, 더운 곳에서 가장 잘 자라는 종려나무, 또 이보다 더 온화한 기후를 요하는 무화과나무와 감람나무도 자랍니다. 그러므로 게네사렛에서는 연중 내내 포도, 무화과 등의 과일을 다량으로 수확하였습니다.

배에 오르신 예수님께서는 제자들과 함께 갈릴리 바다를 건너 게네사렛 땅에 오셨습니다.

54-55절 배에서 내리니 사람들이 곧 예수신 줄을 알고 그 온 지방으로 달려 돌아다니며 예수께서 어디 계시다는 말을 듣는 대로 병든 자를 침상째로 메고 나아오니

거라사 사람들은 예수님께서 그 지방을 떠나 주시기를 바라고 원했습니다. 그들은 예수 그리스도를 필요로 하지 않았습니다. 그런데 게네사렛 지방 사람들은 예수님께서 도와주시기를 간구했습니다.

예수님께서 게네사렛에 제자들과 함께 도착하셨을 때 사람들은 예수님을 알아보고 온 지방으로 뛰어다니면서 반가운 소식을 전했습니다. 그러자 사방 여러 곳에서 사람들이 병자들을 침상째로 메고 예수님께로 나아왔습니다.

56절 아무 데나 예수께서 들어가시는 지방이나 도시나 마을에서 병자를 시장에 두고 예수께 그의 옷 가에라도 손을 대게 하시기를 간구하니 손을 대는 자는 다 성함을 얻으니라

예수님께서 가시는 곳마다 병자들이 몰려왔습니다. 그들은 예수님의 옷 가에 손만 대더라도 나으리라는 확신을 갖고 있었습니다. 그리고 이들의 확신에 찬 믿음과 간구대로 예수님의 옷에 손을 대는 자는 모두 병 고침을 받았습니다.

제 7 장

예수님의 이방 사역

사람을 더럽게 하는 것	7:1-23
수로보니게 여자의 믿음	7:24-30
귀먹고 말 더듬는 자를 치료하심	7:31-37

A COMMENTARY
ON THE GOSPEL OF
MARK

본 장은 갈릴리, 두로와 시돈, 그리고 데가볼리 지역에서의 예수님의 행적을 기록하고 있으며, 특히 바리새인들의 외식과 이방 여인의 믿음이 대비되어 나타나 있습니다.

기적을 행하시고 병든 자들을 치료하시는 예수님의 소문을 듣고 많은 사람들이 예수님을 찾아왔습니다. 그중에는 예루살렘에서 온 바리새인들과 서기관들도 있었습니다. 그들은 예수님의 제자들이 손을 씻지 않고 떡 먹는 것을 보고 장로들의 유전을 지키지 않는다고 공박하였습니다. 이에 대하여 예수님께서는 바리새인들의 외식을 책망하셨습니다.

그 후 두로 지방에 가신 예수님께서는 수로보니게 여자의 돈독한 신앙에 감탄하시고 그녀의 딸을 치료해 주셨습니다. 예수님의 구원 사역은 유대인을 우선순위로 하였지만 이방인인 수로보니게 여자의 뜨거운 소망과 믿음과 겸손이 예수님의 마음을 움직인 것입니다.

두로 지방을 떠나 데가볼리 지방을 통과하여 갈릴리 호수에 이른 예수님께서는 귀먹고 말 더듬는 자를 고쳐 주셨고, 이에 예수님의 소문은 더욱 널리 퍼지게 되었습니다.

1. 사람을 더럽게 하는 것(7:1-23)

1. 바리새인들과 또 서기관 중 몇이 예루살렘에서 와서 예수께 모여
들었다가 2. 그의 제자 중 몇 사람이 부정한 손 곧 씻지 아니한 손으
로 떡 먹는 것을 보았더라 3. (바리새인들과 모든 유대인들은 장로들
의 전통을 지키어 손을 잘 씻지 않고서는 음식을 먹지 아니하며 4.
또 시장에서 돌아와서도 물을 뿌리지 않고서는 먹지 아니하며 그 외
에도 여러 가지를 지키어 오는 것이 있으니 잔과 주발과 놋그릇을 씻
음이러라) 5. 이에 바리새인들과 서기관들이 예수께 묻되 어찌하여
당신의 제자들은 장로들의 전통을 준행하지 아니하고 부정한 손으로
떡을 먹나이까 6. 이르시되 이사야가 너희 외식하는 자에 대하여 잘
예언하였도다 기록하였으되 이 백성이 입술로는 나를 공경하되 마음
은 내게서 멀도다 7. 사람의 계명으로 교훈을 삼아 가르치니 나를 헛
되이 경배하는도다 하였느니라 8. 너희가 하나님의 계명은 버리고
사람의 전통을 지키느니라 9. 또 이르시되 너희가 너희 전통을 지키
려고 하나님의 계명을 잘 저버리는도다 10. 모세는 네 부모를 공경
하라 하고 또 아버지나 어머니를 모욕하는 자는 죽임을 당하리라 하

였거늘 11. 너희는 이르되 사람이 아버지에게나 어머니에게나 말하
기를 내가 드려 유익하게 할 것이 고르반 곧 하나님께 드림이 되었다
고 하기만 하면 그만이라 하고 12. 자기 아버지나 어머니에게 다시
아무것도 하여 드리기를 허락하지 아니하여 13. 너희가 전한 전통
으로 하나님의 말씀을 폐하며 또 이 같은 일을 많이 행하느니라 하시
고 14. 무리를 다시 불러 이르시되 너희는 다 내 말을 듣고 깨달으라
15. 무엇이든지 밖에서 사람에게로 들어가는 것은 능히 사람을 더럽
게 하지 못하되 16. 사람 안에서 나오는 것이 사람을 더럽게 하는 것
이니라 하시고 17. 무리를 떠나 집으로 들어가시니 제자들이 그 비
유를 묻자온대 18. 예수께서 이르시되 너희도 이렇게 깨달음이 없
느냐 무엇이든지 밖에서 들어가는 것이 능히 사람을 더럽게 하지 못
함을 알지 못하느냐 19. 이는 마음으로 들어가지 아니하고 배로 들
어가 뒤로 나감이라 이러므로 모든 음식물을 깨끗하다 하시니라 20.
또 이르시되 사람에게서 나오는 그것이 사람을 더럽게 하느니라 21.
속에서 곧 사람의 마음에서 나오는 것은 악한 생각 곧 음란과 도둑질
과 살인과 22. 간음과 탐욕과 악독과 속임과 음탕과 질투와 비방과
교만과 우매함이니 23. 이 모든 악한 것이 다 속에서 나와서 사람을
더럽게 하느니라

1절 바리새인들과 또 서기관 중 몇이 예루살렘에서 와서 예수께 모여들었다가

바리새인들과 서기관들은 율법주의자로 형식과 의식을 중요시할 뿐만 아니라 율법을 철저히 지키는 자들이었습니다. 그러나 그들은 율법과 형식을 지나치게 강조하여 외식적인 신앙생활을 하였습니다.

바리새인들과 또 서기관 중 몇이 예루살렘에서 예수님께 온 것은 예수

님의 가르침을 받으려는 것이 아니라 예수님을 흠잡으려고 온 것입니다.

2절 그의 제자 중 몇 사람이 부정한 손 곧 씻지 아니한 손으로 떡 먹는 것을 보았더라

바리새인과 서기관들은 종종 제자들의 허점을 들어 예수님을 공격하였습니다.

예수님을 비난할 구실을 찾던 바리새인들과 서기관들은 예수님과 제자들의 행동을 관찰하다가 제자들이 장로들의 전통을 어기는 것을 발견하였습니다. 제자들이 씻지 않은 손으로 떡을 먹는 것을 보았던 것입니다.

3-4절 (바리새인들과 모든 유대인들은 장로들의 전통을 지키어 손을 잘 씻지 않고서는 음식을 먹지 아니하며 또 시장에서 돌아와서도 물을 뿌리지 않고서는 먹지 아니하며 그 외에도 여러 가지를 지키어 오는 것이 있으니 잔과 주발과 놋그릇을 씻음이러라)

마가는 유대의 전통을 잘 모르는 이방인 독자들을 위해 설명해 주고 있습니다. 본래 정결 의식은 하나님의 명령에서 비롯된 것입니다. 구약 시대에 제사장들은 성소에 들어가기 전에 반드시 손과 발을 깨끗하게 씻어야 했습니다(출 30:19-21; 40:12). 성경은 정결 예법을 제시하여(레 11-15장) 사람과 하나님과의 교제에 있어 선결 사항인 성결함과 거룩함을 유지할 것을 명하고 있습니다. 만일 사람이 부정한 것을 접했을 경우에는 정해진 정결 의식을 행함으로써 회복되어야 했던 것입니다. 이는 이스라엘 백성들이 하나님의 선민으로서 구별된 삶을 계속 유지하기 위함이었습

니다.

'장로들의 전통' 은 유대의 종교 지도자들이 율법에 자신들의 해석을 덧붙여서 만든 수많은 규정들을 말합니다. 특히 본문에 나온 정결 의식은 그 배후에 이스라엘의 그릇된 선민의식이 자리 잡고 있었습니다. 유대인들이 손과 그릇을 씻었던 이유는 부정한 이방인들이나 정결함을 받지 못한 다른 유대인들과의 접촉을 통해 자신들의 정결함이 더럽혀졌을지도 모른다는 우려에서 나온 것입니다. 더욱이 바리새인들은 이를 공중 앞에서 행하였는데, 이는 위생적인 차원이 아니라 행위의 정결함을 과시하기 위하여 이러한 의식을 행하였던 것입니다.

정결 의식을 행하지 않는 것이 죄가 아니라 하나님의 계명을 어기는 것이 죄입니다. 그러므로 우리는 하나님의 계명을 지켜야 합니다. 우리가 율법을 지키는 것은 구원받기 위해서가 아니라 율법을 지킴으로 하나님과의 관계가 깊어지고 윤리적이고 도덕적인 삶을 살게 되어 믿지 않는 사람들에게 본이 되기 때문입니다.

5절 이에 바리새인들과 서기관들이 예수께 묻되 어찌하여 당신의 제자들은 장로들의 전통을 준행하지 아니하고 부정한 손으로 떡을 먹나이까

바리새인들과 서기관들은 정결 의식에 관한 랍비들의 전통을 지키는 문제를 놓고 예수님께 항의하였습니다. 이들이 정작 정결 의식을 지키지 않은 제자들을 제쳐 놓고 예수님께 직접 도전한 것은 제자들의 실수를 예수님의 책임으로 전가하려는 의도입니다. 또한 그들은 예수님께서 자신들의 항변에 장로들의 전통을 무시하는 발언을 한다면 이를 기회로

예수님의 사역 자체를 문제시할 수 있음을 마음속으로 계산하고 있었습니다.

바리새인들은 겉으로는 하나님의 계명과 율법을 보호하는 데 열심인 척했지만 사실 그들에게는 하나님께 대한 사랑이 없었습니다. 그들에게는 예수님의 가르침과 이적 행함이 과연 하나님의 말씀과 일치하느냐의 여부는 별로 중요하지 않았습니다. 단지 그들은 자신들이 고집하는 전통적인 종교적 권위에 따르는 것을 우선순위에 두었던 것입니다.

6절 이르시되 이사야가 너희 외식하는 자에 대하여 잘 예언하였도다 기록하였으되 이 백성이 입술로는 나를 공경하되 마음은 내게서 멀도다

예수님께서는 제자들의 실수에 대해서도, 또 바리새인들이 지적한 문제에 대해서도 아무런 언급을 하시지 않았습니다.

예수님께서는 바리새인들이 장로들의 유전과 전통을 지키는 근본 동기가 위선에서 비롯된 것이라고 지적하시고 이사야서를 인용하여 바리새인들의 외식적인 종교 의식을 책망하셨습니다.

바리새인들과 서기관들은 일상생활에서 장로들의 유전을 세심하게 지킴으로써 모든 사람들에게 경건한 신앙인으로 칭찬을 받았습니다. 그러나 그들은 입술로만 하나님을 사랑한다고 하였지 정작 그들의 마음은 하나님과 멀었습니다.

종교의 형식과 의식으로는 하나님을 기쁘시게 할 수 없습니다. 입술로는 주님을 사랑한다고 하면서 성수주일도 하지 않고 복음도 전하지 않고 십일조도 드리지 않는다면, 이러한 신앙은 헛된 것입니다. 그러므로 우

리는 마음으로 주님을 섬겨야 합니다. 뿐만 아니라 영과 진리로 주님을 예배하여야 합니다(요 4:24).

7절 사람의 계명으로 교훈을 삼아 가르치니 나를 헛되이 경배하는도다 하였느니라

'사람의 계명' 이란 '장로들의 전통' 을 말합니다. 본 절에서 예수님께서는 장로들의 전통을 권유하는 것을 문제 삼으셨습니다.

예수님께서는 바리새인들이 장로들의 유전을 지키고 행하지만 그것은 하나님을 헛되이 경배한 것이라고 말씀하셨습니다. 그들이 사람의 계명을 지킨 것은 하나님을 경배하기 위한 것이 아니라 결국 자기만족을 위한 것이었습니다.

헌신은 그 근본적인 동기가 중요합니다. 진실한 마음이야말로 하나님을 섬기고 헌신하는 자들에게 일차적으로 요구되는 기본 요소임을 알아야 합니다.

8-9절 너희가 하나님의 계명은 버리고 사람의 전통을 지키느니라 또 이르시되 너희가 너희 전통을 지키려고 하나님의 계명을 잘 저버리는도다

바리새인들은 본래 유대 사회에서 상당히 존경받는 계층의 사람들이었습니다. 신구약 중간기, 특히 마카비 시대에는 구약에 정통한 바리새인들이 하나님의 율법을 준수하고 헬라와 같은 이방 나라의 요소들이 스며들지 못하도록 철저히 방어하면서 유대적 전통을 고수하였으므로 백성들로부터 종교적 권위의 상징으로 존경을 받았습니다.

바리새인들이 율법에 대하여 강조하기 시작한 것은 바벨론 포로기부터입니다. 그 당시 예루살렘 성전은 파괴되었고 낯선 이국땅에서 유대인 포로들이 의지할 것은 율법밖에 없었습니다. 게다가 그들은 하나님의 율법을 지키지 않았기 때문에 하나님의 징계를 받아 포로 생활을 겪고 있다고 생각했습니다. 그리고 무엇보다도 이방 침략자들이 성전을 파괴할 수는 있어도 하나님의 율법을 빼앗을 수는 없다는 사실이 바리새인들로 하여금 더욱 율법을 강조하게 하였습니다.

그러나 바리새인들의 잘못은 하나님께 대한 신앙이 있어야 할 자리에 율법을 대치시켰다는 점에 있습니다. 또한 그들은 모세의 율법에는 기록되지 않은 랍비들의 가르침과 율법에 대한 해석에 성경과 동등한 권위를 부여하는 잘못을 범하였습니다. 그런데 시간이 지남에 따라 이 전통들은 실질적인 구속력을 갖게 되어 하나님의 계명보다 우위에 놓이게 되었습니다.

하나님의 말씀은 그 자체로 완전합니다. 그러므로 완전무결한 하나님의 말씀을 제쳐놓고 랍비들의 가르침과 그들이 정한 계명을 지킨다는 것은 있을 수 없는 일입니다. 더욱이 장로들의 전통을 지키기 위하여 하나님의 계명을 저버리는 것은 있어서는 안 될 일입니다.

10절 모세는 네 부모를 공경하라 하고 또 아버지나 어머니를 모욕하는 자는 죽임을 당하리라 하였거늘

하나님께서 시내 산에서 모세에게 주신 십계명은 하나님께 대한 계명과 인간에 대한 계명으로 되어 있습니다. 하나님께서는 인간관계에 대한 계명으로 여섯 가지 계명을 주셨는데, 그중 첫째 계명은 "네 부모를 공경

하라"(출 20:12)는 것입니다. 특히 이 계명을 지키는 자에게는 번성하고 장수하는 복이 약속되어 있습니다(신 5:16). 반면 이 계명을 지키지 않고 부모를 저주하는 자는 반드시 죽이라고 명령하셨습니다(출 21:17).

자녀를 사랑으로 가르치고 양육하는 것이 부모의 의무라면, 연로하신 부모님을 공경하고 그 생활을 돌보아 드리는 것은 장성한 자녀로서 마땅히 해야 할 도리입니다. 더욱이 신앙생활을 열심히 하는 체하면서 부모님을 소홀히 대접하는 그리스도인은 하나님께 복을 받기는커녕 믿지 않는 사람들에게까지 비난을 받게 됩니다.

눈에 보이는 부모님을 공경하지 않으면서 눈에 보이지 않는 하나님을 사랑하고 섬긴다는 것은 위선입니다. 그러므로 우리는 자신을 낳아 키워 주신 육신의 부모님을 공경하는 것이 하나님을 공경하는 첫걸음임을 명심하여야 할 것입니다.

11절 너희는 이르되 사람이 아버지에게나 어머니에게나 말하기를 내가 드려 유익하게 할 것이 고르반 곧 하나님께 드림이 되었다고 하기만 하면 그만이라 하고

하나님께서 인간관계에서 가장 중시하시는 것이 부모 공경이므로 기독교의 복음은 효도의 복음이라고 할 수 있습니다. 그런데 진정한 공경은 겉으로 드러나는 순종만을 의미하는 것이 아닙니다. 그 마음속에 부모에 대한 사랑과 존경이 가득하여 순종의 태도를 보이는 것이 진정으로 부모를 공경하는 것입니다.

그러나 유대인들은 이러한 하나님의 계명을 마땅히 지켜야 함에도 불구하고 교묘한 방법으로 회피하였습니다. 유대인들은 장로들의 전통을

악용하여 부모에게 드릴 것조차도 '고르반' 이라고 말함으로써 부모를 봉양하여야 할 의무를 저버렸던 것입니다. '고르반' 은 '하나님께 드림이 되었다' 라는 뜻입니다. 유대인들이 부모에 대한 자식으로서의 의무를 다 하지 않으면서까지 하나님께 드림이 되었다고 말하는 것은 하나님께 진정으로 모든 것을 드려 섬기려는 마음에서 기인한 것이 아니었습니다. 그들은 고르반 된 것을 하나님께 다 드리지 않고 극히 일부분만 드리고 나머지는 자신을 위하여 사용하였습니다. 그러므로 예수님께서는 이와 같이 부모와 하나님을 기만하고 하나님을 빙자하여 부모에 대한 자식으로서의 도리를 외면하게 하는 장로들의 전통의 폐단을 꾸짖으신 것입니다.

12-13절 자기 아버지나 어머니에게 다시 아무것도 하여 드리기를 허락하지 아니하여 너희가 전한 전통으로 하나님의 말씀을 폐하며 또 이 같은 일을 많이 행하느니라 하시고

부모가 연로하여 생활 능력이 없을 때 도와 드리는 것은 자녀 된 자의 마땅한 도리입니다. 부모에 대한 자식의 의무를 충실히 이행하지 않는 것은 사형에 해당하는 가증한 죄입니다(출 21:17). 그런데 하나님의 선민이라고 자처하는 유대인들은 장로들의 전통을 구실 삼아 하나님께서 명하신 부모 공경을 회피하였습니다.

이와 같이 유대인들이 하나님의 계명을 무시하게 된 것은 하나님께서 주신 율법의 의미를 올바로 알지 못한 결과입니다. 하나님께서 율법을 주신 목적은 인간들을 구원하는 데에 있습니다(갈 3:24). 그렇기 때문에 우리는 율법을 주신 하나님의 뜻 가운데서 하나님의 사랑을 발견할 수 있습니다. 그러나 유대인들은 그것을 깨닫지 못했습니다. 유대인 중에서도

가장 엄격한 신앙생활을 하는 바리새인들과 서기관들조차도 깨닫지 못했습니다. 오히려 그들은 하나님의 말씀을 경시하고 무가치하게 만들었을 뿐만 아니라 인간이 만든 율법인 장로들의 전통을 지키는 것이 하나님께 대한 사랑이라고 하였습니다.

"또 이 같은 일을 많이 행하느니라". 이 말씀은 예수님께서 유대인의 위선적이고 거짓된 종교 의식이 부모 공경을 회피하는 것만이 아니라 그 외에도 그들의 생활 전반에 걸쳐 많이 행하여지고 있음을 지적하신 것입니다.

14절 무리를 다시 불러 이르시되 너희는 다 내 말을 듣고 깨달으라

예수님께서는 무리를 다시 부르시고 그들에게 예수님의 말씀을 듣고 깨달으라고 하셨습니다. 이는 그들이 장로들의 전통을 지키기 위하여 애쓰면서 정작 하나님의 말씀을 저버리는 왜곡된 신앙에서 깨어나기를 촉구하신 것입니다.

15-16절 무엇이든지 밖에서 사람에게로 들어가는 것은 능히 사람을 더럽게 하지 못하되 사람 안에서 나오는 것이 사람을 더럽게 하는 것이니라 하시고

유대인들은 음식을 먹기 전에 반드시 손을 깨끗이 씻었습니다. 이와 같은 유대인들의 습관은 장로들의 전통을 지킴으로써 생긴 것입니다. 그러므로 예루살렘에서 온 바리새인들과 서기관들은 손을 씻지 않은 채 떡을 먹는 예수님의 제자들을 보고 예수님께 "어찌하여 당신의 제자들은 장로들의 전통을 지키지 않느냐?" 고 공박하였던 것입니다(5절). 이에

대하여 예수님께서는 "무엇이든지 밖에서 사람에게로 들어가는 것은 능히 사람을 더럽게 하지 못하되 사람 안에서 나오는 것이 사람을 더럽게 하는 것이니라" 고 말씀하셨습니다. 즉, 인간의 마음속에서 나오는 온갖 악한 생각과 욕심이 사람을 더럽게 한다는 것입니다. 이에 대하여 성경은 "만물보다 거짓되고 심히 부패한 것은 마음이라"(렘 17:9)고 말씀하고 있습니다.

그 당시 유대인들은 장로들의 전통대로 정결 의식을 지키는 것만이 정결을 유지하는 방법이라고 생각하였습니다. 그러나 그 정결 의식은 의식 자체만을 중시하는 형식주의로 빠져들었습니다. 유대인들이 지키고 있는 결례 의식은 단지 하나의 의식으로 생활화 되었던 것입니다. 예수님께서는 바로 이러한 점을 잘 아시고 그들의 외식함을 지적하셨습니다.

17절 무리를 떠나 집으로 들어가시니 제자들이 그 비유를 묻자온대

예수님께서는 설교를 마치신 후 무리를 떠나 집으로 들어가셨습니다. 그때 제자들은 예수님께서 사람들에게 말씀하신 비유가 무슨 뜻인지 이해할 수 없어 예수님께 물었습니다.

18절 예수께서 이르시되 너희도 이렇게 깨달음이 없느냐 무엇이든지 밖에서 들어가는 것이 능히 사람을 더럽게 하지 못함을 알지 못하느냐

무리들은 예수님의 말씀을 듣고 그 말씀이 의미하는 바를 깨닫지 못했습니다. 그런데 예수님의 말씀을 이해하지 못하기는 제자들도 마찬가지였습니다. 예수님께서는 이를 아시고 그들의 우둔함을 책망하셨습니다.

예수님과 함께 생활하며 많은 가르침을 받아 온 제자들이 아직도 예수님의 말씀을 알아듣지 못한다는 것이 예수님의 마음을 안타깝게 한 것입니다. 우리는 여기서 오직 '진리의 영' (요 14:17; 15:26; 16:13)이신 성령께서 그 마음속에 함께하시며 조명해 주시고 가르쳐 주실 때 영적으로 무지한 자들이 비로소 진리를 깨달을 수 있음을 알 수 있습니다(요일 2:27).

19절 이는 마음으로 들어가지 아니하고 배로 들어가 뒤로 나감이라 이러므로 모든 음식물을 깨끗하다 하시니라

예수님께서는 도무지 말씀을 깨닫지 못하는 무지한 제자들에게 다시금 말씀 속에 담긴 뜻을 설명해 주셨습니다. 사람이 음식물을 먹으면 그것이 몸속에 들어가 소화된 후에는 노폐물이 됩니다. 그리고 그 노폐물은 몸 밖으로 배출됩니다. 그러므로 음식물이 사람의 영혼을 더럽힐 수 없는 것입니다.

하나님께서는 이스라엘 백성들을 애굽에서 이끌어 내신 후 모세를 통해 그들에게 음식에 관한 규례를 주셨습니다(신 14:3-21). 이 규례는 하나님께 택함받은 선민으로서 이스라엘 백성이 마땅히 지켜야 할 하나님의 절대적인 명령이었습니다. 때문에 유대인들은 출애굽 시대 이래로 이 규례에 따라 먹을 수 있는 음식과 먹을 수 없는 부정한 음식을 구분하고 음식물을 가려 먹었습니다. 이와 같은 규례는 예수님 당시에도 계속 지켜지고 있었습니다. 따라서 예수님께서 모든 음식물을 깨끗하다고 말씀하신 것은 곧 이제껏 유대인들이 지켜 온 음식에 관한 규례를 철회했다는 것입니다. 모든 음식물이 깨끗하므로 우리는 어떠한 음식물이든지 하나님께 감사하며 먹을 수 있게 된 것입니다.

20절 또 이르시되 사람에게서 나오는 그것이 사람을 더럽게 하느니라

예수님께서는 사람을 더럽게 하는 것이 '사람에게서 나오는 그것' 이라고 하셨습니다. 여기서 '그것' 은 '악한 생각' 을 말합니다. 즉, 마음속에 품고 있는 악한 생각이 그 사람을 더럽게 한다는 것입니다. 실로 악한 생각에 사로잡힌 사람은 그것을 행동에 옮김으로써 자신을 더럽힙니다. 그래서 성경은 "모든 지킬 만한 것 중에 더욱 네 마음을 지키라"(잠 4:23)고 교훈하고 있는 것입니다. 그러므로 우리는 악한 생각이 들어오지 않도록 마음을 지키는 것이 곧 자신을 정결히 하는 것임을 알아야 합니다.

21-23절 속에서 곧 사람의 마음에서 나오는 것은 악한 생각 곧 음란과 도둑질과 살인과 간음과 탐욕과 악독과 속임과 음탕과 질투와 비방과 교만과 우매함이니 이 모든 악한 것이 다 속에서 나와서 사람을 더럽게 하느니라

예수님께서는 사람의 마음에서 나오는 것은 '악한 생각' 이라고 말씀하셨습니다. '악한 생각' 은 그것을 마음에 담고 있는 사람 자신을 더럽힐 뿐만 아니라 다른 사람에게까지 피해를 줍니다.

예수님께서는 '음란과 도둑질과 살인과 간음과 탐욕과 악독과 속임과 음탕과 질투와 비방과 교만과 우매함' 이 악한 생각이라고 하셨습니다.

'음란' 은 부정한 성 관계를 말합니다.

'도둑질' 은 다른 사람의 재물을 훔치는 것으로, 제8계명을 어기는 것이므로 하나님 앞에 큰 죄입니다.

'살인' 은 제6계명을 어기는 것으로, 하나님께서는 살인하는 자를 반드시 죽이라고 말씀하신바 있습니다(출 21:12, 23; 신 19:21). 그리고 예수님께서는 형제에게 노하거나 욕하는 것까지도 살인의 범주에 포함시키셨습니다(마 5:22).

'간음' 은 이미 결혼하여 남편이나 아내가 있는 사람이 다른 이성과 관계하는 성범죄입니다. 우리는 다윗과 밧세바의 사건(삼하 11:1-21)을 통해 간음함으로써 자신을 더럽히고 남을 파괴시킨 예를 볼 수 있습니다. 이스라엘 역사상 가장 위대한 왕이었던 다윗은 우리아의 아내인 밧세바와 간음하고 그것을 은폐하는 데 실패하자 충성스런 우리아를 전장에서 죽도록 음모를 꾸몄습니다. 이 일로 인하여 다윗은 하나님의 마음에 맞는 사람이었음에도 불구하고 간음죄에 살인죄까지 더하여 선지자 나단의 질책을 받고 하나님께 회개했습니다.

'탐욕' 은 도를 넘은 욕심을 말합니다. 이에 대해 성경은 "돈을 사랑함이 일만 악의 뿌리가 되나니"(딤전 6:10)라고 하였으며, "욕심이 잉태한즉 죄를 낳고 죄가 장성한즉 사망을 낳느니라"(약 1:15)고 경고하고 있습니다. 뿐만 아니라 "탐심은 우상 숭배니라"(골 3:5)고 단언하며 탐욕을 경계하고 있습니다.

'악독' 은 사악한 마음으로 말미암아 나타나는 행위로 남을 고되고 아프게 하는 것을 말합니다.

'속임' 은 제9계명을 어기는 것으로서, 거짓말은 물론 거짓된 마음과 행위를 포괄하는 것입니다.

'음탕' 은 음란과 간음과 함께 제7계명을 범하는 죄입니다. 성적 본능을 자제하지 못하고 노골적으로 드러내는 성범죄를 음탕이라고 합니다.

'질투' 는 악의적인 비웃음이나 시기를 말합니다.

'비방' 은 남이 잘되는 것을 가로막기 위하여 중상모략하는 것입니다.

'교만' 은 자신을 남보다 낫게 여겨 스스로 뽐내며 방자하게 행동하는 것으로서, 하나님께서 미워하시는 악한 생각입니다(잠 6:16-17). 성경은 "교만은 패망의 선봉이요 거만한 마음은 넘어짐의 앞잡이니라"(잠 16:18)고 경고하고 있으며, 예수님께서도 "누구든지 자기를 높이는 자는 낮아지고 누구든지 자기를 낮추는 자는 높아지리라"(마 23:12)고 가르치셨습니다.

'우매함' 은 도의에 벗어난 어리석은 언행을 말합니다.

이상에서 언급된 열두 가지의 악한 생각들은 모두 하나님의 계명을 어기는 것으로서 사람을 더럽게 하는 것들입니다.

2. 수로보니게 여자의 믿음(7:24-30)

24. 예수께서 일어나사 거기를 떠나 두로 지방으로 가서 한 집에 들어가 아무도 모르게 하시려 하나 숨길 수 없더라 25. 이에 더러운 귀신 들린 어린 딸을 둔 한 여자가 예수의 소문을 듣고 곧 와서 그 발아래에 엎드리니 26. 그 여자는 헬라인이요 수로보니게 족속이라 자기 딸에게서 귀신 쫓아내 주시기를 간구하거늘 27. 예수께서 이르시되 자녀로 먼저 배불리 먹게 할지니 자녀의 떡을 취하여 개들에게 던짐이 마땅치 아니하니라 28. 여자가 대답하여 이르되 주여 옳소이다마는 상 아래 개들도 아이들이 먹던 부스러기를 먹나이다 29. 예수께서 이르시되 이 말을 하였으니 돌아가라 귀신이 네 딸에게서 나갔느

니라 하시매 30. 여자가 집에 돌아가 본즉 아이가 침상에 누웠고 귀신이 나갔더라

24절 예수께서 일어나사 거기를 떠나 두로 지방으로 가서 한 집에 들어가 아무도 모르게 하시려 하나 숨길 수 없더라

'거기' 는 '게네사렛' 을 말합니다. 예수님께서는 게네사렛을 떠나 두로 지방으로 가셨습니다. '두로' 는 갈릴리 북서쪽에 위치한 이방인들의 도시였습니다. 유대 땅을 벗어나 이방 지역으로 가신 예수님께서는 사람들을 피하여 한 집에 들어가셨습니다. 예수님께서는 계속되는 사역으로 인하여 피곤하고 지치셨기 때문에 쉬고 싶으셨던 것입니다. 그러나 이미 예수님의 소문이 유대 땅은 물론 이방 지역까지 널리 퍼져 있었으므로 그곳에서도 곧 사람들에게 알려졌습니다.

25-26절 이에 더러운 귀신 들린 어린 딸을 둔 한 여자가 예수의 소문을 듣고 곧 와서 그 발아래에 엎드리니 그 여자는 헬라인이요 수로보니게 족속이라 자기 딸에게서 귀신 쫓아내 주시기를 간구하거늘

예수님께서 두로 지방에 계시다는 소문은 삽시간에 퍼졌습니다. 이에 더러운 귀신 들린 딸을 둔 한 여자가 그 소문을 듣고 예수님을 찾아왔습니다. 그 여자는 수로보니게 출신의 이방인이었습니다. '수로보니게' 는 수로 지방에 있는 보니게라는 마을을 가리키며 지금의 시리아 뵈니게 지방을 말합니다. 그 당시 유대인과 이방인 사이에는 적대 감정이 있었습

니다. 유대인은 선민의식에 사로잡혀 유대 민족의 우월성을 내세워 이방인들을 개와 같은 존재라고 멸시하였습니다. 이방인들 역시 이러한 유대인들에 대하여 심한 적대감을 품고 있었습니다. 그런데 수로보니게 여자는 예수님께서 두로 지방에 계신다는 소문을 듣자 즉시 예수님을 찾아와 그 발아래 엎드려 더러운 귀신 들린 어린 딸에게서 귀신을 쫓아 달라고 간구하였습니다.

27절 예수께서 이르시되 자녀로 먼저 배불리 먹게 할지니 자녀의 떡을 취하여 개들에게 던짐이 마땅치 아니하니라

수로보니게 여자의 간구를 들으신 예수님께서는 "자녀로 먼저 배불리 먹게 할지니 자녀의 떡을 취하여 개들에게 던짐이 마땅치 아니하니라" 고 말씀하셨습니다. 여기서 '자녀' 는 유대인을, '개' 는 이방인을 가리킵니다. 마치 부모가 배고픈 자녀에게 먹일 떡을 개에게 던져 주지 않는 것처럼 유대인들에게 우선권이 있는 구원의 은혜를 이방인에게 먼저 베풀지 않겠다는 것입니다. 이는 구원의 소식이 유대인에게 먼저 전해진 후 이방인에게도 전파되어야 한다는 것을 말하는 것입니다.

28절 여자가 대답하여 이르되 주여 옳소이다마는 상 아래 개들도 아이들이 먹던 부스러기를 먹나이다

수로보니게 여자는 예수님께서 말씀하신바 유대인의 우선권을 인정하고 개처럼 비천한 이방인인 자신의 존재를 인정했습니다. 이처럼 수로보니게 여자는 일단 예수님의 말씀을 긍정적으로 받아들이면서, 한편으로는 개들이 상 아래에서 아이들이 먹다가 흘리는 음식 부스러기를 먹듯

이 비록 은혜가 유대인에게 우선적으로 주어질지라도 그 부스러기와 같은 은혜를 받을 수 있다고 믿었습니다. 그리고 이러한 믿음을 예수님께 고백했습니다. 우리는 이를 통해 수로보니게 여자의 긍정적이고 적극적인 삶의 자세를 엿볼 수 있습니다.

29-30절 예수께서 이르시되 이 말을 하였으니 돌아가라 귀신이 네 딸에게서 나갔느니라 하시매 여자가 집에 돌아가 본즉 아이가 침상에 누웠고 귀신이 나갔더라

소망과 믿음에서 우러나온 수로보니게 여자의 고백을 들으신 예수님께서는 "여자여 네 믿음이 크도다"(마 15:28)라고 감탄하셨습니다. 수로보니게 여자의 믿음의 고백을 듣고 만족하신 예수님께서는 그녀의 간구에 응답해 주셨습니다. 이에 수로보니게 여자가 예수님의 주권과 능력을 굳게 믿고 집에 돌아가 보니 이미 더러운 귀신이 쫓겨 나가 깨끗이 고침받은 딸이 침상에 누워 있었습니다. 우리는 수로보니게 여자처럼 주님의 능력을 믿고 입술로 고백해야 합니다. 그럴 때 하나님의 능력을 체험할 수 있습니다.

3. 귀먹고 말 더듬는 자를 치료하심(7:31-37)

31. 예수께서 다시 두로 지방에서 나와 시돈을 지나고 데가볼리 지방
을 통과하여 갈릴리 호수에 이르시매 32. 사람들이 귀먹고 말 더듬
는 자를 데리고 예수께 나아와 안수하여 주시기를 간구하거늘 33.
예수께서 그 사람을 따로 데리고 무리를 떠나사 손가락을 그의 양 귀
에 넣고 침을 뱉어 그의 혀에 손을 대시며 34. 하늘을 우러러 탄식하
시며 그에게 이르시되 에바다 하시니 이는 열리라는 뜻이라 35. 그의
귀가 열리고 혀가 맺힌 것이 곧 풀려 말이 분명하여졌더라 36. 예수
께서 그들에게 경고하사 아무에게도 이르지 말라 하시되 경고하실수
록 그들이 더욱 널리 전파하니 37. 사람들이 심히 놀라 이르되 그가
모든 것을 잘하였도다 못 듣는 사람도 듣게 하고 말 못 하는 사람도
말하게 한다 하니라

31-32절 예수께서 다시 두로 지방에서 나와 시돈을 지나고 데가볼리 지방을 통과하여 갈릴리 호수에 이르시매 사람들이 귀먹고 말 더듬는 자를 데리고 예수께 나아와 안수하여 주시기를 간구하거늘

예수님께서는 두로 지방에서 나와 시돈을 지나고 데가볼리 지방을 통과하여 갈릴리 호수에 이르셨습니다. 그곳에도 병 고침받기를 간절히 소망하는 사람들이 있었습니다. 그들은 귀먹고 말 더듬는 자를 데리고 예

수님께 나아와 안수하여 주시기를 간구하였습니다.

33절 예수께서 그 사람을 따로 데리고 무리를 떠나사 손가락을 그의 양 귀에 넣고 침을 뱉어 그의 혀에 손을 대시며

예수님께서 그 사람을 따로 데리고 무리를 떠나신 것은 믿음이 역사하도록 하기 위한 것이었습니다. 만약 불신자들이 비웃거나 조롱하면 믿음이 역사할 수 없기 때문입니다.

예수님께서는 말씀만으로도 충분히 병을 고치실 수 있었습니다. 백부장의 하인의 중풍병을 치료하실 때에도(마 8:5-13), 수로보니게 여자의 귀신 들린 딸을 치료해 주실 때에도 말씀만으로 치료하셨습니다(24-30절). 그러나 예수님께서는 귀먹고 말 더듬는 자의 양 귀에 손가락을 넣고 또 손에 침을 뱉어 그의 혀에 대셨습니다. 예수님께서 이같이 하신 것은 그에게 귀가 들리고 어눌한 혀가 풀려 정상적으로 말할 수 있게 될 것이라는 믿음이 없었기 때문에 이를 암시해 주시기 위함일 것입니다.

34-35절 하늘을 우러러 탄식하시며 그에게 이르시되 에바다 하시니 이는 열리라는 뜻이라 그의 귀가 열리고 혀가 맺힌 것이 곧 풀려 말이 분명하여졌더라

예수님께서는 귀먹고 말 더듬는 자의 양쪽 귀에 손가락을 넣고 침 뱉어 그의 혀에 손을 대시고 하늘을 우러러 탄식하시며 기도하셨습니다. 그리고 그에게 "에바다"라고 말씀하셨습니다. '에바다'는 아람어로 '열리라'는 뜻입니다. 예수님께서는 귀먹고 말 더듬는 자의 귀와 혀가 정상적으로 회복되도록 명령하신 것입니다. 그러자 그의 귀가 열리고 혀가 맺힌 것이 풀려 말을 분명하게 하였습니다.

36절 예수께서 그들에게 경고하사 아무에게도 이르지 말라 하시되 경고하실수록 그들이 더욱 널리 전파하니

예수님께서는 병자들을 긍휼히 여기시어 병을 치료해 주셨지만 그 소문이 퍼지는 것을 원하지 않으셨기 때문에 아무에게도 말하지 말라고 경고하셨습니다. 이처럼 예수님께서 기적을 행하신 후에 사람들에게 소문을 내지 말라고 명령하신 것은 성경 여러 곳에 나타나 있습니다. 나병 환자를 치료해 주시고 난 후 예수님께서는 "삼가 아무에게도 이르지 말고 다만 가서 제사장에게 네 몸을 보이고 모세가 명한 예물을 드려 그들에게 입증하라"(마 8:4; 눅 5:14)고 말씀하셨습니다. 또한 예수님께서는 회당장의 죽은 딸을 살려 주신 후에도 사람들에게 "이 일을 아무도 알지 못하게 하라"(5:43)고 엄히 경계하셨습니다.

이와 같이 예수님께서 소문이 퍼지는 것을 경계하신 것은 예수님의 인기가 높아질수록 그에 비례하여 유대인들의 적대감이 커지는 것을 막기 위함이었습니다. 그리고 한편으로는 사람들이 단지 예수님께서 행하시는 기적 때문에 따르는 것이 아니라 진심으로 예수님을 메시아로 믿고 구원받기를 원하셨기 때문에 소문이 퍼지는 것을 경계하신 것입니다. 그러나 예수님께서 경계하실수록 사람들은 오히려 소문을 더욱 널리 퍼뜨렸습니다.

37절 사람들이 심히 놀라 이르되 그가 모든 것을 잘하였도다 못 듣는 사람도 듣게 하고 말 못 하는 사람도 말하게 한다 하니라

예수님께서 귀먹고 말 더듬는 자를 치료해 주신 것을 목격한 사람들은 그들이 본 것을 널리 전하였습니다. 그러므로 예수님에 대한 이야기가 삽시간에 퍼져 사람들의 입에 오르내리게 되었습니다. 사람들은 예수님께서 하신 일을 잘하였다고 말하며 예수님의 능력에 경탄하였습니다.

못 듣는 사람을 듣게 하시고 말 못 하는 사람을 말하게 하시며 귀신 들린 자에게서 귀신을 좇아내시며 죽은 자를 살리신 예수님께서는 오늘도 우리 가운데 계십니다. 우리가 치료자 예수님을 믿기만 하면 예수님 당시의 기적을 체험할 수 있는 것입니다.

제 8 장

예수 그리스도의 고난 예고

A COMMENTARY
ON THE GOSPEL OF
MARK

본 장에는 예수님께서 잠시 갈릴리 지역에서 사역을 하시다가 다시 갈릴리를 떠나신 일을 기록하고 있습니다. 본 장에서도 예수님께서는 기사와 이적을 행하셨습니다. 뿐만 아니라 예수님께서는 베드로의 신앙 고백을 기점으로 해서 그리스도, 즉 메시아로서 받으시게 될 고난을 예고하셨습니다.

1. 사천 명을 먹이심(8:1-10)

1. 그 무렵에 또 큰 무리가 있어 먹을 것이 없는지라 예수께서 제자들
을 불러 이르시되 2. 내가 무리를 불쌍히 여기노라 그들이 나와 함
께 있은 지 이미 사흘이 지났으나 먹을 것이 없도다 3. 만일 내가 그
들을 굶겨 집으로 보내면 길에서 기진하리라 그중에는 멀리서 온 사
람들도 있느니라 4. 제자들이 대답하되 이 광야 어디서 떡을 얻어
이 사람들로 배부르게 할 수 있으리이까 5. 예수께서 물으시되 너희
에게 떡 몇 개나 있느냐 이르되 일곱이로소이다 하거늘 6. 예수께서
무리를 명하여 땅에 앉게 하시고 떡 일곱 개를 가지사 축사하시고 떼
어 제자들에게 주어 나누어 주게 하시니 제자들이 무리에게 나누어
주더라 7. 또 작은 생선 두어 마리가 있는지라 이에 축복하시고 명
하사 이것도 나누어 주게 하시니 8. 배불리 먹고 남은 조각 일곱 광
주리를 거두었으며 9. 사람은 약 사천 명이었더라 예수께서 그들을
흩어 보내시고 10. 곧 제자들과 함께 배에 오르사 달마누다 지방으
로 가시니라

1절 그 무렵에 또 큰 무리가 있어 먹을 것이 없는지라 예수께서 제자들을 불러 이르시되

'그 무렵'은 예수님께서 데가볼리 지방을 방문하신 시기를 말합니다. 또한 전날과 관련하여서 큰 무리가 모였던 그날을 연관시켜 주는 말이기도 합니다.

'큰 무리'는 예수님의 말씀을 듣기 위해 좇아온 사람들입니다. 이들은 사흘 동안이나 예수님과 함께 있었기 때문에 준비해 온 양식이 다 떨어져 먹을 것이 없는 상태였습니다. 예수님께서는 이를 아시고 제자들을 부르셨습니다.

오천 명을 먹이신 사건에서는 제자들이 스스로 예수님께 나아왔으나 (6:44) 여기서는 예수님께서 능동적으로 제자들을 부르심을 볼 수 있습니다.

2절 내가 무리를 불쌍히 여기노라 그들이 나와 함께 있은 지 이미 사흘이 지났으나 먹을 것이 없도다

예수님께서 제자들을 부르신 것은 예수님께 나아온 사람들이 양식이 떨어져 굶주리고 있는 것을 불쌍히 여기셨기 때문이었습니다.

우리는 본 절을 통해서 예수님께서 수많은 사람들의 죄를 용서하시고 귀신을 쫓아내시고 병을 고치시고 절망에서 소망을, 죽음에서 삶으로 이끌어 주신 것이 사람들을 불쌍히 여기셨기 때문이었음을 알 수 있습니다.

예수님께서는 우리의 영적인 문제뿐만 아니라 우리의 육적인 문제까지도 세밀하게 관심을 가지고 우리의 필요에 따라 채워 주십니다. 그러므로 우리는 이러한 사실을 늘 믿음으로 시인하여 체험적인 신앙생활을

해야 합니다.

3절 만일 내가 그들을 굶겨 집으로 보내면 길에서 기진하리라 그중에는 멀리서 온 사람들도 있느니라

그 무리들 중에는 '두로' 와 '시돈' 과 같이 아주 먼 곳에서 온 사람들도 있었습니다. 예수님께서는 먼 길을 가야 할 사람들이 도중에서 지칠 것을 염려하셨습니다. 이에 주님께서는 말씀을 들음으로 영의 양식을 먹은 무리들에게 이제는 필요한 육의 양식을 주시고자 하셨습니다.

성경은 "너희는 먼저 그의 나라와 그의 의를 구하라 그리하면 이 모든 것을 너희에게 더하시리라"(마 6:33)고 말씀하고 있습니다. 그러므로 우리가 먼저 하나님 나라와 그의 의를 구하면 하나님께서 우리의 모든 의식주 문제를 해결해 주시는 것입니다.

4절 제자들이 대답하되 이 광야 어디서 떡을 얻어 이 사람들로 배부르게 할 수 있으리이까

제자들은 예수님께서 떡 다섯 개와 물고기 두 마리로 남자만 오천 명을 먹이신 기적의 사건을 체험했지만 그것을 잊고서 불신앙적인 말을 했습니다.

이 사건의 장소는 내륙 한가운데에 있는 '광야' 로 마을과는 상당한 거리가 있는 곳이었습니다. 그렇기 때문에 제자들은 도저히 그 수많은 사람들에게 떡을 주어 배불리 먹게 할 수 없다고 생각한 것입니다.

5절 예수께서 물으시되 너희에게 떡 몇 개나 있느냐 이르되 일곱이

로소이다 하거늘

제자들이 그 많은 사람들에게 먹을 것을 주는 것이 불가능하다고 말하자, 예수님께서는 "너희에게 떡 몇 개가 있느냐" 고 물으셨습니다. 이는 믿음의 씨앗을 심으라는 것입니다. 또한 예수님께서 말씀만으로도 군중들을 먹이실 수 있었지만 제자들을 참여시키시기 위하여 그렇게 물으신 것입니다. 이처럼 예수님께서는 기적을 행하실 때 우리의 믿음을 통해서 행하시기를 원하십니다. 그러므로 우리는 믿음의 씨앗을 심어 주님의 기적을 체험해야 할 것입니다.

6-7절 예수께서 무리를 명하여 땅에 앉게 하시고 떡 일곱 개를 가지사 축사하시고 떼어 제자들에게 주어 나누어 주게 하시니 제자들이 무리에게 나누어 주더라 또 작은 생선 두어 마리가 있는지라 이에 축복하시고 명하사 이것도 나누어 주게 하시니

예수님께서는 오병이어의 기적을 행하실 때 무리들을 푸른 잔디에 앉게 하셨습니다. 그러나 여기에서는 땅에 앉게 하셨다는데, 이것은 오병이어의 사건과는 장소적 차이가 있음을 보여 줍니다.

예수님께서는 떡 일곱 개를 가지고 감사 기도를 하신 후 떼어 제자들에게 주셨습니다. 그리고 생선 두어 마리에도 축복하시고 제자들에게 나눠 주라고 하셨습니다.

8절 배불리 먹고 남은 조각 일곱 광주리를 거두었으며

군중들은 예수님께서 행하신 기적을 통하여 떡 일곱 개와 생선 두어 마리로 배불리 먹었습니다. 뿐만 아니라 남은 조각을 거두었더니 일곱

광주리나 되었습니다. '남은 조각' 은 먹다 남은 찌꺼기나 부스러기가 아니라 손을 대지 않은 음식을 의미합니다. 하나님께서는 "주라 그리하면 너희에게 줄 것이니 곧 후히 되어 누르고 흔들어 넘치도록 하여 너희에게 안겨 주리라"(눅 6:38)고 말씀하셨습니다. 이와 같이 예수님께서는 우리에게 기적과 복을 주실 때 우리의 구하는 것이나 생각하는 것에 더 넘치도록 채워 주십니다.

9절 사람은 약 사천 명이었더라 예수께서 그들을 흩어 보내시고

떡 일곱 개와 생선 두어 마리로 배불리 먹은 사람들의 수는 여자와 어린아이를 제외한 장정의 수만 해도 약 사천 명이나 되었습니다.

예수님께서는 그 은혜의 장소를 떠나기를 아쉬워하는 사람들을 각지로 흩어 보내셨습니다.

10절 곧 제자들과 함께 배에 오르사 달마누다 지방으로 가시니라

사람들을 해산시킨 후 예수님께서는 데가볼리 지방을 떠나 달마누다 지방으로 가셨습니다.

'달마누다' 라는 지명에 대하여 확실한 언급은 없습니다. 그런데 마태복음 15장 39절에는 '마가단' 이라고 기록되어 있으며, 역사가 유세비우스는 그곳이 거라사 지방에 있었다고 주장합니다. 또 달만은 이 지명이 '막달라' 와 연관이 있다고 주장합니다. 그리고 8, 9세기경의 사본인 바질, 오전시스 등에는 달만의 견해와 같이 '막달라 지경' 으로 기록되어 있습니다. 이러한 사실로 보면 달만의 견해가 근거 있는 것으로 보입니다. 그러므로 예수님께서는 배를 타시고 막달라로 가신 것으로 볼 수 있습니

다. 막달라는 갈릴리의 4대 도시 중의 하나로서 토기와 염색 공업 및 생선을 절이는 염업이 발달된 곳이었고, 막달라 마리아의 고향으로 알려진 곳입니다.

2. 하늘의 표적(8:11-13)

11. 바리새인들이 나와서 예수를 힐난하며 그를 시험하여 하늘로부
터 오는 표적을 구하거늘 12. 예수께서 마음속으로 깊이 탄식하시며
이르시되 어찌하여 이 세대가 표적을 구하느냐 내가 진실로 너희에
게 이르노니 이 세대에 표적을 주지 아니하리라 하시고 13. 그들을
떠나 다시 배에 올라 건너편으로 가시니라

11절 바리새인들이 나와서 예수를 힐난하며 그를 시험하여 하늘로부터 오는 표적을 구하거늘

바리새인들은 예수님께 하늘로부터 오는 표적을 구하였습니다. 이는 예수님께서 메시아이심을 증거하는 표적을 보이라는 것입니다. 그들은 예수님을 조롱하는 뜻에서 그러한 말을 했던 것입니다.

12-13절 예수께서 마음속으로 깊이 탄식하시며 이르시되 어찌하여

이 세대가 표적을 구하느냐 내가 진실로 너희에게 이르노니 이 세대에 표적을 주지 아니하리라 하시고 그들을 떠나 다시 배에 올라 건너편으로 가시니라

표적을 구한 바리새인들의 적대심과 불신앙의 행위에 예수님께서는 깊이 탄식하셨습니다. '이 세대' 란 신앙이 없고 패역하였던 그 당시 유대 사회 전체를 말씀하시는 것입니다.

예수님께서는 불순한 동기로 표적을 구하는 바리새인들만이 아니라 패역한 세대에게도 표적을 보여 주지 않겠다고 말씀하셨습니다. 예수님께서는 그들의 불신앙적인 질문을 한마디로 잘라 버리신 것입니다.

바리새인과의 대화에서 더 이상 선한 것을 기대하지 않은 예수님께서는 배를 타고 호수의 동편으로 가셨습니다.

3. 바리새인들의 누룩(8:14-21)

14. 제자들이 떡 가져오기를 잊었으매 배에 떡 한 개밖에 그들에게 없더라 15. 예수께서 경고하여 이르시되 삼가 바리새인들의 누룩과 헤롯의 누룩을 주의하라 하시니 16. 제자들이 서로 수군거리기를 이는 우리에게 떡이 없음이로다 하거늘 17. 예수께서 아시고 이르시되 너희가 어찌 떡이 없음으로 수군거리느냐 아직도 알지 못하며 깨닫지 못하느냐 너희 마음이 둔하냐 18. 너희가 눈이 있어도 보지 못

하며 귀가 있어도 듣지 못하느냐 또 기억하지 못하느냐 19. 내가 떡
다섯 개를 오천 명에게 떼어 줄 때에 조각 몇 바구니를 거두었더냐 이
르되 열둘이니이다 20. 또 일곱 개를 사천 명에게 떼어 줄 때에 조각
몇 광주리를 거두었더냐 이르되 일곱이니이다 21. 이르시되 아직도
깨닫지 못하느냐 하시니라

14-15절 제자들이 떡 가져오기를 잊었으매 배에 떡 한 개밖에 그들에게 없더라 예수께서 경고하여 이르시되 삼가 바리새인들의 누룩과 헤롯의 누룩을 주의하라 하시니

제자들은 예수님과 바리새인들과의 쟁론이 끝나고 바로 그곳을 떠났으므로 떡을 가지고 오는 것을 잊었습니다. 그런데 마침 예수님께서 제자들에게 "바리새인들의 누룩과 헤롯의 누룩을 주의하라" 고 경고하셨습니다.

성경에서 누룩은 좋은 의미로 사용되는 경우도 있지만(마 13:33), 그보다는 부패와 타락과 범죄 등 악이 만연하는 것을 비유하는 데 많이 사용되었습니다(출 12:15; 레 2:11; 고전 5:6). 당시의 유대와 헬라 사회에서 누룩은 부패를 상징하였습니다.

본문을 보면 예수님께서도 바리새인과 헤롯을 부패의 상징인 누룩에 비유하셨습니다. 바리새인의 누룩은 그들의 형식적이고 위선적인 신앙을 의미하며, 헤롯의 누룩은 정치적 목적을 위한 악독한 권모술수를 의미합니다. 이러한 것들은 누룩과 같아서 조금만 있어도 공동체 전체를 부패시키므로 항상 조심하고 경계하여야 하는 것입니다.

16절 제자들이 서로 수군거리기를 이는 우리에게 떡이 없음이로다 하거늘

제자들은 예수님의 말씀을 전혀 이해하지 못했습니다. 예수님께서는 영적인 것을 교훈하셨는데 제자들은 눈에 보이는 육적인 것으로만 받아들였습니다. 그래서 그들은 떡이 없음으로 인하여 걱정하는 어리석음을 보였습니다.

이와 같이 제자들의 영의 눈이 어두워진 것은 그들의 관심이 오직 눈앞에 있는 떡에 있었기 때문입니다. 오늘날 우리도 마찬가지입니다. 우리를 향하시는 예수님의 뜻을 우리의 생각대로 각색하는 잘못을 범하지 않도록 해야 합니다.

17절 예수께서 아시고 이르시되 너희가 어찌 떡이 없음으로 수군거리느냐 아직도 알지 못하며 깨닫지 못하느냐 너희 마음이 둔하냐

예수님께서는 말씀을 이해하지 못하는 제자들을 깨우치시고자 "아직도 알지 못하며 깨닫지 못하느냐 너희 마음이 둔하냐" 고 책망하셨습니다.

예수님께서 바리새인들의 누룩과 헤롯의 누룩을 조심하라고 하신 것은 그들의 사상을 조심하라는 뜻이었습니다. 그런데 제자들은 여전히 떡이 없는 것을 인하여 예수님께서 꾸짖고 계신다고 생각했습니다. 예수님께서는 이처럼 진리의 말씀에 둔한 제자들의 영적 상태를 보고 안타까워하셨습니다.

18-21절 너희가 눈이 있어도 보지 못하며 귀가 있어도 듣지 못하느

냐 또 기억하지 못하느냐 내가 떡 다섯 개를 오천 명에게 떼어 줄 때에 조각 몇 바구니를 거두었더냐 이르되 열둘이니이다 또 일곱 개를 사천 명에게 떼어 줄 때에 조각 몇 광주리를 거두었더냐 이르되 일곱이니이다 이르시되 아직도 깨닫지 못하느냐 하시니라

제자들은 떡 다섯 개로 오천 명을 먹이신 것과 떡 일곱 개로 사천 명을 먹이신 기적들을 분명히 보았습니다. 그럼에도 불구하고 그들은 예수님의 말씀이 무엇을 뜻하는지 깨닫지 못하였습니다. 이처럼 제자들은 예수님의 가르침을 듣고 많은 기적들을 보고도 깨닫지 못하므로 책망을 받았습니다.

4. 맹인을 고치심(8:22-26)

22. 벳새다에 이르매 사람들이 맹인 한 사람을 데리고 예수께 나아와 손대시기를 구하거늘 23. 예수께서 맹인의 손을 붙잡으시고 마을 밖으로 데리고 나가사 눈에 침을 뱉으시며 그에게 안수하시고 무엇이 보이느냐 물으시니 24. 쳐다보며 이르되 사람들이 보이나이다 나무 같은 것들이 걸어가는 것을 보나이다 하거늘 25. 이에 그 눈에 다시 안수하시매 그가 주목하여 보더니 나아서 모든 것을 밝히 보는지라 26. 예수께서 그 사람을 집으로 보내시며 이르시되 마을에는 들어가

지 말라 하시니라

22절 벳새다에 이르매 사람들이 맹인 한 사람을 데리고 예수께 나아
와 손대시기를 구하거늘

예수님께서 배를 타고 도착하신 곳은 '벳새다' 였습니다. 그때 사람들이 예수님께 맹인 한 명을 데리고 나와 고쳐 주시기를 구했습니다.

23절 예수께서 맹인의 손을 붙잡으시고 마을 밖으로 데리고 나가사
눈에 침을 뱉으시며 그에게 안수하시고 무엇이 보이느냐 물으
시니

예수님께서는 맹인의 손을 잡고 사람들의 왕래가 없는 마을 밖으로 나가셨습니다. 예수님께서는 전에 귀먹고 말 더듬는 자를 고치실 때 은밀하게 하신 것처럼 맹인을 고치실 때도 은밀하게 하셨습니다.

예수님께서는 손에 침을 묻혀 맹인의 두 눈에 바르시고 안수하셨습니다. 그리고 그에게 "무엇이 보이느냐" 고 질문하셨습니다. 이것은 맹인이 스스로 자신의 신체의 변화를 느끼며 치료자이신 예수님을 신뢰하게 하기 위해서였습니다.

24절 쳐다보며 이르되 사람들이 보이나이다 나무 같은 것들이 걸어
가는 것을 보나이다 하거늘

예수님의 질문에 맹인은 "사람들이 보이나이다 나무 같은 것들이 걸어가는 것을 보나이다" 라고 대답했습니다. 그가 나무 같은 것이 걸어가

는 것이 보인다고 말한 것으로 보아, 그는 나면서부터 맹인이 아니었음을 알 수 있습니다. 그리고 그것은 그의 시력이 아직 완전히 회복되지 않았음을 말해 주는 것입니다.

25절 이에 그 눈에 다시 안수하시매 그가 주목하여 보더니 나아서 모든 것을 밝히 보는지라

예수님께서 다시 안수하시자 맹인은 주목하여 보았습니다. 이는 그가 예수님을 신뢰하고 있다는 것을 의미합니다. 그때 기적이 일어났습니다. 그는 완전하게 시력이 회복되어 모든 것을 분명하게 볼 수 있게 된 것입니다.

26절 예수께서 그 사람을 집으로 보내시며 이르시되 마을에는 들어가지 말라 하시니라

예수님께서는 맹인의 눈을 고쳐 주신 후에 그를 집으로 보낼 때 "마을에는 들어가지 말라" 고 하셨습니다. 왜냐하면 마을 사람들이 맹인이 고침받은 것을 보고 인산인해로 몰려오는 것을 원하지 않으셨기 때문입니다. 예수님께서는 사람들이 믿음을 얻기 위해 예수님께로 오는 것이 아니라 단순히 병 고침만 받으려고 온다는 것을 알고 계셨던 것입니다. 그래서 예수님께서는 그들을 피해 가시려고 하신 것입니다.

5. 베드로의 신앙 고백(8:27-30)

27. 예수와 제자들이 빌립보 가이사랴 여러 마을로 나가실새 길에서
제자들에게 물어 이르시되 사람들이 나를 누구라고 하느냐 28. 제
자들이 여짜와 이르되 침례 요한이라 하고 더러는 엘리야, 더러는 선
지자 중의 하나라 하나이다 29. 또 물으시되 너희는 나를 누구라 하
느냐 베드로가 대답하여 이르되 주는 그리스도시니이다 하매 30.
이에 자기의 일을 아무에게도 말하지 말라 경고하시고

27절 예수와 제자들이 빌립보 가이사랴 여러 마을로 나가실새 길에서 제자들에게 물어 이르시되 사람들이 나를 누구라고 하느냐

'빌립보 가이사랴' 지역은 헬라 문화의 지배 아래 있는 철저한 이방도시였습니다. 빌립보 가이사랴는 헤르몬 산 기슭에 위치해 있는 곳으로 지중해 연안에 위치한 가이사랴와는 다른 도시입니다.

예수님께서는 빌립보 가이사랴 지역을 지나가면서 자신의 존재를 밝히실 때가 왔다고 생각하셨습니다. 그것은 예수님의 공생애가 거의 끝나 가고 있었기 때문입니다. 그래서 예수님께서는 제자들에게 "사람들이 나를 누구라고 하느냐" 고 물으셨습니다.

28절 제자들이 여짜와 이르되 침례 요한이라 하고 더러는 엘리야, 더러는 선지자 중의 하나라 하나이다

제자들은 사람들이 예수님을 침례 요한이나 엘리야 같은 선지자로 생각하고 있다고 대답하였습니다. 하나님께서는 이스라엘의 역사를 통하여 많은 선지자를 보내 주셨습니다. 그런데 사람들이 예수님을 이러한 구약의 선지자 중 하나로 보는 것은 예수님을 통한 구원의 성취와 언약의 성취를 부정하는 것이었습니다. 그들은 예수님을 자신들을 구원하실 그리스도로 생각하지 않았던 것입니다.

29절 또 물으시되 너희는 나를 누구라 하느냐 베드로가 대답하여 이르되 주는 그리스도시니이다 하매

예수님께서 이번에는 제자들에게 "너희는 나를 누구라 하느냐" 고 물으셨습니다. 예수님의 질문에 베드로는 "주는 그리스도시니이다" 라고 대답하였습니다. 베드로의 이러한 신앙 고백은 성령으로 말미암지 않고는 할 수 없는 것입니다.

30절 이에 자기의 일을 아무에게도 말하지 말라 경고하시고

예수님께서는 베드로의 신앙 고백을 들으신 후 침묵을 명하셨습니다. 베드로의 고백을 긍정하지만 아직 메시아로서 자신을 나타낼 때가 되지 않았기 때문입니다. 또한 제자들조차도 예수님께서 그리스도, 즉 메시아이심을 믿는 믿음이 확고하지 않았기 때문이었습니다.

6. 고난받으실 것을 처음으로 말씀하심 (8:31-38)

31. 인자가 많은 고난을 받고 장로들과 대제사장들과 서기관들에게 버린 바 되어 죽임을 당하고 사흘 만에 살아나야 할 것을 비로소 그들에게 가르치시되 32. 드러내 놓고 이 말씀을 하시니 베드로가 예수를 붙들고 항변하매 33. 예수께서 돌이키사 제자들을 보시며 베드로를 꾸짖어 이르시되 사탄아 내 뒤로 물러가라 네가 하나님의 일을 생각하지 아니하고 도리어 사람의 일을 생각하는도다 하시고 34. 무리와 제자들을 불러 이르시되 누구든지 나를 따라오려거든 자기를 부인하고 자기 십자가를 지고 나를 따를 것이니라 35. 누구든지 자기 목숨을 구원하고자 하면 잃을 것이요 누구든지 나와 복음을 위하여 자기 목숨을 잃으면 구원하리라 36. 사람이 만일 온 천하를 얻고도 자기 목숨을 잃으면 무엇이 유익하리요 37. 사람이 무엇을 주고 자기 목숨과 바꾸겠느냐 38. 누구든지 이 음란하고 죄 많은 세대에서 나와 내 말을 부끄러워하면 인자도 아버지의 영광으로 거룩한 천사들과 함께 올 때에 그 사람을 부끄러워하리라

31절 인자가 많은 고난을 받고 장로들과 대제사장들과 서기관들에게 버린 바 되어 죽임을 당하고 사흘 만에 살아나야 할 것을 비로소 그들에게 가르치시되

예수님께서는 베드로가 "주는 그리스도시니이다" 라고 신앙 고백을

한 후 처음으로 고난 예고를 하셨습니다. 즉, 자신이 많은 고난을 받고 장로들과 대제사장들과 서기관들에 의해 죽임을 당하나 사흘 만에 살아나실 것이라고 처음으로 제자들에게 말씀하신 것입니다.

32절 드러내 놓고 이 말씀을 하시니 베드로가 예수를 붙들고 항변하매

예수님께서는 이제까지 자신의 사역이나 앞으로 일어날 일에 대해서 제자들에게 지금과 같이 분명하게 말씀하신 적이 없었습니다. 그러나 이제는 드러내 놓고 장차 있을 자신의 고난을 말씀하신 것입니다. 여기서 '드러내 놓고' 라는 말은 예수님께서 감추지 않으시고 모든 것을 제자들에게 공개하신 것을 의미합니다.

유대인들은 메시아가 이스라엘을 로마로부터 해방시켜 주리라고 믿고 있었으며 제자들도 마찬가지였습니다. 그런데 예수님께서 죽임을 당하셨다가 사흘 만에 부활하신다고 말씀하시니 그들의 기대는 완전히 무너지고 말았습니다. 그 와중에도 베드로는 그런 일은 있을 수 없다고 생각하여 예수님을 붙잡고 말렸습니다.

33절 예수께서 돌이키사 제자들을 보시며 베드로를 꾸짖어 이르시되 사탄아 내 뒤로 물러가라 네가 하나님의 일을 생각하지 아니하고 도리어 사람의 일을 생각하는도다 하시고

예수님께서 죽임을 당하시는 것은 하나님의 뜻으로, 인류를 구원하기 위한 것입니다. 피 흘림이 없으면 죄 사함이 없기 때문입니다. 그러므로 베드로가 예수님을 말리는 것은 하나님의 뜻을 방해하는 것입니다. 이 때문에 예수님께서는 "사탄아 내 뒤로 물러가라" 고 꾸짖으셨습니다.

베드로는 예수님의 깊은 뜻을 헤아리지 못하고 인간적인 생각에서 예수님을 말렸다가 큰 꾸지람을 받았는데, 예수님께서 그를 꾸짖으신 이유는 두 가지로 생각할 수 있습니다. 먼저 예수님께서는 그의 잘못된 생각을 책망하신 것입니다. 또한 그렇게 하심으로 베드로와 같은 생각을 품은 제자들에게도 깨달음을 주고자 하셨던 것입니다.

오늘날 우리도 베드로와 같은 실수를 범하지 않도록 주의하여야 하는데, 이를 위해서 우리는 성령 충만함을 받아야 합니다. 우리가 성령으로 충만할 때는 영의 사람이 되지만 성령 충만하지 못할 때는 육의 사람이 되고 맙니다. 그러므로 우리는 십자가 중심, 주님 중심으로 서서 항상 성령 충만한 삶을 살아야 하는 것입니다.

34절 무리와 제자들을 불러 이르시되 누구든지 나를 따라오려거든 자기를 부인하고 자기 십자가를 지고 나를 따를 것이니라

예수님께서는 무리와 제자들을 향하여 참제자의 길을 말씀하셨습니다. 참제자가 되기 위해서는 자기를 부인하고 자기 십자가를 지고 주님을 따르라고 하셨습니다. 자기를 부인한다는 것은 단순히 자기의 욕망을 억제하는 정도가 아니라 자기 자신을 온전히 포기하는 것을 말합니다. 자기 십자가를 진다는 것은 자신에게 주어진 십자가를 지는 것을 말합니다. 그리고 주님을 따른다는 것은 예수님께서 가르쳐 주신 대로 사는 것을 말합니다. 이러한 실제적인 순종이 없으면 참제자가 될 수 없는 것입니다.

35절 누구든지 자기 목숨을 구원하고자 하면 잃을 것이요 누구든지

나와 복음을 위하여 자기 목숨을 잃으면 구원하리라

복음을 위하여 핍박을 받는 사람이 영원한 생명을 얻는다는 말씀은 환난을 당한 성도들에게 용기와 소망을 줍니다.

자신의 유익만을 구하는 삶은 곧 자신을 멸망으로 인도합니다. 그러나 우리가 예수님 안에서 자신을 죽이고 헌신할 때 우리의 생명은 영원히 보존됩니다.

36절 사람이 만일 온 천하를 얻고도 자기 목숨을 잃으면 무엇이 유익하리요

'목숨을 잃는다' 는 말은 영적 생명을 상실함을 의미합니다. 사람이 이 땅에서 모든 것을 다 누리고 사는 것만이 인생의 최고의 목표가 될 수는 없습니다. 왜냐하면 이 땅의 것은 영원한 것이 아니기 때문입니다. 그것은 이 땅에 사는 동안 주어진 순간적인 것에 불과합니다.

사람이 비록 이 땅에서 모든 좋은 것을 다 누리고 산다고 할지라도 그 영혼이 구원받지 못하였다면 그에게는 영원한 저주가 됩니다. 온 천하를 얻을지라도 목숨을 잃어버린다면 아무런 의미가 없는 것입니다.

37절 사람이 무엇을 주고 자기 목숨과 바꾸겠느냐

사람에게 가장 중요한 것은 영원한 생명을 얻는 것입니다. 영원한 생명보다 더 중요한 것은 이 세상에 없습니다. 그럼에도 불구하고 수많은 사람들이 영원한 생명보다 세상의 것을 얻기 위해 전 생애를 거는 어리석음을 범하고 있습니다. 우리는 무엇보다 중요한 영원한 생명을 얻기 위해 힘써야 할 것입니다.

38절 누구든지 이 음란하고 죄 많은 세대에서 나와 내 말을 부끄러워하면 인자도 아버지의 영광으로 거룩한 천사들과 함께 올 때에 그 사람을 부끄러워하리라

'음란하고 죄 많은 세대'란 영원한 것보다는 일시적인 쾌락만을 탐하는 세대를 말합니다. 주님과의 관계를 부끄러워하고 주님께 인정받기보다 세상으로부터 인정받고자 하는 것은 곧 주님을 멸시하는 것과 같습니다. 이런 자들은 예수님께서 이 땅에 다시 오실 때 천국의 영광스러운 잔치에 참여할 수 없습니다.

예수님께서는 "아버지의 영광으로 거룩한 천사들과 함께 올 때"라고 말씀하심으로 이 땅에 다시 오실 것을 분명히 하셨습니다. 이러므로 우리는 다시 오실 주님을 맞을 준비를 하며 혼탁한 이 사회에서 빛과 소금의 사명을 감당하고 담대하게 예수님과 복음을 증거하는 삶을 살아야 합니다.

제 9 장

예루살렘으로 가는 길(1)

A COMMENTARY
ON THE GOSPEL OF
MARK

본 장은 예수님의 공생애 말기에 일어났던 일들을 기록하고 있습니다. 예수님께서는 공생애 초기부터 시작하여 이제까지 제자 양육에 심혈을 기울이셨지만 군중들을 향한 복음 전파에도 상당한 비중을 두셨습니다. 그러나 이제 지상 사역을 마감하실 때가 임박하자, 지상에 남아 백성들을 이끌어 갈 제자들을 양육하는 일에 더욱 전념하셨습니다.

변화산에서의 예수님의 변형된 모습은 예수님의 고난 후에 일어날 부활과 승천의 영광스러운 모습을 예표로 보여 주신 것입니다.

1. 변화산에서의 예수님(9:1-13)

1. 또 그들에게 이르시되 내가 진실로 너희에게 이르노니 여기 서 있
는 사람 중에는 죽기 전에 하나님의 나라가 권능으로 임하는 것을 볼
자들도 있느니라 하시니라 2. 엿새 후에 예수께서 베드로와 야고보
와 요한을 데리시고 따로 높은 산에 올라가셨더니 그들 앞에서 변형
되사 3. 그 옷이 광채가 나며 세상에서 빨래하는 자가 그렇게 희게
할 수 없을 만큼 매우 희어졌더라 4. 이에 엘리야가 모세와 함께 그
들에게 나타나 예수와 더불어 말하거늘 5. 베드로가 예수께 고하되
랍비여 우리가 여기 있는 것이 좋사오니 우리가 초막 셋을 짓되 하나
는 주를 위하여, 하나는 모세를 위하여, 하나는 엘리야를 위하여 하
사이다 하니 6. 이는 그들이 몹시 무서워하므로 그가 무슨 말을 할
지 알지 못함이더라 7. 마침 구름이 와서 그들을 덮으며 구름 속에
서 소리가 나되 이는 내 사랑하는 아들이니 너희는 그의 말을 들으라
하는지라 8. 문득 둘러보니 아무도 보이지 아니하고 오직 예수와 자
기들뿐이었더라 9. 그들이 산에서 내려올 때에 예수께서 경고하시
되 인자가 죽은 자 가운데서 살아날 때까지는 본 것을 아무에게도 이

르지 말라 하시니 10. 그들이 이 말씀을 마음에 두며 서로 문의하되
죽은 자 가운데서 살아나는 것이 무엇일까 하고 11. 이에 예수께 묻
자와 이르되 어찌하여 서기관들이 엘리야가 먼저 와야 하리라 하나
이까 12. 이르시되 엘리야가 과연 먼저 와서 모든 것을 회복하거니와
어찌 인자에 대하여 기록하기를 많은 고난을 받고 멸시를 당하리라
하였느냐 13. 그러나 내가 너희에게 이르노니 엘리야가 왔으되 기록
된 바와 같이 사람들이 함부로 대우하였느니라 하시니라

1절 또 그들에게 이르시되 내가 진실로 너희에게 이르노니 여기 서 있는 사람 중에는 죽기 전에 하나님의 나라가 권능으로 임하는 것을 볼 자들도 있느니라 하시니라

본 서에서 하나님의 나라와 예수님은 밀접한 관계로 묘사되고 있습니다. 예수님께서 이 세상에 오셔서 "회개하라 천국이 가까이 왔느니라"(마 4:17)고 외치신 바로 그때, 하나님의 나라가 이 땅에 임하였습니다. 예수님께서 만왕의 왕이시기 때문에 왕이 계신 곳이 곧 하늘나라인 것입니다.

그리고 그 왕이 계신 곳에는 끊임없는 구원의 역사와 더불어 저주의 쇠사슬이 풀어지는 역사가 일어났습니다. 그러나 예수님께서 이 땅에 육신으로 계실 때는 모든 인간이 하늘나라의 역사를 다 체험할 수 없었습니다. 예수님께서 완전한 구속 사업을 이루신 후에야 비로소 천국이 우리 안에 들어오게 된 것입니다. 그 하나님의 나라가 구체적으로 우리 속에 임한 것은 오순절 성령 강림 사건 이후였습니다. 그때 사도들은 마가 다락방에서 하나님의 나라가 권능으로 임하는 것을 체험했습니다.

2절 엿새 후에 예수께서 베드로와 야고보와 요한을 데리시고 따로 높은 산에 올라가셨더니 그들 앞에서 변형되사

마가는 '엿새 후' 라고 기록함으로써 변화산 사건의 역사적 실제성을 강조하였습니다.

이때 예수님께서는 열두 제자 가운데서 중심 지도자로 키우신 베드로와 요한과 야고보를 데리시고 따로 높은 산에 올라가셨습니다. 그들은 예수님의 승천 후에 나머지 제자들과 더불어 주님의 교회를 이끌고 나갈 가장 중추적인 일꾼들이었습니다.

여기의 '높은 산' 은 이스라엘 북쪽에 있는 '헤르몬 산' 을 가리킵니다. 헤르몬 산은 빌립보 가이사랴 지방과 가까운 곳에 위치한 높은 산입니다. 예수님께서는 이 높은 산에서 장차 오실 만왕의 왕, 만주의 주의 모습으로 변화되셨습니다. 십자가에 못 박히기 전에 제자들 앞에서 본래 예수님이 가지셨던 장엄한 모습으로 변화하셨던 것입니다. 이 사건은 제자들에게 후일 예수님께서 승천하신 후, 숱한 박해와 환난을 능히 이길 큰 힘과 용기를 주었습니다.

3절 그 옷이 광채가 나며 세상에서 빨래하는 자가 그렇게 희게 할 수 없을 만큼 매우 희어졌더라

변화되신 예수님의 모습은 하나님의 영광의 광채로 가득 찼습니다. 이런 예수님의 영광된 모습은 역사의 종말에 다시 오실 예수님의 실체입니다. 인간의 육안으로는 도저히 쳐다볼 수 없을 정도로 빛나고 눈이 부셨습니다.

4절 이에 엘리야가 모세와 함께 그들에게 나타나 예수와 더불어 말하거늘

모세는 이미 약 1,500년 전에 죽어 그의 육신은 흙이 되고 영혼은 천국에 간 이스라엘의 지도자였고, 엘리야는 900여 년 전 아합 왕 시절에 죽음을 보지 않고 회리바람을 타고 승천한 선지자입니다. 그런데 그 두 사람이 예수님과 더불어 이야기를 나누고 있었습니다.

우리는 본 절을 통해 죽어서 천국에 간 사람들이나 살아서 들림받은 사람들 모두 똑같이 부활의 영광을 누릴 수 있으며 하나님 안에서 영원히 살 수 있음을 알 수 있습니다.

5-6절 베드로가 예수께 고하되 랍비여 우리가 여기 있는 것이 좋사오니 우리가 초막 셋을 짓되 하나는 주를 위하여, 하나는 모세를, 위하여, 하나는 엘리야를 위하여 하사이다 하니 이는 그들이 몹시 무서워하므로 그가 무슨 말을 할지 알지 못함이더라

변화산에서의 장엄한 광경을 목격한 베드로는 한편으로는 놀라고 다른 한편으로는 두려움으로 당황했습니다. 때문에 성격이 급한 베드로가 예수님께 "우리가 여기 있는 것이 좋사오니"라는 다분히 인간적인 제안을 했던 것입니다. 베드로는 예수님께서 고난을 받으셔야 한다는 사실을 잊었습니다. 베드로와 함께 예수님의 변형 사실을 목격한 두 제자 역시 그 일이 장차 올 하나님 나라의 영광된 모습에 대한 예표라는 사실을 알지 못했습니다.

베드로는 아직도 흥분을 억누르지 못한 채 그 찬란한 광채 속에서 영원히 살고 싶어 했습니다. 그래서 그곳에 초막 셋을 지어 예수님과 모세

와 엘리야를 함께 모시겠다고 제안했습니다. 그러나 예수님을 모세와 엘리야와 같은 위치에 둘 수는 없는 것입니다. 예수님은 영광의 본체이신 하나님의 아들이시지만, 모세는 단지, 율법을 대표하고 엘리야는 선지자를 대표하는 인물에 불과하기 때문입니다.

세 제자들은 예수님께서 변화하신 모습을 목격했으면서도 두려움으로 말미암아 예수님께서 메시아라는 중요한 사실을 깨닫지 못했던 것입니다.

7절 마침 구름이 와서 그들을 덮으며 구름 속에서 소리가 나되 이는 내 사랑하는 아들이니 너희는 그의 말을 들으라 하는지라

'구름' 은 구약의 여러 곳에서 하나님의 임재를 상징했습니다(출 16:10; 19:9; 24:15).

본 절에서도 구름이 나타나 예수님과 모세와 엘리야를 덮어 감싸면서 제자들과의 사이를 가로막았습니다. 다시 오실 예수님의 영광된 모습은 구름 속에 감춰지고 거룩한 음성이 들려왔습니다. 그 음성은 비록 예수님께서 고난당하시는 종으로 오셨으나 하나님의 아들로서의 권위를 확정하는 음성이었습니다. 곧, 예수님께서 '하나님의 아들' 이시며 그들이 고대하던 '메시아' 이심을 선포한 것입니다.

제자들은 삼 년 반 동안이나 예수님을 따라다녔지만 예수님께서 죄인들을 위하여 이 땅에 오신 메시아이심을 깨닫지 못하였습니다. 그들은 예수님을 단지 이 세상에서 사람들의 현세의 문제를 해결해 주시는 해결사 정도로만 알았습니다. 그래서 예수님을 고난받는 메시아로 이해하기가 어려웠던 것입니다.

그러나 이제 변화산에서 직접 하나님의 말씀을 듣고 예수님께서 바로 그 고난의 메시아이심이 확증되었습니다.

"그의 말을 들으라"는 말은 예수님의 고난의 메시지를 받아들이라는 뜻입니다.

8절 문득 둘러보니 아무도 보이지 아니하고 오직 예수와 자기들뿐이었더라

구름이 걷히자 모세와 엘리야는 보이지 않고 오직 예수님만 계셨습니다. 이는 모세와 엘리야가 구약을 대표하는 인물들이지만 인간을 구원할 수 없고 오직 예수님만이 인간의 죄를 대신 짊어지실 구원자이심을 의미합니다.

9절 그들이 산에서 내려올 때에 예수께서 경고하시되 인자가 죽은 자 가운데서 살아날 때까지는 본 것을 아무에게도 이르지 말라 하시니

예수님께서는 제자들에게 변화산에서 있었던 일을 인자가 죽은 자 가운데서 살아날 때까지는 아무에게도 말하지 말라고 말씀하셨습니다. 왜냐하면 그들이 지금 변화산상의 일을 말해도 사람들은 영의 눈이 어두워 그 말을 믿지 못하다가, 주님께서 십자가에 못 박혀 죽으시고 부활, 승천하신 것을 본 후에야 믿을 수 있다는 것을 아셨기 때문이었습니다.

10절 그들이 이 말씀을 마음에 두며 서로 문의하되 죽은 자 가운데서 살아나는 것이 무엇일까 하고

베드로와 야고보와 요한은 예수님께서 죽으셨다가 부활하신다는 말씀을 이해할 수 없었습니다. 그들은 지금껏 죽은 자가 부활한다는 얘기를 듣지도, 보지도 못했기 때문입니다. 그래서 "죽은 자 가운데서 살아나는 것이 무엇일까" 하고 서로 물었던 것입니다.

11절 이에 예수께 묻자와 이르되 어찌하여 서기관들이 엘리야가 먼저 와야 하리라 하나이까

그 혼란 가운데서 제자들은 서기관들이 가르치던 종말론에 대하여 의문이 나는 것을 예수님께 여쭈었습니다. 서기관들은 구약 성경의 말씀을 근거로 메시아가 오기 전에 그의 길을 예비할 엘리야가 온다고 하였습니다(말 4:5). 그런데 메시아가 오셨음에도 불구하고 그의 길을 예비하는 엘리야는 아직 나타나지 않았으므로 제자들의 의문은 더해만 갔던 것입니다.

12-13절 이르시되 엘리야가 과연 먼저 와서 모든 것을 회복하거니와 어찌 인자에 대하여 기록하기를 많은 고난을 받고 멸시를 당하리라 하였느냐 그러나 내가 너희에게 이르노니 엘리야가 왔으되 기록된 바와 같이 사람들이 함부로 대우하였느니라 하시니라

예수님께서는 제자들에게 이미 엘리야가 와서 모든 것을 회복하였으나 사람들이 그를 함부로 대우하였다고 말씀하셨습니다. 성경에 예언된 '엘리야'는 바로 '침례 요한'을 말합니다. 침례 요한은 회개하라고 외침으로써 주의 길을 평탄하게 했습니다. 그러나 사람들은 침례 요한을 알

아보지 못하고 오히려 그를 목 베어 죽였습니다. 예수님께서는 이 사실을 제자들에게 말씀하시면서 자신도 침례 요한처럼 사람들에게 인정받지 못하고 죽임당할 것을 말씀하셨습니다.

2. 귀신 들린 아이를 고치심(9:14-29)

**14. 이에 그들이 제자들에게 와서 보니 큰 무리가 그들을 둘러싸고
서기관들이 그들과 더불어 변론하고 있더라 15. 온 무리가 곧 예수
를 보고 매우 놀라며 달려와 문안하거늘 16. 예수께서 물으시되 너
희가 무엇을 그들과 변론하느냐 17. 무리 중의 하나가 대답하되 선
생님 말 못 하게 귀신 들린 내 아들을 선생님께 데려왔나이다 18. 귀
신이 어디서든지 그를 잡으면 거꾸러져 거품을 흘리며 이를 갈며 그
리고 파리해지는지라 내가 선생님의 제자들에게 내쫓아 달라 하였으
나 그들이 능히 하지 못하더이다 19. 대답하여 이르시되 믿음이 없
는 세대여 내가 얼마나 너희와 함께 있으며 얼마나 너희에게 참으리
요 그를 내게로 데려오라 하시매 20. 이에 데리고 오니 귀신이 예수
를 보고 곧 그 아이로 심히 경련을 일으키게 하는지라 그가 땅에 엎드
러져 구르며 거품을 흘리더라 21. 예수께서 그 아버지에게 물으시되
언제부터 이렇게 되었느냐 하시니 이르되 어릴 때부터니이다 22. 귀
신이 그를 죽이려고 불과 물에 자주 던졌나이다 그러나 무엇을 하실
수 있거든 우리를 불쌍히 여기사 도와주옵소서 23. 예수께서 이르시
되 할 수 있거든이 무슨 말이냐 믿는 자에게는 능히 하지 못할 일이**

없느니라 하시니 24. 곧 그 아이의 아버지가 소리를 질러 이르되 내가 믿나이다 나의 믿음 없는 것을 도와주소서 하더라 25. 예수께서 무리가 달려와 모이는 것을 보시고 그 더러운 귀신을 꾸짖어 이르시되 말 못 하고 못 듣는 귀신아 내가 네게 명하노니 그 아이에게서 나오고 다시 들어가지 말라 하시매 26. 귀신이 소리 지르며 아이로 심히 경련을 일으키게 하고 나가니 그 아이가 죽은 것같이 되어 많은 사람이 말하기를 죽었다 하나 27. 예수께서 그 손을 잡아 일으키시니 이에 일어서니라 28. 집에 들어가시매 제자들이 조용히 묻자오되 우리는 어찌하여 능히 그 귀신을 쫓아내지 못하였나이까 29. 이르시되 기도 외에 다른 것으로는 이런 종류가 나갈 수 없느니라 하시니라

14절 이에 그들이 제자들에게 와서 보니 큰 무리가 그들을 둘러싸고 서기관들이 그들과 더불어 변론하고 있더라

예수님께서는 베드로와 요한과 야고보와 함께 나머지 아홉 명의 제자들이 있는 곳으로 돌아오셨습니다. 그때 남아 있던 제자들은 큰 무리에게 둘러싸인 채 서기관들과 변론을 하고 있었습니다.

여기서 '변론' 은 서로 다투는 것을 뜻합니다. 그 다툼의 내용은 제자들이 귀신 들린 자에게서 귀신을 쫓아내지 못한 것과 예수님께서 귀신의 왕 바알세불을 힘입어 귀신을 쫓아낸다는 터무니없는 것이었습니다. 그 당시 사회의 지도층 인사인 서기관들에게 있어서 예수님의 이적 사건들은 매우 못마땅한 일이었습니다. 왜냐하면 그들은 예수님께서 하신 일들을 자신들의 기득권에 대한 도전으로 생각했기 때문입니다.

15절 온 무리가 곧 예수를 보고 매우 놀라며 달려와 문안하거늘

모여든 무리들은 제자들과 서기관들의 변론을 지켜보느라 예수님께서 가까이 오시는 것을 미처 보지 못하였기 때문에 예수님을 보고 심히 놀랐습니다. 그들은 황급히 다가와 예수님께 문안을 드렸습니다.

16절 예수께서 물으시되 너희가 무엇을 그들과 변론하느냐

본 절은 예수님께서는 서기관들의 강퍅한 마음을 아시고 제자들의 변론이 부질없음을 질책하시고자 물으신 것입니다.

서기관들은 예수님께서 자리를 비우신 틈을 타서 제자들을 더욱 난처하게 하고자 하였습니다. 그러나 예수님께서 변론의 주제를 물으시자 기세등등하던 서기관들은 위압감을 느끼게 되었습니다.

17절 무리 중의 하나가 대답하되 선생님 말 못 하게 귀신 들린 내 아들을 선생님께 데려왔나이다

제자들도, 서기관들도, 군중들도, 예수님의 질문에 침묵을 지켰습니다. 그때 귀신 들린 아이의 아버지가 말 못 하게 귀신 들린 자신의 아들 때문이라며 변론이 일어나게 된 이유를 밝혔습니다.

귀신 들린 아이의 아버지는 환경에 구애받지 아니하고 자신의 자녀 문제를 서슴없이 예수님께 내어 놓았습니다. 우리도 이와 같이 어떤 절망적인 문제라 할지라도 담대하게 예수님께 가지고 나와야 하겠습니다.

18절 귀신이 어디서든지 그를 잡으면 거꾸러져 거품을 흘리며 이를 갈며 그리고 파리해지는지라 내가 선생님의 제자들에게 내쫓아

달라 하였으나 그들이 능히 하지 못하더이다

아이의 아버지는 귀신이 어디서든지 아들을 잡으면 아들이 거꾸러져 거품을 흘리며 이를 갈며 곧 기진하여 파리해진다고 예수님께 말씀드렸습니다. 그는 아들에게서 그 귀신을 쫓아내기 위해 예수님을 찾아왔던 것입니다. 그러나 예수님께서 계시지 않자 제자들에게 부탁을 했으나 그들은 아들에게서 귀신을 쫓아내지 못하였습니다.

19절 대답하여 이르시되 믿음이 없는 세대여 내가 얼마나 너희와 함께 있으며 얼마나 너희에게 참으리요 그를 내게로 데려오라 하시매

예수님께서는 믿음이 없는 세대를 책망하셨습니다. '세대'는 그곳에 있던 사람들뿐 아니라 이스라엘 백성들 모두를 말합니다. 그중에서도 예수님은 제일 먼저 제자들을 책망하셨습니다.

예수님께서 "내가 얼마나 너희와 함께 있으며"라고 탄식하신 것은, 곧 십자가를 향하여 제자들 곁을 떠나야 하는 절박한 상황에서 제자들의 불신앙의 태도가 너무나 안타까우셨기 때문이었습니다. 또한 "얼마나 너희에게 참으리요"라는 말씀은 도대체 얼마를 더 기다려야 예수님의 가르치심을 올바르게 깨달을 수 있냐는 것입니다.

예수님께서 아이를 데려오라고 하신 것으로 보아 아이는 군중 속에 아버지와 함께 있지 아니하고 멀지 않은 곳에 안전하게 보호받고 있었던 것으로 생각됩니다.

20절 이에 데리고 오니 귀신이 예수를 보고 곧 그 아이로 심히 경련

을 일으키게 하는지라 그가 땅에 엎드러져 구르며 거품을 흘리더라

그 아이가 예수님 앞에 나아오자 귀신은 예수님의 권위에 압도당하여 최후의 발악을 하기 시작했습니다. 아이는 경련을 일으키고 땅에 엎드러져 거품을 흘렸습니다. 귀신은 두려움을 느끼자 아이를 고통스럽게 만들었던 것입니다. 여기서 우리는 귀신의 존재가 얼마나 극악한가를 다시 한번 확인할 수 있습니다.

21절 예수께서 그 아버지에게 물으시되 언제부터 이렇게 되었느냐 하시니 이르되 어릴 때부터니이다

예수님께서는 아이의 비참한 모습을 보고 측은히 여기셨습니다. 우리는 아버지의 대답을 통해 아이가 어릴 때부터 귀신에게 눌려 오랫동안 비참한 삶을 살아왔다는 것을 알 수 있습니다.

22절 귀신이 그를 죽이려고 불과 물에 자주 던졌나이다 그러나 무엇을 하실 수 있거든 우리를 불쌍히 여기사 도와주옵소서

귀신은 아이를 죽이려고 불과 물에 자주 던졌습니다. 귀신은 에덴동산에서 인간의 행복을 파괴한 사악한 사탄의 종입니다. 그들은 심판 때까지 오직 인간을 죽이고 멸망시키기 위하여 애를 쓸 것입니다. 이를 대적할 유일한 방법은 원수 마귀를 예수님의 이름으로 대적하여 물리치는 것입니다.

귀신에게 붙잡혀 비참하게 고통당하는 모습을 본 아이의 아버지는 예수님께 무엇을 하실 수 있거든 도와 달라고 간구하였습니다.

23절 예수께서 이르시되 할 수 있거든이 무슨 말이냐 믿는 자에게는 능히 하지 못할 일이 없느니라 하시니

먼저 예수님께서는 아이의 아버지가 보인 모호한 태도를 책망하셨습니다. 그에게 하나님을 믿는 믿음만 있으면 이 세상에 불가능이 없기 때문입니다.

하나님의 능력은 무한하시기 때문에 인간이 그것을 그대로 믿고 의지하면 어떤 문제도 이 땅에서 해결될 수 있습니다. 우리는 예수님의 능력을 의심할 것이 아니라 바로 우리들 자신의 믿음을 확인해 보아야 합니다. 예수님의 말씀처럼 믿는 자에게는 능히 하지 못할 일이 없기 때문입니다.

24절 곧 그 아이의 아버지가 소리를 질러 이르되 내가 믿나이다 나의 믿음 없는 것을 도와주소서 하더라

아이의 아버지에게는 믿음이 없었습니다. 그래서 그는 자신이 믿음을 가질 수 있도록 도와 달라고 예수님께 부탁하였습니다.

믿음은 하나님의 능력을 체험하게 하는 도구입니다. 그러므로 우리의 마음속에 믿음을 크게 가질수록 하나님의 역사는 더 크게 나타나는 것입니다.

25절 예수께서 무리가 달려와 모이는 것을 보시고 그 더러운 귀신을 꾸짖어 이르시되 말 못 하고 못 듣는 귀신아 내가 네게 명하노니 그 아이에게서 나오고 다시 들어가지 말라 하시매

믿음의 부족을 채워 달라고 부르짖는 그 아버지의 간청은 절박하였습

니다. 예수님께서는 그 부르짖음을 들으시고 귀신에게 떠나갈 것과 다시는 그 아이에게 들어가지 말 것을 명령하셨습니다.

26절 귀신이 소리 지르며 아이로 심히 경련을 일으키게 하고 나가니 그 아이가 죽은 것같이 되어 많은 사람이 말하기를 죽었다 하나

귀신은 떠나가는 순간에도 최후의 발악을 멈추지 않습니다. 본 절에서도 귀신은 아이를 어릴 때부터 괴롭히다가 쫓겨 나가는 순간까지도 발악하며 있는 힘을 다하여 아이를 공격하였습니다. 그래서 아이가 죽은 것같이 되었고, 이것을 본 사람들은 아이가 죽었다고 말했습니다.

27-29절 예수께서 그 손을 잡아 일으키시니 이에 일어서니라 집에 들어가시매 제자들이 조용히 묻자오되 우리는 어찌하여 능히 그 귀신을 쫓아내지 못하였나이까 이르시되 기도 외에 다른 것으로는 이런 종류가 나갈 수 없느니라 하시니라

'손을 잡아 일으키시니' 라는 말씀을 통해 우리는 한 영혼에 대한 예수님의 지극한 애정과 사랑을 느낄 수 있습니다. 예수님께서 그 아이의 손을 잡고 일으키시니 아이가 일어났습니다.

예수님께서는 귀신을 쫓으신 후 군중을 피하여 집 안으로 들어가셨습니다. 그때 제자들은 예수님께 조용히 나아와 왜 자신들은 귀신을 쫓아내지 못하였는지 그 원인을 여쭈었습니다. 그러자 예수님께서 "기도 외에 다른 것으로는 이런 종류가 나갈 수 없느니라" 고 말씀하심으로 제자들의 기도 부족이 그 원인임을 지적하셨습니다. 만일 제자들이 평소 하

나님께 열심히 기도하였더라면 하나님의 능력을 많이 받게 되어 아무리 강한 귀신이라도 능히 쫓아내었을 것입니다.

아이에게 간질병을 앓게 했던 귀신은 제자들이 나가서 복음을 전하며 쫓아내었던 귀신보다 강했습니다. 귀신은 여러 종류이며 그들이 가진 힘도 각기 다릅니다.

3. 고난받으실 것을 두 번째 말씀하심(9:30-32)

30. 그곳을 떠나 갈릴리 가운데로 지날새 예수께서 아무에게도 알리
고자 아니하시니 31. 이는 제자들을 가르치시며 또 인자가 사람들
의 손에 넘겨져 죽임을 당하고 죽은 지 삼 일만에 살아나리라는 것을
말씀하셨기 때문이더라 32. 그러나 제자들은 이 말씀을 깨닫지 못
하고 묻기도 두려워하더라

30절 그곳을 떠나 갈릴리 가운데로 지날새 예수께서 아무에게도 알리고자 아니하시니

예수님께서는 갈릴리 지역에서 많은 사역을 하셨습니다. 그만큼 갈릴리는 예수님께 정이 많이 든 지역이었습니다. 그러나 주님께서는 자신이 그 지역에 다시 오게 된 사실을 숨기려고 하셨습니다.

31절 이는 제자들을 가르치시며 또 인자가 사람들의 손에 넘겨져 죽임을 당하고 죽은 지 삼 일만에 살아나리라는 것을 말씀하셨기 때문이더라

예수님께서 갈릴리 가운데로 지나실 때 아무에게도 알리고자 아니 하심은 제자들을 가르치시는 데 전념하기 위함이었습니다.

예수님께서는 빌립보 가이사랴 지역을 지나실 때 처음으로 자신의 고난에 대해서 말씀하셨습니다(8:31). 그러나 제자들은 그 의미를 잘 이해하지 못했습니다. 그들은 예수님께서 이 땅의 임금이 되시기를 기다리고 있었습니다. 그 사실을 알고 계셨던 예수님께서는 이번 기회를 통하여 제자들이 이해하지 못하는 부분을 다시 한번 말씀하고자 하셨습니다. 즉, 예수님의 대속의 죽음으로 인간의 죄가 사해지며, 예수님의 부활은 새로운 생명과 새로운 세대의 도래임을 선포하신 것입니다.

32절 그러나 제자들은 이 말씀을 깨닫지 못하고 묻기도 두려워하더라

제자들은 이번에도 예수님의 고난 사건을 이해할 수 없었습니다. 그들은 예수님께서 정치적 메시아로 이 지상에 왕국을 건설하고 천하를 호령하기를 바라고 있었습니다. 그러므로 메시아의 죽음은 그들에게 당치도 않은 일이었습니다.

4. 겸손에 대한 교훈(9:33-41)

33. 가버나움에 이르러 집에 계실새 제자들에게 물으시되 너희가 길
에서 서로 토론한 것이 무엇이냐 하시되 34. 그들이 잠잠하니 이는
길에서 서로 누가 크냐 하고 쟁론하였음이라 35. 예수께서 앉으사
열두 제자를 불러서 이르시되 누구든지 첫째가 되고자 하면 뭇사람
의 끝이 되며 뭇사람을 섬기는 자가 되어야 하리라 하시고 36. 어린
아이 하나를 데려다가 그들 가운데 세우시고 안으시며 제자들에게
이르시되 37. 누구든지 내 이름으로 이런 어린아이 하나를 영접하
면 곧 나를 영접함이요 누구든지 나를 영접하면 나를 영접함이 아니
요 나를 보내신 이를 영접함이니라 38. 요한이 예수께 여짜오되 선
생님 우리를 따르지 않는 어떤 자가 주의 이름으로 귀신을 내쫓는 것
을 우리가 보고 우리를 따르지 아니하므로 금하였나이다 39. 예수
께서 이르시되 금하지 말라 내 이름을 의탁하여 능한 일을 행하고 즉
시로 나를 비방할 자가 없느니라 40. 우리를 반대하지 않는 자는 우
리를 위하는 자니라 41. 누구든지 너희가 그리스도에게 속한 자라
하여 물 한 그릇이라도 주면 내가 진실로 너희에게 이르노니 그가 결
코 상을 잃지 않으리라

33-34절 가버나움에 이르러 집에 계실새 제자들에게 물으시되 너희가 길에서 서로 토론한 것이 무엇이냐 하시되 그들이 잠잠하니 이는 길에서 서로 누가 크냐 하고 쟁론하였음이라

예수님께서는 예루살렘에서의 마지막 사역을 수행하시기 전에 가버나움에 잠시 머무셨습니다. 그곳은 예수님의 갈릴리 선교 활동의 중심지였던 곳입니다. 예수님께서 잠시 머무셨던 그 집은 예수님의 친가라고도 하고, 베드로의 집이라고도 하는데 정확한 것은 알 수 없습니다.

제자들은 길을 걸으면서 서로 누가 가장 크며 누가 높은 자리에 오를 것인가 하는 문제로 다투었습니다. 예수님께서 제자들에게 "너희가 길에서 서로 토론한 것이 무엇이냐?" 고 물으셨는데, 예수님께서는 이미 그들이 무슨 문제로 쟁론했는지 다 알고 계셨습니다. 그러므로 질문하신 이유는 제자들의 잘못된 생각을 깨우쳐 주시기 위한 것이었습니다.

35절 예수께서 앉으사 열두 제자를 불러서 이르시되 누구든지 첫째가 되고자 하면 뭇사람의 끝이 되며 뭇사람을 섬기는 자가 되어야 하리라 하시고

예수님께서는 서로 누가 크냐고 쟁론한 제자들에게 "첫째가 되고자 하면 뭇사람의 끝이 되며 뭇사람을 섬기는 자가 되어야 하리라" 고 말씀하심으로 자기를 낮추어 남을 섬기는 자가 진정 높아진다고 하셨습니다. 하나님께서는 스스로를 낮추는 자를 들어 높이시기 때문입니다. 또한 본 절은 곧 있을 예수님의 고난을 제자들에게 암시하신 것이기도 합니다.

예수님께서는 이제 죽기까지 낮아지시기 위하여 예루살렘을 향하셨습니다.

36-37절 어린아이 하나를 데려다가 그들 가운데 세우시고 안으시며

제자들에게 이르시되 누구든지 내 이름으로 이런 어린아이 하나를 영접하면 곧 나를 영접함이요 누구든지 나를 영접하면 나를 영접함이 아니요 나를 보내신 이를 영접함이니라

예수님께서는 앞에서 말씀하신 교훈을 제자들에게 더욱 구체적으로 설명하시기 위하여 어린아이 한 명을 택하셨습니다. 그 당시 유대 사회에서 어린아이는 천대받는 존재였습니다. 그런데도 예수님께서 어린아이를 품에 안으신 것은 가장 낮은 자를 사랑하고 섬기라는 깊은 교훈을 주시기 위함이었습니다.

뿐만 아니라 예수님께서는 예수님의 이름으로 어린아이를 대접하고 섬기는 것이, 곧 주님을 섬기는 것이요, 하늘에 계신 하나님 아버지를 섬기고 영접하는 것이라고 말씀하셨습니다.

이러므로 예수님의 제자 된 자는 모름지기 가장 비천하고 낮은 자에게 관심을 기울이며 주님을 섬기는 마음으로 그들을 열심히 섬겨야겠습니다.

38-39절 요한이 예수께 여짜오되 선생님 우리를 따르지 않는 어떤 자가 주의 이름으로 귀신을 내쫓는 것을 우리가 보고 우리를 따르지 아니하므로 금하였나이다

본 절은 독특하게 요한의 이름을 직접적으로 언급하고 있습니다.

요한은 자신들을 따르지 않는 자가 예수님의 이름으로 귀신을 내쫓는 것을 보고 그에게 주의 이름으로 능력 행하는 일을 금했습니다.

그런데 제자들은 자신들을 따르지 않는 자가 예수님을 따르지 않는 자

라고 잘못 알고 있었습니다. 예수님의 이름으로 귀신을 내어 쫓은 사람은 예수님을 반대하는 자가 아닙니다. 예수님께서는 일찍이 열매를 보고 그 나무를 안다고 하셨습니다(마 7:16). 그가 비록 제자들에게 속하지는 않았지만 예수님의 이름으로 능력 행하는 일이 분명하므로 그의 열매도 분명한 것입니다. 열매는 곧, 그 나무의 상태를 나타냅니다. 가시나무에서 무화과 열매를 취할 수는 없기 때문입니다.

40절 우리를 반대하지 않는 자는 우리를 위하는 자니라

예수님께서는 그들이 예수님을 해할 자가 아니므로 그를 금하지 말라고 말씀하셨습니다. 그가 비록 제자들의 무리에 들어오지는 않았지만 예수님의 이름으로 귀신을 쫓는다는 것은 곧 예수님의 능력을 인정한다는 뜻입니다. 그러므로 그는 예수님을 반대하지 않는 자입니다.

성경은 "나와 함께 아니하는 자는 나를 반대하는 자요"(마 12:30)라고 말씀했습니다. 언뜻 보기에 본 절과 이 말씀은 상충되는 것처럼 보입니다. 그러나 마태복음 12장 30절의 말씀은 사람이 내적으로 예수님과 함께하지 아니함을 말하고 있는 것입니다. 그에 비해서 본 절은 외적인 행위를 지적하고 있습니다. 예수님께서는 제자들에게 예수님을 반대하지 않으면 자신들의 편으로 받아들이라고 말씀하신 것입니다.

이것은 복음의 보편성과 신앙 안에서 모든 사람을 포용하는 기독교 정신을 단적으로 나타낸 것입니다. 또한 한편으로는 하나님으로부터 온 능력이 결코 제자들에게만 국한될 수 없다는 깊은 의미도 담겨 있습니다.

41절 누구든지 너희가 그리스도에게 속한 자라 하여 물 한 그릇이라

도 주면 내가 진실로 너희에게 이르노니 그가 결코 상을 잃지 않으리라

예수님께서는 누구든지 그리스도의 백성이라 하여 그에게 작은 친절이라도 베풀면 그것은 곧 예수님 자신에게 베푸는 것이라고 하셨습니다(마 25:40). '물 한 그릇' 은 누구나 베풀 수 있는 지극히 작은 친절을 말합니다. 예수님께서는 우리가 아주 작은 친절이라도 다른 사람에게 베풀면 반드시 상을 주시겠다고 약속하셨습니다.

5. 죄의 무서운 결과(9:42-50)

42. 또 누구든지 나를 믿는 이 작은 자들 중 하나라도 실족하게 하면
차라리 연자 맷돌이 그 목에 매여 바다에 던져지는 것이 나으리라
43. 만일 네 손이 너를 범죄하게 하거든 찍어 버리라 장애인으로 영
생에 들어가는 것이 두 손을 가지고 지옥 곧 꺼지지 않는 불에 들어
가는 것보다 나으니라 44. (없음) 45. 만일 네 발이 너를 범죄하게
하거든 찍어 버리라 다리 저는 자로 영생에 들어가는 것이 두 발을
가지고 지옥에 던져지는 것보다 나으니라 46. (없음) 47. 만일 네 눈
이 너를 범죄하게 하거든 빼 버리라 한 눈으로 하나님의 나라에 들어
가는 것이 두 눈을 가지고 지옥에 던져지는 것보다 나으니라 48. 거
기에서는 구더기도 죽지 않고 불도 꺼지지 아니하느니라 49. 사람

마다 불로써 소금 치듯 함을 받으리라 50. 소금은 좋은 것이로되 만 일 소금이 그 맛을 잃으면 무엇으로 이를 짜게 하리요 너희 속에 소금 을 두고 서로 화목하라 하시니라

42절 또 누구든지 나를 믿는 이 작은 자들 중 하나라도 실족하게 하면 차라리 연자 맷돌이 그 목에 매여 바다에 던져지는 것이 나으리라

'나를 믿는 이 작은 자들' 은 하나님에 대한 믿음은 있으나 그 정도가 아직 연약한 자를 말합니다. '실족하게 하다' 는 말은 '넘어지게 하다' 또는 '죄를 짓게 하다' 라는 뜻입니다. 그러므로 본 절은 하나님을 믿는 믿음이 작은 자라고 할지라도 그의 영혼을 멸망시키는 사람은 하나님의 징벌을 면치 못할 것이라는 말입니다. 하나님을 믿는 사람을 죄짓게 하여 지옥에 가게 하는 것은 차라리 연자 맷돌을 목에 달고 바다에 빠져 죽는 편이 훨씬 낫다고 말할 정도로 그 죄가 중합니다. 믿음이 작은 사람이라도 하나님 보시기에는 대단히 귀중한 자들이기 때문입니다.

43-47절 만일 네 손이 너를 범죄하게 하거든 찍어 버리라 장애인으로 영생에 들어가는 것이 두 손을 가지고 지옥 곧 꺼지지 않는 불에 들어가는 것보다 나으니라 (없음) 만일 네 발이 너를 범죄하게 하거든 찍어 버리라 다리 저는 자로 영생에 들어가는 것이 두 발을 가지고 지옥에 던져지는 것보다 나으니라 (없음) 만일 네 눈이 너를 범죄하게 하거든 빼 버리라 한 눈으로 하나님의 나라에 들어가는 것이 두 눈을 가지고 지옥에 던져지는 것보다 나으니라

당시 유대교의 사고방식에 따르면 죄의 원인은 인간의 욕심에 있는데, 그 욕심을 유발하는 근본 원인이 인간의 신체 중 일부에 있다고 생각했습니다. 그러므로 예수님께서는 손이나 발, 눈과 같은 신체의 일부를 제거하라고 말씀하셨는데, 이 말씀은 문자적인 의미 그대로 신체의 일부를 정말로 찍어 버리라는 것이 아니라 죄의 뿌리가 되는 부분을 제거하라는 뜻입니다.

죄의 근원이 남아 있는 한, 지옥을 면할 수 없습니다. 그러므로 신체의 일부를 찍어 버리라는 것은 죄의 잔재를 모조리 없애는 '철저한 회개' 를 의미합니다.

나아가서 예수님께서는 자신을 따르는 데 있어서 방해가 된다면 재산이나(10:21) 가족이나(10:28-30) 목숨(8:35)이라도 과감히 단념할 것을 요구하셨습니다. 이러한 말씀은 하나님 나라에 들어가는 것이 소유나 혈연이나 생명과 비교할 수 없을 만큼 귀하고 복된 것임을 역으로 강조하는 것입니다.

48절 거기에서는 구더기도 죽지 않고 불도 꺼지지 아니하느니라

성경이 말하는 '지옥' 은 예수님을 믿지 아니하고 회개하지 않은 사람들이 영원히 고통 속에 사는 형벌의 장소입니다. 이 지옥은 헬라어로 '게엔나' (*γέεννα*)로 '힌놈의 골짜기' 라는 뜻의 히브리어 '게힌놈' 에서 나온 것입니다. 힌놈의 골짜기는 쓰레기 하치장으로 쓰레기와 오물들을 태우기 위하여 항상 불이 타고 있는 장소였습니다. 유대인들은 그 골짜기를 하나님의 저주와 심판이 내리는 곳으로 생각하고 있었습니다. 그러므로 본 절은 지옥의 실재성과 아울러 그 지옥이 바로 죄인들이 가야 할 피할 수 없는 심판의 장소임을 묘사하고 있는 것입니다.

49절 사람마다 불로써 소금 치듯 함을 받으리라

"사람마다 불로써 소금 치듯 함"은 마지막 심판을 의미하고 있습니다. 마지막 때에는 불로써 심판을 하여 정결하게 하는데 이것은 마치 소금을 쳐서 부패를 방지하는 것과 같다는 것입니다. 이 구절에 대한 여러 가지 해석들도 나름대로 의미가 있겠으나 이 견해가 문맥상 가장 타당하게 받아들여집니다.

50절 소금은 좋은 것이로되 만일 소금이 그 맛을 잃으면 무엇으로 이를 짜게 하리요 너희 속에 소금을 두고 서로 화목하라 하시니라

전 절에 나오는 '소금'이 마지막 날에 정결하게 하는 심판의 역할을 의미한다면 본 절의 '소금'은 현재의 삶에서의 역할을 의미합니다. 고대 사회에서 소금은 대단히 중요한 생필품이었습니다. 그러나 이 소금이 맛을 잃으면 아무런 쓸모가 없습니다. 이 점에서 소금은 예수님을 따르는 제자도에 비유될 수 있습니다.

제자들에게는 세상 사람들의 종말에 대한 책임이 있습니다. 소금이 맛을 잃으면 아무런 쓸모가 없듯이 제자들이 제자로서의 역할을 상실하면 아무런 가치가 없다는 것입니다. 소금의 역할은 남을 위한 희생과 봉사, 겸손 등의 행위에 비유됩니다. 이러한 소금의 역할이 제대로 행해질 때 성도들 간의 화목과 평화가 이루어지는 것입니다.

제 10 장

예루살렘으로 가는 길(2)

A COMMENTARY
ON THE GOSPEL OF
MARK

마가는 본 서의 9장까지 갈릴리 지역에서 행하신 예수님의 이적을 중점적으로 다루었으나, 본 장을 기점으로 예수님의 십자가 고난을 통한 구속 사역을 구체적으로 다루고 있습니다.

본 장에서는 예수님께서 갈릴리를 떠나 십자가를 지기 위하여 예루살렘에 입성하시기 전까지 베뢰아와 유대 지역에서 행하신 사역이 기록되어 있습니다.

1. 이혼에 대한 교훈(10:1-12)

1. 예수께서 거기서 떠나 유대 지경과 요단 강 건너편으로 가시니 무
리가 다시 모여들거늘 예수께서 다시 전례대로 가르치시더니 2. 바
리새인들이 예수께 나아와 그를 시험하여 묻되 사람이 아내를 버리
는 것이 옳으니이까 3. 대답하여 이르시되 모세가 어떻게 너희에게
명하였느냐 4. 이르되 모세는 이혼 증서를 써 주어 버리기를 허락하
였나이다 5. 예수께서 그들에게 이르시되 너희 마음이 완악함으로
말미암아 이 명령을 기록하였거니와 6. 창조 때로부터 사람을 남자
와 여자로 지으셨으니 7. 이러므로 사람이 그 부모를 떠나서 8. 그
둘이 한 몸이 될지니라 이러한즉 이제 둘이 아니요 한 몸이니 9. 그
러므로 하나님이 짝지어 주신 것을 사람이 나누지 못할지니라 하시
더라 10. 집에서 제자들이 다시 이 일을 물으니 11. 이르시되 누구
든지 그 아내를 버리고 다른 데에 장가드는 자는 본처에게 간음을 행
함이요 12. 또 아내가 남편을 버리고 다른 데로 시집가면 간음을 행
함이니라

1절 **예수께서 거기서 떠나 유대 지경과 요단 강 건너편으로 가시니 무리가 다시 모여들거늘 예수께서 다시 전례대로 가르치시더니**

'거기'는 '가버나움'을 말하고(9:33), '유대 지경'과 '요단 강 건너편'은 '베뢰아'를 말합니다. 예수님께서는 마지막 사역을 행하실 최종 목적지인 예루살렘을 향하여 가시는 도중 베뢰아에서 복음을 증거하셨습니다.

이곳에서도 역시 많은 군중들이 모여들었고 예수님께서는 전례대로 그들을 가르치시며 능력을 행하셨습니다.

2-3절 **바리새인들이 예수께 나아와 그를 시험하여 묻되 사람이 아내를 버리는 것이 옳으니이까 대답하여 이르시되 모세가 어떻게 너희에게 명하였느냐**

바리새인들이 예수님께 나아와 "사람이 아내를 버리는 것이 옳으니이까?" 하고 물었습니다. 신명기 24장 1절을 보면 이혼에 대한 규례가 명시되어 있으므로 율법주의자들인 바리새인들은 이혼에 대하여 잘 알고 있었습니다. 그럼에도 불구하고 그들이 예수님께 이혼에 대하여 질문한 것은 예수님을 곤경에 빠뜨리기 위함이었습니다. 그러나 예수님께서는 그들의 저의를 아시고 오히려 "모세가 어떻게 너희에게 명하였느냐?" 고 되물으셨습니다.

4절 **이르되 모세는 이혼 증서를 써 주어 버리기를 허락하였나이다**

모세는 "사람이 아내를 맞이하여 데려온 후에 그에게 수치되는 일이 있음을 발견하고 그를 기뻐하지 아니하면 이혼 증서를 써서 그의 손에 주고 그를 자기 집에서 내보낼 것이요”(신 24:1)라고 하였습니다. 그런데 바리새인들은 “모세는 이혼 증서를 써 주어 버리기를 허락하였나이다”라고 대답하였습니다. 이들의 말은 아내가 싫어지면 어떤 이유건 상관없이 이혼 증서를 써서 내보내면 그뿐이라는 것입니다.

바리새인들처럼 성경을 자신의 필요와 상황에 따라 자기에게 유리하게 해석하면 이는 하나님의 뜻에서 벗어날 뿐만 아니라 오류를 범하게 되는 것입니다. 그러므로 우리는 성경을 올바로 보고 해석해야 합니다.

5절 예수께서 그들에게 이르시되 너희 마음이 완악함으로 말미암아 이 명령을 기록하였거니와

예수님께서는 이혼에 대한 명령을 기록한 이유는 이스라엘 백성들의 마음이 완악해서 하나님을 진실로 경외하지 않고 자기 욕심대로 살기 때문이라고 대답하셨습니다.

신명기 24장 1절에서부터 3절을 보면 하나님께서 아내에게 수치되는 일이 있을 경우에만 이혼을 허락하셨는데, 이것은 억울하게 버림받는 여성들을 보호하기 위한 것이었습니다.

그 당시 여성들은 심하게 학대받았습니다. 때문에 모세의 이혼법은 유대 남성들의 횡포를 꾸짖고 유린당하는 여성들의 인권을 보호하기 위한 것이었습니다. 그럼에도 불구하고 이 제도는 탐욕에 눈이 먼 남편들에 의해 이혼 증서를 아내의 손에 들려줌으로써 쉽게 아내를 내어 쫓는 것으로 악용되었습니다.

그러나 바리새인들은 모세 이혼법의 근본정신을 망각하여 이 말씀이 하나님께서 이혼을 인정하신 것으로 잘못 받아들였습니다.

6-9절 창조 때로부터 사람을 남자와 여자로 지으셨으니 이러므로 사람이 그 부모를 떠나서 그 둘이 한 몸이 될지니라 이러한즉 이제 둘이 아니요 한 몸이니 그러므로 하나님이 짝지어 주신 것을 사람이 나누지 못할지니라 하시더라

예수님께서는 모세 이혼법의 근본정신에서 더 나아가 하나님의 인간 창조 원리에 대해 말씀하셨습니다.

하나님께서는 이미 창조 시부터 남녀를 공평하게 지으셨고 그들의 동등한 권리를 인정하셨습니다. 남자와 여자가 한 몸을 이루는 것은 하나님의 창조 명령이요, 결혼은 하나님의 창조 섭리에 입각한 신성한 제도입니다. 남녀의 결혼은 '하나님이 짝지어 주신 것' 이므로 하나님의 법에서 이혼은 허락되지 않습니다.

10-12절 집에서 제자들이 다시 이 일을 물으니 이르시되 누구든지 그 아내를 버리고 다른 데에 장가드는 자는 본처에게 간음을 행함이요 또 아내가 남편을 버리고 다른 데로 시집가면 간음을 행함이니라

바리새인들과의 이혼에 대한 논쟁이 일단락된 후에 집으로 돌아온 제자들이 다시 주님께 이혼에 대한 질문을 하였습니다. 그만큼 예수님의 이혼에 대한 가르침이 당시의 관습에 정면으로 배치되었던 것입니다.

그 당시만 해도 결혼한 남자들이 다른 여자와 재혼하기 위하여 일방적으로 아내를 버리는 사례가 많았습니다. 아내에게 이혼 증서만 건네주면 쉽게 부부 관계를 청산하고 원하던 사람과 합법적으로 새 출발을 할 수 있었습니다.

예수님께서는 바로 이러한 잘못된 관습을 지적하시며 남자가 함부로 아내를 버릴 수 없다는 것을 강조하셨습니다. "누구든지 그 아내를 버리고 다른 데에 장가드는 자는 본처에게 간음을 행함이요 또 아내가 남편을 버리고 다른 데로 시집가면 간음을 행함이니라" 고 말씀하심으로 하나님의 법에서 이혼이 허용되지 않음을 말씀하신 것입니다.

2. 어린아이를 축복하심(10:13-16)

13. 사람들이 예수께서 만져 주심을 바라고 어린아이들을 데리고 오매 제자들이 꾸짖거늘 14. 예수께서 보시고 노하시어 이르시되 어린아이들이 내게 오는 것을 용납하고 금하지 말라 하나님의 나라가 이런 자의 것이니라 15. 내가 진실로 너희에게 이르노니 누구든지 하나님의 나라를 어린아이와 같이 받들지 않는 자는 결단코 그곳에 들어가지 못하리라 하시고 16. 그 어린아이들을 안고 그들 위에 안수하시고 축복하시니라

13절 사람들이 예수께서 만져 주심을 바라고 어린아이들을 데리고 오매 제자들이 꾸짖거늘

사람들이 예수님께 어린아이들을 데리고 온 것은 예수님의 축복 기도

를 받기 위해서였습니다. 당시 이스라엘의 부모들에게는 존경하는 랍비에게 아이들을 데려가 축복 기도를 받는 풍습이 있었습니다. 그러므로 예수님께 어린아이들을 데리고 온 사람들은 예수님을 존경하고 따르는 사람들이었음을 알 수 있습니다.

많은 사람들이 어린아이들을 데리고 예수님께 축복 기도를 받기 위해 몰려와 소란하자 제자들이 그들을 꾸짖어 예수님께로 가까이 오지 못하게 하였습니다.

14절 예수께서 보시고 노하시어 이르시되 어린아이들이 내게 오는 것을 용납하고 금하지 말라 하나님의 나라가 이런 자의 것이니라

예수님께서는 제자들이 어린아이들을 당신께로 가까이 오지 못하게 막는 것을 보시고 몹시 노하셨습니다. 어린아이들은 하늘나라에 들어올 자격을 갖춘 존재였기 때문입니다.

"하나님의 나라가 이런 자의 것이니라"는 말씀은 하나님의 나라가 어린아이와 같이 온유하고 겸손하며 부패되지 않은 성품을 가진 자의 것이라는 뜻입니다.

15절 내가 진실로 너희에게 이르노니 누구든지 하나님의 나라를 어린아이와 같이 받들지 않는 자는 결단코 그곳에 들어가지 못하리라 하시고

어린아이들은 순진하기 때문에 의심 없이 하나님 나라를 그대로 믿고 받들지만 어른들은 여러 가지 의심이 많고 이해타산에 젖어 이기적이고 탐욕적이며 불순합니다. 그러므로 예수님께서는 오직 어린아이같이 순

진하고 겸손한 신앙을 가진 자만이 하나님의 나라에 들어갈 수 있다고 말씀하신 것입니다.

예수님께서 언급하신 하나님의 나라에 대한 개념은 종말론적으로 장차 임할 천국을 뜻하기도 하지만 현재에 임한 하나님의 나라로 생각할 수도 있습니다. 현재의 하나님의 나라에 들어가는 것은 곧 예수 그리스도를 받아들이는 것입니다. 그러나 장차 임할 천국, 즉 하나님의 나라의 궁극적 완성은 예수님께서 다시 오실 때 이루어집니다.

16절 그 어린아이들을 안고 그들 위에 안수하시고 축복하시니라

비록 당시 사회가 어린아이들을 멸시하였지만 예수님께서는 그들을 품에 안으시고 안수하시고 축복하셨습니다. '축복하셨다' 는 말의 본 뜻은 '뜨겁게 축복하다' 입니다. 예수님께서는 어린아이들에게 애정과 은혜를 아낌없이 쏟아 부어 주신 것입니다.

어린아이들을 축복하시는 예수님의 모습에서 우리는 하나님의 나라는 인간의 행위로 얻어지는 것이 아니라 은혜로 주어지는 것임을 분명히 깨달을 수 있습니다.

3. 부자와 하나님의 나라(10:17-31)

17. 예수께서 길에 나가실새 한 사람이 달려와서 꿇어앉아 묻자오되
선한 선생님이여 내가 무엇을 하여야 영생을 얻으리이까 18. 예수께
서 이르시되 네가 어찌하여 나를 선하다 일컫느냐 하나님 한 분 외에
는 선한 이가 없느니라 19. 네가 계명을 아나니 살인하지 말라, 간음
하지 말라, 도둑질하지 말라, 거짓 증언하지 말라, 속여 빼앗지 말라,
네 부모를 공경하라 하였느니라 20. 그가 여짜오되 선생님이여 이것
은 내가 어려서부터 다 지켰나이다 21. 예수께서 그를 보시고 사랑
하사 이르시되 네게 아직도 한 가지 부족한 것이 있으니 가서 네게 있
는 것을 다 팔아 가난한 자들에게 주라 그리하면 하늘에서 보화가 네
게 있으리라 그리고 와서 나를 따르라 하시니 22. 그 사람은 재물이
많은 고로 이 말씀으로 인하여 슬픈 기색을 띠고 근심하며 가니라
23. 예수께서 둘러보시고 제자들에게 이르시되 재물이 있는 자는 하
나님의 나라에 들어가기가 심히 어렵도다 하시니 24. 제자들이 그
말씀에 놀라는지라 예수께서 다시 대답하여 이르시되 얘들아 하나님
의 나라에 들어가기가 얼마나 어려운지 25. 낙타가 바늘귀로 나가는
것이 부자가 하나님의 나라에 들어가는 것보다 쉬우니라 하시니 26.
제자들이 매우 놀라 서로 말하되 그런즉 누가 구원을 얻을 수 있는가
하니 27. 예수께서 그들을 보시며 이르시되 사람으로는 할 수 없으
되 하나님으로는 그렇지 아니하니 하나님으로서는 다 하실 수 있느
니라 28. 베드로가 여짜와 이르되 보소서 우리가 모든 것을 버리고
주를 따랐나이다 29. 예수께서 이르시되 내가 진실로 너희에게 이르
노니 나와 복음을 위하여 집이나 형제나 자매나 어머니나 아버지나

자식이나 전토를 버린 자는 30. 현세에 있어 집과 형제와 자매와 어머니와 자식과 전토를 백 배나 받되 박해를 겸하여 받고 내세에 영생을 받지 못할 자가 없느니라 31. 그러나 먼저 된 자로서 나중 되고 나중 된 자로서 먼저 될 자가 많으니라

17절 예수께서 길에 나가실새 한 사람이 달려와서 꿇어앉아 묻자오되 선한 선생님이여 내가 무엇을 하여야 영생을 얻으리이까

본 절의 '한 사람' 을 마태는 '재물이 많은 부자 청년' 으로(마 19:22), 누가는 '어떤 관리' (눅 18:18)라고 지칭하였습니다. 이 사람이 달려와서 예수님 앞에 무릎을 꿇었다는 것은 예수님께 대한 깊은 존경심을 나타낸 것입니다.

그러나 그의 영적인 눈은 어두웠습니다. 영원한 생명을 주시는 하나님의 아들 예수님을 '선한 선생님' 으로만 알았습니다. 그는 어려서부터 율법을 충실히 지킨 사람으로서 영생을 얻기 위해서는 선한 일을 하여야 한다고 생각하고 예수님께 "무엇을 하여야 영생을 얻으리이까?" 라고 질문하였던 것입니다. 여기서 우리는 청년이 예수님께 한 질문에 문제점이 있음을 발견할 수 있습니다. 그는 구원을 단지 행위의 차원에서만 이해하였던 것입니다. 그러나 구원, 즉 하나님 나라는 어린아이와 같이 순전한 마음으로 믿는 사람이 들어가는 것이지, 사람의 행위로는 들어갈 수 없습니다.

18절 예수께서 이르시되 네가 어찌하여 나를 선하다 일컫느냐 하나님 한 분 외에는 선한 이가 없느니라

앞 절에서도 언급하였듯이 그가 말한 '선한' 선생은 당시 율법 학자들이나 바리새인들에게 붙여지는 호칭이었습니다. 예수님께서는 청년의 그러한 마음을 아시고 '하나님 한 분 외에는 선한 이가 없음' 을 강조하셨습니다. '선함' 은 절대 무흠하고 죄가 없으시며 완전한 하나님의 속성을 가리키기 때문입니다.

19절 네가 계명을 아나니 살인하지 말라, 간음하지 말라, 도둑질하지 말라, 거짓 증언하지 말라, 속여 빼앗지 말라, 네 부모를 공경하라 하였느니라

십계명 중 처음 네 계명은 하나님에 대한 계명이고, 다음 여섯 계명은 사람과 사람 사이의 계명입니다. 예수님께서는 인간과 인간 사이에 지켜야 할 계명인 제5계명에서부터 제10계명을 말씀하셨습니다. 그 이유는 이 여섯 개의 계명이 앞부분의 네 계명을 실천하는 실천적인 계명이기 때문입니다.

예수님께서는 율법에 나타난 하나님의 뜻 외에 다른 것을 선한 것으로 보지 않으셨습니다. 그러므로 율법에 대한 예수님의 태도는 하나님의 섭리와 이웃의 존재를 동시에 인식하는 것이었습니다.

20절 그가 여짜오되 선생님이여 이것은 내가 어려서부터 다 지켰나이다

청년은 어려서부터 율법을 다 지켜왔으므로 떳떳하게 대답하였습니다. 하지만 청년은 율법을 지킴으로 구원받는다는 당시의 전통적인 견해에도 불구하고 영생에 대한 확신이 없었습니다. 그래서 그는 예수님께로

부터 율법 준수만으로도 영생을 얻을 수 있다는 다짐을 얻고자 하였던것 입니다. 그러나 영생은 율법을 지킴으로써 얻는 것이 아니라 예수 그리스도를 믿는 믿음으로 얻는 것입니다.

21-22절 예수께서 그를 보시고 사랑하사 이르시되 네게 아직도 한 가지 부족한 것이 있으니 가서 네게 있는 것을 다 팔아 가난한 자들에게 주라 그리하면 하늘에서 보화가 네게 있으리라 그리고 와서 나를 따르라 하시니 그 사람은 재물이 많은 고로 이 말씀으로 인하여 슬픈 기색을 띠고 근심하며 가니라

예수님께서는 청년의 진지함과 순수성을 보시고 사랑하셨습니다. 여기서 '사랑' 은 하나님께서 인간을 사랑하시는 아가페적 사랑을 의미합니다.

예수님께서는 청년을 사랑하사 구원에 대한 그의 잘못된 인식을 고쳐주시기 위해 "네가 율법을 다 지켰다고 하나 한 가지 부족한 것이 있으니 가서 네게 있는 것을 다 팔아 가난한 자들에게 주라." 고 말씀하셨습니다. 이는 철저한 자기 부인과 자기희생, 즉 자기가 가진 소유와 명예, 욕심, 이기심 등 모든 것을 내어 버리고 예수님을 따라야 비로소 율법을 온전히 지키는 것임을 의미합니다.

예수님께서는 율법 준수 면에서 자신만만했던 부자 청년에게 자신의 한계점을 깨닫게 하셨습니다. 그가 가장 아끼고 의존해 왔던 재물을 버리고 예수님을 좇으라고 명령하셨던 것입니다.

부자인 그가 모든 재물을 가난한 자에게 다 나누어 준다는 것은 결코

쉬운 일이 아니었습니다. 결국 그는 재물을 선택하였고, 그로 인해 슬픈 기색을 띠고 근심하며 예수님을 떠났습니다.

23절 예수께서 둘러보시고 제자들에게 이르시되 재물이 있는 자는 하나님의 나라에 들어가기가 심히 어렵도다 하시니

그 청년이 낙담하여 돌아가자 예수님께서는 제자들을 둘러보시고 "재물이 있는 자는 하나님의 나라에 들어가기가 심히 어렵도다"라고 말씀하셨습니다. 이는 부자는 무조건 천국에 들어가지 못한다는 말이 아니라 재물에 대하여 과도한 소유욕이 있는 사람은 하나님을 사랑하기가 힘들다는 것입니다. '심히 어렵도다'는 매우 곤란하고 힘든 상태를 말합니다.

24-25절 제자들이 그 말씀에 놀라는지라 예수께서 다시 대답하여 이르시되 얘들아 하나님의 나라에 들어가기가 얼마나 어려운지 낙타가 바늘귀로 나가는 것이 부자가 하나님의 나라에 들어가는 것보다 쉬우니라 하시니

제자들은 부자가 하나님 나라에 들어가기가 심히 어렵다는 예수님의 말씀에 놀랐습니다.

예수님께서는 낙타와 바늘귀를 대조시킴으로써 부자가 하늘나라에 들어가는 것이 얼마나 어려운 일인가를 설명하셨습니다. 낙타는 팔레스타인 지역에서 살고 있는 가장 큰 동물입니다. 그러므로 실제로 낙타가 바늘귀로 나가는 것은 불가능합니다. 그러나 많은 재물을 소유한 자는 하나님을 의지하기보다 재물을 의지하기 때문에 낙타가 바늘귀로 들어

가는 것보다 부자가 천국에 들어가는 것이 더 어렵다는 것입니다.

그러므로 율법이나 복음이 우리에게 요구하는 것은 오직 마음과 뜻을 다하여 야훼 하나님을 의지하는 것입니다.

26절 제자들이 매우 놀라 서로 말하되 그런즉 누가 구원을 얻을 수 있는가 하니

예수님께서 하신 말씀은 부자 청년을 비롯한 당시 부유한 계층의 사람들이 천국에 들어가기가 힘들다는 것을 의미합니다. 이 말씀을 듣고 제자들은 매우 놀라 "그런즉 누가 구원을 얻을 수 있는가?" 라고 서로 반문하였습니다.

부자 청년은 부유한 것을 제외하고는 어려서부터 율법을 성실히 행하였던 사람입니다. 그러므로 제자들에게는 이러한 청년이 천국에 들어갈 수 없다면 과연 누가 천국에 들어가겠는가 하는 의문이 생기지 않을 수 없었던 것입니다.

27절 예수께서 그들을 보시며 이르시되 사람으로는 할 수 없으되 하나님으로는 그렇지 아니하니 하나님으로서는 다 하실 수 있느니라

예수님께서는 다시 한번 구원은 인간의 도덕성이나 경건함, 또는 노력으로 얻는 게 아니라 하나님의 은혜로 얻는 것임을 밝히셨습니다. 이 세상에 의인은 한 명도 없습니다(롬 3:10). 더구나 율법의 행위로 구원 얻을 육체는 하나도 없다(롬 3:20)고 성경은 말하고 있습니다.

구원은 행위로 얻는 것이 아니라 하나님께서 주시는 은총의 선물입니

다. 사람의 힘으로는 받을 수 없으나 하나님의 일방적 은혜로 얻게 되는 것입니다. 구원의 문제는 하나님의 주권에 속한 것이므로 하나님께는 불가능이 없습니다.

28절 **베드로가 여짜와 이르되 보소서 우리가 모든 것을 버리고 주를 따랐나이다**

예수님께서 구원은 인간의 행위로 얻는 게 아니라 하나님의 은총으로 말미암아 얻는다고 말씀하셨음에도 불구하고 베드로는 인간의 행위를 부각시키고자 하였습니다.

그는 부자 청년과 자신들을 차별화시키기 원했습니다. 이에 대한 근거로 부자 청년이 영생보다는 세상 재물에 더 가치를 두었으므로 예수님의 말씀을 거절하고 떠나갔지만 자신을 위시한 제자들은 예수님을 따르기 위하여 가진 모든 것을 포기하였다고 말했던 것입니다(1:16-20; 2:14).

29-30절 **예수께서 이르시되 내가 진실로 너희에게 이르노니 나와 복음을 위하여 집이나 형제나 자매나 어머니나 아버지나 자식이나 전토를 버린 자는 현세에 있어 집과 형제와 자매와 어머니와 자식과 전토를 백 배나 받되 박해를 겸하여 받고 내세에 영생을 받지 못할 자가 없느니라**

예수님께서는 예수님과 복음을 위하여 모든 것을 버린 자는 하나님께로부터 복을 받는 동시에 박해를 겸하여 받는다고 하셨습니다. 이는 자신의 모든 것을 믿음의 씨앗으로 하나님께 심으면 하나님께서 심은 것에 백 배로 갚아 주시는데, 이때에 세상의 박해가 따라온다는 것입니다.

박해는 예수님을 따르며 복음을 전파하는 데 있어서 필수적인 것입니다. 그러나 그것을 감내할 때 구원의 반열에 들어가 영생을 얻고 하늘나라에서 상급을 받게 되는 것입니다.

31절 그러나 먼저 된 자로서 나중 되고 나중 된 자로서 먼저 될 자가 많으니라

본 절은 단지 보상만을 바라고 희생과 봉사를 하는 자들에 대한 경고의 말씀이기도 합니다.

베드로가 제자 된 자신들의 공로를 자랑하자 예수님께서는 일단 그의 주장을 수긍하셨습니다. 그러나 그들이 모든 것을 버리고 예수님을 좇은 것은 천국에서보다는 이 지상에서 높은 자리를 차지하기 위함이었음을 아시고 그들의 잘못된 생각을 바로잡고자 하셨습니다.

주님을 섬기는 일에 있어서 다른 사람을 앞서는 것처럼 보일지라도 하나님의 평가는 인간의 평가와는 다릅니다. 먼저 되고 나중 되는 것은 신앙의 연조나 봉사 경력에 의해 결정되는 것이 아닙니다. 진정한 사랑으로 예수님과 복음을 위해 얼마나 열심히 일하고 자신을 희생했느냐에 따라 결정됩니다.

4. 고난받으실 것을 세 번째 말씀하심(10:32-34)

32. 예루살렘으로 올라가는 길에 예수께서 그들 앞에 서서 가시는데
그들이 놀라고 따르는 자들은 두려워하더라 이에 다시 열두 제자를
데리시고 자기가 당할 일을 말씀하여 이르시되 33. 보라 우리가 예
루살렘에 올라가노니 인자가 대제사장들과 서기관들에게 넘겨지매
그들이 죽이기로 결의하고 이방인들에게 넘겨주겠고 34. 그들은 능
욕하며 침 뱉으며 채찍질하고 죽일 것이나 그는 삼 일 만에 살아나리
라 하시니라

32절 예루살렘으로 올라가는 길에 예수께서 그들 앞에 서서 가시는데 그들이 놀라고 따르는 자들은 두려워하더라 이에 다시 열두 제자를 데리시고 자기가 당할 일을 말씀하여 이르시되

예수님께서는 죽음을 앞둔 사람의 결연함을 보이시며 예루살렘을 향하여 앞장서 가셨습니다. 제자들은 그 심상치 않은 분위기에 놀랐고, 예수님을 따르는 자들도 두려워했습니다.

예수님께서는 따르는 많은 무리들 중에서 열두 제자를 따로 분리하셨습니다. 그리고 예수님의 고난의 예언을 이해하지 못했던 그들에게 다시 한번 고난을 예언하셨습니다.

33절 보라 우리가 예루살렘에 올라가노니 인자가 대제사장들과 서기관들에게 넘겨지매 그들이 죽이기로 결의하고 이방인들에게 넘겨주겠고

예수님께서는 처음으로 고난당하실 장소가 예루살렘이라고 말씀하시면서 자신이 대제사장들과 서기관들에게 넘겨질 것이라고 하셨습니다.

'대제사장들과 서기관들' 은 유대 의회의 기관인 산헤드린 공회를 말합니다. 당시 로마는 유대인들에게 사형 판결권을 주지 않았습니다. 그러므로 예수님을 죽이기 위해서는 이방인으로 구성된 로마 법정의 도움을 받아야 했습니다.

34절 그들은 능욕하며 침 뱉으며 채찍질하고 죽일 것이나 그는 삼 일 만에 살아나리라 하시니라

예수님께서는 자신이 멸시와 천대와 고난을 받으며 죽음을 당하나 죽은 지 삼 일 만에 부활하실 것을 말씀하셨습니다.

5. 야고보와 요한의 세속적 소망(10:35-45)

35. 세베대의 아들 야고보와 요한이 주께 나아와 여짜오되 선생님이여 무엇이든지 우리가 구하는 바를 우리에게 하여 주시기를 원하옵

나이다 36. 이르시되 너희에게 무엇을 하여 주기를 원하느냐 37. 여짜오되 주의 영광 중에서 우리를 하나는 주의 우편에, 하나는 좌편에 앉게 하여 주옵소서 38. 예수께서 이르시되 너희는 너희가 구하는 것을 알지 못하는도다 내가 마시는 잔을 너희가 마실 수 있으며 내가 받는 침례를 너희가 받을 수 있느냐 39. 그들이 말하되 할 수 있나이다 예수께서 이르시되 너희는 내가 마시는 잔을 마시며 내가 받는 침례를 받으려니와 40. 내 좌우편에 앉는 것은 내가 줄 것이 아니라 누구를 위하여 준비되었든지 그들이 얻을 것이니라 41. 열 제자가 듣고 야고보와 요한에 대하여 화를 내거늘 42. 예수께서 불러다가 이르시되 이방인의 집권자들이 그들을 임의로 주관하고 그 고관들이 그들에게 권세를 부리는 줄을 너희가 알거니와 43. 너희 중에는 그렇지 않을지니 너희 중에 누구든지 크고자 하는 자는 너희를 섬기는 자가 되고 44. 너희 중에 누구든지 으뜸이 되고자 하는 자는 모든 사람의 종이 되어야 하리라 45. 인자가 온 것은 섬김을 받으려 함이 아니라 도리어 섬기려 하고 자기 목숨을 많은 사람의 대속물로 주려 함이니라

35-37절 세베대의 아들 야고보와 요한이 주께 나아와 여짜오되 선생님이여 무엇이든지 우리가 구하는 바를 우리에게 하여 주시기를 원하옵나이다 이르시되 너희에게 무엇을 하여 주기를 원하느냐 여짜오되 주의 영광 중에서 우리를 하나는 주의 우편에, 하나는 좌편에 앉게 하여 주옵소서

마태복음 20장 20절부터 21절을 보면 야고보와 요한의 어머니가 이 두 아들들을 데리고 나오는 장면이 기록되어 있습니다. 그녀가 예수님께

"나의 이 두 아들을 주의 나라에서 하나는 주의 우편에, 하나는 주의 좌편에 앉게 명하소서"라고 말한 것으로 보아 예수님께서 멸시와 능욕을 당하고 십자가에서 죽게 된다는 사실이 무엇을 의미하는지 깨닫지 못했음을 알 수 있습니다.

야고보와 요한은 항상 예수님의 측근에 있었던 제자들이었습니다. 변화산에서도 이들은 베드로와 함께 주님의 변화된 모습을 지켜보는 영광을 얻었습니다. 그럼에도 불구하고 이들은 주님의 고난에 참예할 생각은 전혀 없이 오직 주님께서 세우실 왕국의 영광의 자리만을 염두에 두었습니다.

예수님께서 세우시는 왕국은 영적 왕국이지 정치적 왕국이 아닙니다. 그런데 야고보와 요한은 예수님께서 이 땅에 정치적 왕국을 세우시는 것으로 착각했습니다. 그래서 예수님께 왕국을 세우시면 자신들을 주님의 좌, 우편, 곧 예수님 다음 가는 높은 자리에 앉게 해 달라고 요구했던 것입니다.

38절 예수께서 이르시되 너희는 너희가 구하는 것을 알지 못하는도다 내가 마시는 잔을 너희가 마실 수 있으며 내가 받는 침례를 너희가 받을 수 있느냐

예수님께서는 앞으로 겪게 될 고난의 길을 제자들이 알지 못함을 안타깝게 생각하셨습니다. 제자들은 오직 영광의 자리만을 생각했지만 그 영광의 자리에 들어가기 위해서는 예수님께서 마시는 잔을 마시고 받으신 침례를 받아야 합니다. 주님의 '잔'과 '침례'는 인류를 위한 예수님의 '대속의 죽음' 을 의미합니다. 이러므로 예수님께서 요한과 야고보에게 하신 질문은 자신의 죽음에 동참할 수 있느냐는 뜻이었습니다.

39절 그들이 말하되 할 수 있나이다 예수께서 이르시되 너희는 내가 마시는 잔을 마시며 내가 받는 침례를 받으려니와

그런데 야고보와 요한은 예수님께서 말씀하신 그 '잔' 과 '침례' 가 죽음을 의미하는 것인지를 알지 못한 채 단지 영광의 자리에 앉고 싶은 마음에 할 수 있다고 대답했습니다. 이에 예수님께서는 "너희는 내가 마시는 잔을 마시며 내가 받는 침례를 받으리라." 고 말씀하셨습니다. 예수님께서는 이미 그들의 미래를 알고 계셨던 것입니다.

실제로 제자들은 오순절 성령 강림을 통하여 변화를 받은 후 일생을 충성스럽게 주님을 섬기다가 대부분 순교하였습니다. 비록 요한만은 순교를 당하지 않았지만 그도 전 인생을 바쳐 주님을 섬기다가 만년에 병약한 몸으로 밧모 섬에서 귀양 생활을 하며 요한계시록을 기록하였습니다.

40절 내 좌우편에 앉는 것은 내가 줄 것이 아니라 누구를 위하여 준비되었든지 그들이 얻을 것이니라

예수님께서는 자신의 좌우편에 앉을 사람을 고를 권리가 자신에게 없다고 말씀하셨습니다. 왜냐하면 하나님 나라의 모든 것은 하나님의 절대주권의 영역에 속한 것이므로 영광의 자리는 하나님만이 결정하실 수 있기 때문입니다.

41절 열 제자가 듣고 야고보와 요한에 대하여 화를 내거늘

야고보와 요한이 예수님과 나눈 대화의 내용을 듣고 다른 열 제자들은 매우 분노하였습니다. 그들이 자신들보다 더 높은 자리를 차지할까 시기하였기 때문입니다. 이를 볼 때 제자들 모두 예수님의 가르침과 고난의 예언에 대해 이해하지 못했다는 것을 알 수 있습니다.

제자들은 이미 누가 으뜸의 자리에 오르느냐는 문제를 놓고 심각한 갈등을 겪어 왔습니다(9:34). 그러므로 이번 일 역시 열 명의 제자들의 눈에는 자신들을 제쳐 두고 두 명의 제자만이 최고의 자리를 놓고 줄다리기 하는 것처럼 보였던 것입니다.

열두 제자의 그 같은 모습은 예루살렘 입성을 눈앞에 두신 예수님께 아픔을 주었을 것입니다.

42절 예수께서 불러다가 이르시되 이방인의 집권자들이 그들을 임의로 주관하고 그 고관들이 그들에게 권세를 부리는 줄을 너희가 알거니와

제자들은 예수님의 고난을 단지 예루살렘 왕국을 세우는 데에 따르는 어려움과 외부의 방해 정도로 과소평가하였습니다. 그렇기 때문에 그들은 이 땅에서의 가장 높은 자리를 차지하기 위하여 서로 다투며 미워하고 분노한 것입니다.

이에 예수님께서는 이방인들의 악한 권력자들을 비유하여 말씀하셨습니다. 제자들의 권력 다툼의 모습이 마치 썩어 냄새나는 세상 권력자들과 다름이 없었던 것입니다.

43-44절 너희 중에는 그렇지 않을지니 너희 중에 누구든지 크고자

하는 자는 너희를 섬기는 자가 되고 너희 중에 누구든지 으뜸이 되고자 하는 자는 모든 사람의 종이 되어야 하리라

예수님께서는 "누구든지 첫째가 되고자 하면 뭇사람의 끝이 되며 뭇사람을 섬기는 자가 되어야 하리라"(9:35)고 말씀하셨습니다. 영적인 나라에서 높은 사람이란 사람들 위에 군림하는 자가 아니라 사람들을 위해 헌신하고 봉사하는 사람이 되어야 한다는 의미입니다. 하나님을 믿는 백성에게 있어서 '큰 자' 에 대한 가치관은 이방 사람들과는 다릅니다. 예수님께서는 오히려 종의 자세를 요구하십니다. 즉, 신앙 공동체에서 지도자가 되려면 남을 섬기는 자가 되어야 하며 더욱 종의 위치에 서야 한다는 것입니다. 제자들이 앉아야 할 높은 자리란, 혼신의 힘을 다하여 남을 섬기고 봉사하는 자리입니다.

이것은 비단 제자들에게만 국한되지 않습니다. 그 영원한 나라를 향하여 가는 동안 예수님을 섬기는 자라면 누구나 남을 섬기며 겸손히 순례자의 길을 걸어야 합니다.

45절 인자가 온 것은 섬김을 받으려 함이 아니라 도리어 섬기려 하고 자기 목숨을 많은 사람의 대속물로 주려 함이니라

예수님께서는 자신이 인자로서 이 땅에 오신 이유는 섬김을 받으려 함이 아니라 오히려 섬기려 함이라고 말씀하셨습니다. 그리고 이 말씀과 같이 예수님께서는 모든 사람을 섬기는 본을 보이셨습니다.

예수님의 섬김의 절정은 바로 십자가 사건입니다. 그의 죽으심은 인류의 죄를 대신 짊어지기 위한 대속의 죽음이었습니다.

6. 맹인 바디매오의 치료(10:46-52)

46. 그들이 여리고에 이르렀더니 예수께서 제자들과 허다한 무리와
함께 여리고에서 나가실 때에 디매오의 아들인 맹인 거지 바디매오
가 길가에 앉았다가 47. 나사렛 예수시란 말을 듣고 소리 질러 이르
되 다윗의 자손 예수여 나를 불쌍히 여기소서 하거늘 48. 많은 사람
이 꾸짖어 잠잠하라 하되 그가 더욱 크게 소리 질러 이르되 다윗의
자손이여 나를 불쌍히 여기소서 하는지라 49. 예수께서 머물러 서
서 그를 부르라 하시니 그들이 그 맹인을 부르며 이르되 안심하고 일
어나라 그가 너를 부르신다 하매 50. 맹인이 겉옷을 내버리고 뛰어
일어나 예수께 나아오거늘 51. 예수께서 말씀하여 이르시되 네게 무
엇을 하여 주기를 원하느냐 맹인이 이르되 선생님이여 보기를 원하
나이다 52. 예수께서 이르시되 가라 네 믿음이 너를 구원하였느니
라 하시니 그가 곧 보게 되어 예수를 길에서 따르니라

46절 그들이 여리고에 이르렀더니 예수께서 제자들과 허다한 무리와 함께 여리고에서 나가실 때에 디매오의 아들인 맹인 거지 바디매오가 길가에 앉았다가

'여리고' 는 종려나무가 많은 비옥한 땅이었습니다. 당시 여리고는 팔레스타인 지역 가운데 가장 아름다운 곳으로, 예루살렘으로 올라가는 길목에 있었습니다. 이 여리고의 길가에 맹인 거지 바디매오가 앉아 있

었습니다.

마가는 본 사건을 다른 복음서에 비해 아주 자세하고 생생하게 기록하고 있습니다. 그는 디매오의 아들 바디매오라는 이름까지 정확히 밝혔습니다.

47절 나사렛 예수시란 말을 듣고 소리 질러 이르되 다윗의 자손 예수여 나를 불쌍히 여기소서 하거늘

맹인 바디매오는 "다윗의 자손 예수"라는 말을 통해서 그의 신앙을 고백하였습니다. '다윗의 자손'은 메시아를 의미합니다. 사람들은 예수님을 '나사렛 예수'라고 했지만 바디매오는 예수님을 "다윗의 자손"이라고 불렀습니다. 이는 그가 예수님을 메시아로 믿고 있음을 말해 주는 것입니다.

그는 나사렛 예수님에 대해서 소문을 들었으므로 예수님께서 분명히 자신의 시력을 되찾게 해 주실 것을 믿었습니다. "나를 불쌍히 여기소서"란 말은 앞을 못 보는 자신을 긍휼히 여겨 고쳐 달라는 애절한 간구입니다.

48절 많은 사람이 꾸짖어 잠잠하라 하되 그가 더욱 크게 소리 질러 이르되 다윗의 자손이여 나를 불쌍히 여기소서 하는지라

많은 사람들이 꾸짖음에도 불구하고 바디매오는 아랑곳하지 않고 '다윗의 자손'을 더욱 크게 외쳤습니다. 그것은 예수님께서 자신을 보면 반드시 고쳐 주신다는 확신에 찬 믿음이 있었기 때문입니다.

맹인 바디매오는 계속해서 예수님을 "다윗의 자손"이라고 불렀는데,

이와 같은 신앙 고백은 예수님의 고난 예고에 대해 세 번이나 듣고도 깨닫지 못했던 제자들과는 대조적이었습니다.

49절 예수께서 머물러 서서 그를 부르라 하시니 그들이 그 맹인을 부르며 이르되 안심하고 일어나라 그가 너를 부르신다 하매

예수님께서는 맹인의 간절한 부르짖음에 걸음을 멈추시고 그를 부르셨습니다. 그러자 지금까지 강력하게 만류하였던 무리들이 조용해졌습니다. 예수님께서 바디매오를 부르라고 말씀하신 것은, 곧 그의 문제를 해결해 주시겠다는 의지를 보이신 것이었습니다.

50절 맹인이 겉옷을 내버리고 뛰어 일어나 예수께 나아오거늘

바디매오가 '겉옷을 내버렸다' 라는 것은 그의 믿음을 행동으로 보여준 것입니다. 그에게 있어서 겉옷은 낮에는 의복이요, 밤에는 침구로써 그의 모든 것이었습니다. 또한 당시에는 거지들에게 합법적으로 동냥을 할 수 있는 권리의 표시로써 겉옷을 지급했기 때문에 그에게는 겉옷이 생계의 수단이기도 했습니다.

그러나 바디매오는 예수님께서 부르신다는 말을 듣자 자신의 겉옷을 버리고 뛰어 일어나 예수님께로 나아왔습니다. 바디매오는 겉옷을 버림으로써 그의 소유 전부보다 예수님을 만나는 일이 소중하다는 믿음을 보였습니다. 또한 아직 눈을 뜨지 않았지만 예수님께서 자신의 눈을 뜨게 해 주실 것을 굳게 믿었기 때문에 겉옷을 버렸던 것입니다.

51절 예수께서 말씀하여 이르시되 네게 무엇을 하여 주기를 원하느

냐 맹인이 이르되 선생님이여 보기를 원하나이다

예수님께서는 바디매오의 소원이 무엇인지 알고 계셨음에도 불구하고 그에게 "무엇을 하여 주기를 원하느냐?" 고 물으셨습니다. 이것은 바디매오의 믿음을 확인하기 위함이셨습니다. 이에 맹인은 "보기를 원하나이다." 라며 자신의 소원을 믿음으로 고백하였습니다.

52절 예수께서 이르시되 가라 네 믿음이 너를 구원하였느니라 하시니 그가 곧 보게 되어 예수를 길에서 따르니라

예수님께서는 바디매오의 믿음을 보셨습니다. 그리고 그에게 구원과 병 고침의 선물을 주셨습니다.

이제 그는 육신의 눈을 떴을 뿐 아니라 영원한 하나님 나라의 백성이 되었습니다. 그는 눈을 뜨자 즉시로 예수님을 좇았습니다. 이는 예루살렘을 향하여 올라가는 제자들의 침체된 분위기와는 대조적이었습니다.

예수님께서는 예루살렘 입성 직전에 맹인 바디매오의 눈을 뜨게 하심으로써 영적 맹인인 이스라엘의 지도자들을 깨우치고자 하셨습니다. 그러므로 우리도 맹인 바디매오처럼 예수님께서 우리의 영적인 눈을 뜨게 해 주실 것을 믿고 그 믿음을 행함으로 나타내는 사람이 되어야겠습니다.

제 11 장

예루살렘에서의 예수님(1)

A COMMENTARY
ON THE GOSPEL OF
MARK

본 장부터 마지막 16장까지는 예루살렘에 입성하신 예수님의 십자가 고난과 부활 사건이 기록되어 있습니다. 이 기간은 불과 일주일이지만, 마가는 본 서 전체 분량의 3분의 1 이상을 할애하여 예수님의 고난 과정을 자세하게 다루고 있습니다.

1. 승리의 입성(11:1-11)

1. 그들이 예루살렘에 가까이 와서 감람산 벳바게와 베다니에 이르렀
을 때에 예수께서 제자 중 둘을 보내시며 2. 이르시되 너희는 맞은편
마을로 가라 그리로 들어가면 곧 아직 아무도 타 보지 않은 나귀 새끼
가 매여 있는 것을 보리니 풀어 끌고 오라 3. 만일 누가 너희에게 왜
이렇게 하느냐 묻거든 주가 쓰시겠다 하라 그리하면 즉시 이리로 보
내리라 하시니 4. 제자들이 가서 본즉 나귀 새끼가 문 앞거리에 매여
있는지라 그것을 푸니 5. 거기 서 있는 사람 중 어떤 이들이 이르되
나귀 새끼를 풀어 무엇 하려느냐 하매 6. 제자들이 예수께서 이르신
대로 말한대 이에 허락하는지라 7. 나귀 새끼를 예수께로 끌고 와서
자기들의 겉옷을 그 위에 얹어 놓으매 예수께서 타시니 8. 많은 사람
들은 자기들의 겉옷을, 또 다른 이들은 들에서 벤 나뭇가지를 길에
펴며 9. 앞에서 가고 뒤에서 따르는 자들이 소리 지르되 호산나 찬송
하리로다 주의 이름으로 오시는 이여 10. 찬송하리로다 오는 우리
조상 다윗의 나라여 가장 높은 곳에서 호산나 하더라 11. 예수께서
예루살렘에 이르러 성전에 들어가사 모든 것을 둘러보시고 때가 이

미 저물매 열두 제자를 데리시고 베다니에 나가시니라

1절 그들이 예루살렘에 가까이 와서 감람산 벳바게와 베다니에 이르렀을 때에 예수께서 제자 중 둘을 보내시며

예수님과 제자들은 여리고를 출발하여 예루살렘으로 가는 도중 예루살렘으로부터 약 3㎞ 떨어진 감람산 동편에 위치한 벳바게와 베다니에 이르렀습니다.

'감람산' 은 예루살렘이 한눈에 들어오는 높은 산으로 기드론 시내 건너편에 있는 유명한 산입니다. 구약에서 감람산은 종말에 하나님의 영광이 나타날 장소로 언급되어 있습니다(슥 14:4). 감람산의 동편에 위치한 '벳바게' 는 예루살렘 가까이에 위치한 마을이며, '베다니' 는 여리고에서 예루살렘으로 이어지는 길목의 마지막 마을입니다. 예수님께서는 이곳에서 제자 둘을 택하셔서 인근 마을로 보내셨습니다.

2절 이르시되 너희는 맞은편 마을로 가라 그리로 들어가면 곧 아직 아무도 타 보지 않은 나귀 새끼가 매여 있는 것을 보리니 풀어 끌고 오라

예수님께서는 두 제자에게 맞은편 마을로 가서 아직 아무도 타 보지 않은 나귀 새끼를 끌고 오라고 말씀하셨습니다. 이는 예수님께서 예루살렘에 입성하실 때 타고 들어가시고자 함이며, 또한 구약의 예언을 성취하시기 위함이었습니다(슥 9:9).

3절 만일 누가 너희에게 왜 이렇게 하느냐 묻거든 주가 쓰시겠다 하라 그리하면 즉시 이리로 보내리라 하시니

본 절 말씀을 통해 우리는 예수님께서는 앞일을 이미 알고 계셨음을 알 수 있습니다. 예수님께서는 우리들의 과거는 물론 현재와 미래도 다 알고 계십니다. 그래서 성경은 "네 길을 야훼께 맡기라 그를 의지하면 그가 이루시고 네 의를 빛같이 나타내시며 네 공의를 정오의 빛같이 하시리로다"(시 37:5-6)라고 말씀하고 있는 것입니다.

4-6절 제자들이 가서 본즉 나귀 새끼가 문 앞거리에 매여 있는지라 그것을 푸니 거기 서 있는 사람 중 어떤 이들이 이르되 나귀 새끼를 풀어 무엇 하려느냐 하매 제자들이 예수께서 이르신 대로 말한대 이에 허락하는지라

제자들은 예수님께서 명하신 대로 맞은편 마을로 들어갔습니다. 그곳에는 예수님께서 말씀하신 대로 나귀 새끼가 문 앞거리에 매여 있었습니다. 제자들이 나귀를 묶은 줄을 풀자 주위에 있는 사람들이 "나귀 새끼를 풀어 무엇 하려느냐?" 고 물었습니다. 제자들은 예수님께서 말씀하신 대로 "주가 쓰시겠다." 고 대답하였습니다. 그러자 사람들은 선뜻 나귀 새끼를 가져가게 하였습니다.

이로 미루어 보건대 사람들은 예수님과 제자들에 대하여 소문을 들어 알고 있었던 것 같습니다.

7절 나귀 새끼를 예수께로 끌고 와서 자기들의 겉옷을 그 위에 얹어 놓으매 예수께서 타시니

제자들이 나귀 새끼 등에 자신들의 겉옷을 얹어 놓은 것은 안장 대용이기도 하지만 주님께 대한 존경의 표시이기도 했습니다.

겸손과 평화를 상징하는 작은 나귀 새끼 위에 올라타신 예수님께서는 메시아로서, 만왕의 왕으로서 예루살렘을 향한 역사적인 승리의 입성을 시작하셨습니다.

8절 많은 사람들은 자기들의 겉옷을, 또 다른 이들은 들에서 벤 나뭇가지를 길에 펴며

본 절의 '많은 사람들' 은 예수님께서 행하신 많은 기적들을 보고 들음으로 예수님을 메시아로 믿은 자들입니다. 이들은 자신들의 겉옷과 나뭇가지를 길 위에 펼쳐 놓아 예수님의 예루살렘 입성을 환영하였습니다. 이들은 메시아가 로마를 정복하고 유대를 독립시키고 새 나라를 건설하기를 바랐습니다. 그러나 예수님께서 이 땅에 오신 것은 우리의 죄를 대속하시고 하나님 나라를 세우기 위함이셨습니다.

9절 앞에서 가고 뒤에서 따르는 자들이 소리 지르되 호산나 찬송하리로다 주의 이름으로 오시는 이여

환호하는 군중들은 예수님을 뒤따르기도 하고 앞서 가기도 했으므로 예수님은 자연스럽게 그들의 중앙에 위치하게 되었습니다.

모여든 사람들은 하나님을 찬양하는 할렐 시편(시 113-118편) 중의 하나인 시편 118편 26절을 인용하여 외치며 예수님의 입성을 찬양했습니다. '호산나' 는 '구원하소서' 라는 의미로 하나님의 구원 사역을 기원하는 간구입니다. 그런데 그 간구가 이제 무리들의 환호하는 소리로 바뀌게

된 것입니다.

10절 찬송하리로다 오는 우리 조상 다윗의 나라여 가장 높은 곳에서 호산나 하더라

환호하는 군중들은 다윗 왕국이 재건되기를 바라는 간절한 소망을 선조들로부터 물려받은 사람들이었습니다. 그들은 오래전부터 다윗 왕국의 맥을 이을 만한 지도자를 물색해 왔습니다. 그러던 중 예수님을 자신들의 기대를 채워 줄 적격자로 인식하면서부터 민족 재건의 꿈이 실현될 것을 믿었습니다. 그래서 이들이 환호할 때도 "메시아 되신 예수님"이라고 하지 않고 "우리 조상 다윗의 나라여"라고 했던 것입니다.

11절 예수께서 예루살렘에 이르러 성전에 들어가사 모든 것을 둘러보시고 때가 이미 저물매 열두 제자를 데리시고 베다니에 나가시니라

예수님께서 예루살렘에 도착하셨을 때는 이미 많은 시간이 흘렀으므로 따라오던 군중들은 흩어졌습니다. 예수님께서는 열두 제자와 함께 성전에 들어가셔서 성전의 모든 것을 둘러보셨습니다. 그리고 날이 저물자 열두 제자를 데리고 베다니로 나가셨습니다.

2. 열매 없는 무화과나무(11:12-14)

12. 이튿날 그들이 베다니에서 나왔을 때에 예수께서 시장하신지라
13. 멀리서 잎사귀 있는 한 무화과나무를 보시고 혹 그 나무에 무엇
이 있을까 하여 가셨더니 가서 보신즉 잎사귀 외에 아무 것도 없더라
이는 무화과의 때가 아님이라 14. 예수께서 나무에게 말씀하여 이르
시되 이제부터 영원토록 사람이 네게서 열매를 따 먹지 못하리라 하
시니 제자들이 이를 듣더라

12절 이튿날 그들이 베다니에서 나왔을 때에 예수께서 시장하신지라

이날은 예수님이 지상에서 보내신 마지막 주간인 고난 주간으로 유월절 나흘 전인 월요일이었습니다. 이날 예수님께서는 시장함을 느끼셨습니다. 이 점으로 보아 예수님께서 완전한 인성을 갖추신 하나님이심을 알 수 있습니다. 말씀이 육신이 되어 오신 예수님께서는 참하나님이셨지만 또한 참인간이셨기 때문에 시장함을 느끼셨던 것입니다.

13절 멀리서 잎사귀 있는 한 무화과나무를 보시고 혹 그 나무에 무엇이 있을까 하여 가셨더니 가서 보신즉 잎사귀 외에 아무 것도 없더라 이는 무화과의 때가 아님이라

예수님께서는 마침 길가에 심겨진 무화과나무를 보시고 가까이 다가

가셨습니다. 당시 길가에 심겨진 나무의 열매는 행인들이 따서 먹을 수 있도록 허락되어 있었습니다.

그런데 그 무화과나무에는 잎사귀만 무성하고 열매가 열려 있지 않았습니다. 무화과나무는 유월절, 즉 4월이면 잎이 나기 시작해서 6, 7월에 열매를 거둡니다. 그런데 이 무화과나무는 4월인데도 벌써 잎사귀가 무성하였습니다. 무화과나무는 잎이 무성하기 전에 열매를 맺습니다. 그래서 예수님께서는 잎사귀가 무성한 무화과나무를 보시고 혹 열매가 있을까 하여 다가가셨습니다. 그러나 열매는 없었습니다.

14절 예수께서 나무에게 말씀하여 이르시되 이제부터 영원토록 사람이 네게서 열매를 따 먹지 못하리라 하시니 제자들이 이를 듣더라

예수님께서는 잎사귀만 무성한 무화과나무를 향해 "이제부터 영원토록 사람이 네게서 열매를 따 먹지 못하리라"고 저주하셨습니다. 무화과나무가 잎이 무성할 때면 열매도 많이 열려 있어야 하는데 그 무화과나무는 잎사귀만 무성하고 열매가 없었기 때문에 예수님께서 저주하신 것입니다.

예수님께서 잎사귀만 무성한 무화과나무를 저주하신 데에는 깊은 의미가 있습니다. 잎만 무성한 무화과나무는 장엄한 의식과 형식과 제도만 있고 신앙의 열매가 없는 '이스라엘'을 가리킵니다. 예수님께서 잎만 무성한 무화과나무를 저주하신 것은, 한편으로는 신앙의 열매가 없는 이스라엘을 꾸짖으시면서 다른 한편으로는 제자들에게 온전한 믿음에 대한 교훈을 주시기 위함입니다.

그러므로 우리는 신앙의 열매, 즉 성령의 아홉 가지 열매와 인격적인 열매와 아울러 전도의 열매, 헌신과 봉사의 열매를 맺어야 합니다. 잎만 무성하고 열매가 없으면 하나님께로부터 버림받기 때문입니다.

3. 성전을 청결하게 하심(11:15-19)

15. 그들이 예루살렘에 들어가니라 예수께서 성전에 들어가사 성전 안에서 매매하는 자들을 내쫓으시며 돈 바꾸는 자들의 상과 비둘기 파는 자들의 의자를 둘러엎으시며 16. 아무나 물건을 가지고 성전 안으로 지나다님을 허락하지 아니하시고 17. 이에 가르쳐 이르시되 기록된바 내 집은 만민이 기도하는 집이라 칭함을 받으리라고 하지 아니하였느냐 너희는 강도의 소굴을 만들었도다 하시매 18. 대제사장들과 서기관들이 듣고 예수를 어떻게 죽일까 하고 꾀하니 이는 무리가 다 그의 교훈을 놀랍게 여기므로 그를 두려워함일러라 19. 그리고 날이 저물매 그들이 성 밖으로 나가더라

15절 그들이 예루살렘에 들어가니라 예수께서 성전에 들어가사 성전 안에서 매매하는 자들을 내쫓으시며 돈 바꾸는 자들의 상과 비둘기 파는 자들의 의자를 둘러엎으시며

예수님께서는 공생애의 초기에 성전을 깨끗이 하신 적이 있습니다. 그

럼에도 불구하고 성전은 계속해서 세속화되고 더러워졌습니다. 성전 안에서 제물을 사고팔고 환전함으로 성전은 시장과 다를 바가 없었습니다.

감람산은 원래 성전의 한 구역으로 인정되었고 그곳에는 4개의 시장이 있었는데 이는 성전 제사를 위한 것이었습니다. 그곳에서 순례자들은 성전 제사에 쓸 희생 제물을 살 수가 있었습니다. 이들 시장의 관할은 대제사장이 아닌 산헤드린에 소속되어 있었는데 탐욕스런 대제사장 가야바가 제물의 매매와 환전을 이방인의 뜰에서 할 수 있도록 허가해 줌으로써 이익을 챙겼습니다.

유대인 남자는 20세가 되면 1년에 한 번씩 반 세겔의 성전세를 이스라엘 화폐로 바쳐야 했습니다. 그러나 당시는 이스라엘의 화폐가 통용되지 아니하였으므로 이방인 지역에 살고 있는 유대인들은 그들이 갖고 있는 돈을 고대 히브리의 세겔과 가장 비슷한 두로의 화폐로 바꾸어야 했습니다. 그래서 성전 안에서 돈 바꾸는 일을 직업으로 하는 사람이 생겼으며 대제사장이 그들에게 환전에 관한 허가를 내주었습니다.

이처럼 제물이 매매되고 환전이 합법화되자 성전은 소란스럽기 짝이 없었습니다. 이 모습을 보신 예수님께서는 성전이 더러워지는 것을 더 이상 방관하실 수 없으셨으므로 성전을 청결하게 하시고자 모든 매매하는 자들을 내쫓으셨습니다.

16절 아무나 물건을 가지고 성전 안으로 지나다님을 허락하지 아니하시고

예수님께서는 성전의 신성을 무시하는 어떠한 행위도 용납하지 않으셨습니다.

유대인들에게는 일찍이 성전을 오를 때 지팡이, 전대, 신 등을 가지고 가지 못하게 하는 규례가 있었습니다. 이것은 하나님을 예배하는 성전의 신성을 지키기 위함이었습니다.

17절 **이에 가르쳐 이르시되 기록된바 내 집은 만민이 기도하는 집이라 칭함을 받으리라고 하지 아니하였느냐 너희는 강도의 소굴을 만들었도다 하시매**

예수님께서는 구약의 말씀을 인용하여 "내 집은 만민이 기도하는 집"(사 56:7)이라고 하셨습니다.

성전은 하나님의 임재를 상징하는 처소이며, 사람들이 하나님을 만나기 위해 기도하는 처소입니다. 이러한 성전이 물건을 매매하고 돈을 바꾸는 세속적인 시장이 되어 있었으므로 예수님께서 분노하신 것입니다.

유대인들이 스스로 성전을 영적으로 훼파해 버렸으므로 이미 그 성전은 하나님의 임재라는 거룩함을 상실했습니다. 그곳에 남은 것은 형식적으로 드리는 제사와 매년 절기마다 습관에 젖은 축제 분위기를 만끽하는 것뿐이었습니다.

예수님께서는 성전을 황폐하게 만든 유대인들을 향하여 무섭게 질책하심으로 그들에게 회개를 촉구하셨습니다.

18절 **대제사장들과 서기관들이 듣고 예수를 어떻게 죽일까 하고 꾀하니 이는 무리가 다 그의 교훈을 놀랍게 여기므로 그를 두려워함일러라**

군중들은 예수님의 말씀을 듣고 놀랍게 여기며 두려워했습니다. 이러한 모습을 본 대제사장들과 서기관들은 자신들의 신분에 위협을 느끼고 예수님을 죽이고자 공모하기 시작했습니다.

더구나 그들은 예수님께서 상인들이 성전에서 장사를 못하게 하심으로 인해 금전적으로 많은 손해를 보았습니다.

19절 그리고 날이 저물매 그들이 성 밖으로 나가더라

'날이 저물매' 는 '저녁때가 될 때마다' 라는 의미입니다. 본 절을 통해 예수님께서 고난 주간의 첫 삼 일 동안 예루살렘에 머물지 아니하셨음을 알 수 있습니다. 혹자는 예수님께서 이 기간을 베다니에 있는 마리아와 마르다의 집에 머무셨다고 추측하기도 하지만 성경은 이 기간 동안의 예수님의 거처에 대하여 밝히지 않고 있습니다.

성문 닫을 시간이 가까워 오고 모여든 군중은 뿔뿔이 흩어지자 예수님께서도 휴식을 취하시기 위해서 성 밖으로 나가셨습니다.

4. 마른 무화과나무(11:20-26)

20. 그들이 아침에 지나갈 때에 무화과나무가 뿌리째 마른 것을 보고 21. 베드로가 생각이 나서 여짜오되 랍비여 보소서 저주하신 무화과나무가 말랐나이다 22. 예수께서 그들에게 대답하여 이르시되 하나님을 믿으라 23. 내가 진실로 너희에게 이르노니 누구든지 이

산더러 들리어 바다에 던져지라 하며 그 말하는 것이 이루어질 줄 믿고 마음에 의심하지 아니하면 그대로 되리라 24. 그러므로 내가 너희에게 말하노니 무엇이든지 기도하고 구하는 것은 받은 줄로 믿으라 그리하면 너희에게 그대로 되리라 25. 서서 기도할 때에 아무에게나 혐의가 있거든 용서하라 그리하여야 하늘에 계신 너희 아버지께서도 너희 허물을 사하여 주시리라 하시니라 26. (없음)

20-21절 그들이 아침에 지나갈 때에 무화과나무가 뿌리째 마른 것을 보고 베드로가 생각이 나서 여짜오되 랍비여 보소서 저주하신 무화과나무가 말랐나이다

이날은 고난 주간의 셋째 날이 되는 화요일입니다. 예수님께서는 아침에 제자들과 함께 예루살렘으로 가셨습니다. 도중에 제자들은 무화과나무가 뿌리로부터 줄기 끝까지 말라 버린 것을 보았습니다. 베드로는 전날 예수님이 무화과나무를 저주하셨던 일을 떠올리고 놀라서 예수님께 그 사실을 말씀드렸습니다.

22절 예수께서 그들에게 대답하여 이르시되 하나님을 믿으라

예수님께서는 말씀대로 이루어진 것을 놀랍게 여기는 제자들에게 "하나님을 믿으라" 고 말씀하심으로 믿음에 대해 교훈하셨습니다.

'하나님을 믿으라' 는 헬라어로 '에케테 피스틴 데우' (*Ἔχετε πίστιν θεοῦ*)이며 '하나님의 믿음을 가지라' 는 뜻입니다. 우리가 하나님의 믿음을 가지려면 하나님의 말씀을 들어야 합니다. 성경은 "믿음은 들음에서 나며 들음은 그리스도의 말씀으로 말미암았느니라"(롬 10:17)고 말씀하

였습니다.

23절 내가 진실로 너희에게 이르노니 누구든지 이 산더러 들리어 바다에 던져지라 하며 그 말하는 것이 이루어질 줄 믿고 마음에 의심하지 아니하면 그대로 되리라

하나님의 말씀을 믿으면 그것을 입으로 시인해야 합니다. "믿음은 바라는 것들의 실상"(히 11:1)입니다. 그러므로 믿음이란 바라는 일들이 실제로 이루어지지 아니하고 지체될지라도 의심하지 아니하고 끝까지 바라고 믿는 것입니다. 믿고 시인한 다음은 의심하지 말아야 합니다. 의심이 들어오려고 하면 하나님께 감사드림으로 이를 물리쳐야 합니다.

24절 그러므로 내가 너희에게 말하노니 무엇이든지 기도하고 구하는 것은 받은 줄로 믿으라 그리하면 너희에게 그대로 되리라

'믿음' 은 하나님에 대한 절대적인 신뢰이며, '기도' 는 이 믿음을 구체적으로 표현하는 것입니다. 그러므로 믿음의 기도는 어떠한 불가능한 것도 가능하게 할 수 있습니다. 하나님의 약속의 말씀을 의지하여 기도하고, 구한 것을 받은 줄로 믿을 때 믿은 대로 이루어지는 역사가 일어나는 것입니다.

25-26절 서서 기도할 때에 아무에게나 혐의가 있거든 용서하라 그리하여야 하늘에 계신 너희 아버지께서도 너희 허물을 사하여 주시리라 하시니라 (없음)

본 절에서 예수님께서는 효과적인 기도에 대한 또 하나의 조건으로서

그리스도인의 대인 관계를 말씀해 주셨습니다.

기도를 통하여 하나님께 나아가는 것도 중요하지만 그 못지않게 이웃과 화목하는 것도 중요합니다. 우리가 이웃과 원수 되어 있으면서 하나님께 기도하면 그 기도는 응답받지 못합니다. 우리가 이웃을 용서함으로 이웃과 화목할 때 하나님께서 우리의 잘못을 용서해 주시며, 이를 통해 하나님과 우리 사이에 있는 죄악의 담이 허물어져야 기도가 응답되는 것입니다.

5. 하늘의 권세(11:27-33)

27. 그들이 다시 예루살렘에 들어가니라 예수께서 성전에서 거니실
때에 대제사장들과 서기관들과 장로들이 나아와 28. 이르되 무슨 권
위로 이런 일을 하느냐 누가 이런 일 할 권위를 주었느냐 29. 예수께
서 이르시되 나도 한 말을 너희에게 물으리니 대답하라 그리하면 나
도 무슨 권위로 이런 일을 하는지 이르리라 30. 요한의 침례가 하늘
로부터냐 사람으로부터냐 내게 대답하라 31. 그들이 서로 의논하여
이르되 만일 하늘로부터라 하면 어찌하여 그를 믿지 아니하였느냐
할 것이니 32. 그러면 사람으로부터라 할까 하였으나 모든 사람이
요한을 참선지자로 여기므로 그들이 백성을 두려워하는지라 33. 이
에 예수께 대답하여 이르되 우리가 알지 못하노라 하니 예수께서 이
르시되 나도 무슨 권위로 이런 일을 하는지 너희에게 이르지 아니하

리라 하시니라

27절 그들이 다시 예루살렘에 들어가니라 예수께서 성전에서 거니실 때에 대제사장들과 서기관들과 장로들이 나아와

세 번째로 성전을 방문하신 예수님께서는 성전의 경내를 거닐고 계셨습니다.

그때 산헤드린 공회원인 대제사장과 서기관들과 장로들이 예수님께 나왔습니다. 산헤드린은 주로 공적인 사건을 처리하는 유대교의 최고 의결 기관입니다. 그런 산헤드린을 대표하는 세 그룹의 사람들이 예수님께로 나왔다는 것은 전날 성전을 청결하게 하신 예수님의 행위가 그들에게는 매우 중대한 사건이었음을 말해 줍니다(15-17절).

28절 이르되 무슨 권위로 이런 일을 하느냐 누가 이런 일 할 권위를 주었느냐

대제사장들과 서기관들과 장로들이 예수님께 "무슨 권위로 이런 일을 하느냐 누가 이런 일 할 권위를 주었느냐"라고 물은 것은 자신들에게 그럴 만한 권리가 있다고 생각했기 때문입니다. 성전은 그들의 관할 아래 있었으므로 대제사장이 허용한 장사꾼들을 예수님께서 몰아내신 것은 그들의 권위에 도전하는 것이라고 여겼습니다.

그들이 예수님께 한 질문은 예수님이 가지신 권위의 성격과 예수님께 권위를 허용한 자에 대한 것이었습니다. 예수님께는 공인된 공적 지위가 없었기 때문에 산헤드린 공회원들은 예수님께서 하신 공적인 행위의 정당성에 대해서 질문한 것입니다.

만약 예수님께서 하나님의 권위로 했다고 하면 그들은 예수님을 신성모독죄로 죽일 것입니다. 또한 예수님께서 개인적인 권위를 주장한다면 자칭 메시아라고 하여 죽일 것입니다. 그렇다고 예수님께서 민중의 권위를 내세우시면 민중 혁명죄로 로마에 고발해서 정치적인 죄인으로도 죽일 수가 있었습니다.

그들의 질문에는 성전에 대한 권리를 소유한 사람은 산헤드린 공회원들이나 약속된 메시아뿐이라는 것이 포함되어 있습니다.

예수님께서는 이제까지 자신이 메시아이심을 공적으로 밝히지 않으셨습니다. 심지어 자신이 선지자이심도 밝히지 않으셨습니다.

29-30절 예수께서 이르시되 나도 한 말을 너희에게 물으리니 대답하라 그리하면 나도 무슨 권위로 이런 일을 하는지 이르리라 요한의 침례가 하늘로부터냐 사람으로부터냐 내게 대답하라

예수님께서는 질문의 의도를 간파하시고 그들이 먼저 예수님의 질문에 답하도록 하셨습니다. 이것은 랍비식 대화의 관례였습니다. 예수님께서는 이러한 대화법을 사용하시어 오히려 그들을 난처하게 만드셨습니다.

'요한의 침례' 는 침례 요한의 사역과 가르침을 말합니다. 침례 요한은 예수님을 메시아라고 증언하였습니다. 일찍이 제사장들과 레위인들은 침례 요한을 찾아가 그를 조사한 적이 있습니다(요 1:19-27). 그러므로 침례 요한이 하나님께로부터 보냄을 받았다면 예수님의 권위가 하나님께로부터 주어진 것은 말할 나위가 없습니다.

31-32절 그들이 서로 의논하여 이르되 만일 하늘로부터라 하면 어

찌하여 그를 믿지 아니하였느냐 할 것이니 그러면 사람으로부터라 할까 하였으나 모든 사람이 요한을 참선지자로 여기므로 그들이 백성을 두려워하는지라

대제사장들과 서기관들과 장로들은 예수님의 질문으로 진퇴양난에 빠졌습니다. 그들이 요한의 침례가 하나님께로부터 온 것이라고 말하면 이것은 예수님의 권세가 하나님께로부터 온 것임을 스스로 인정하는 것이 되고 맙니다. 그렇다고 요한의 침례가 사람에게서 온 것이라고 말하면 침례 요한을 참선지자로 믿고 있는 군중들이 그들을 비난할 것이 틀림없었습니다.

예수님의 질문으로 난처하게 된 대제사장들과 서기관들은 위기를 모면하기 위해 서로 의논하였습니다.

33절 이에 예수께 대답하여 이르되 우리가 알지 못하노라 하니 예수께서 이르시되 나도 무슨 권위로 이런 일을 하는지 너희에게 이르지 아니하리라 하시니라

그들은 "알지 못한다" 고 말함으로써 대답을 회피했습니다. 예수님께서도 그들의 질문에 대답하실 필요가 없어졌습니다. 그러므로 예수님께서는 "나도 무슨 권위로 이런 일을 하는지 너희에게 이르지 아니하리라" 고 말씀하심으로 대답을 거부하셨던 것입니다.

제 12 장

예루살렘에서의 예수님(2)

A COMMENTARY
ON THE GOSPEL OF
MARK

산헤드린 공회원과의 논쟁에서 승리하신 예수님께서는 악한 농부의 비유를 통하여 유대 지도자들을 책망하셨습니다. 이에 유대 지도자들은 여러 가지 어려운 질문을 함으로써 예수님을 곤경에 빠뜨리고자 했습니다. 그러나 예수님께서는 하나님께로부터 오는 지혜로 답변하셨을 뿐만 아니라 그들의 위선을 신랄하게 비판하심으로 회개를 촉구하셨습니다.

1. 포도원 주인과 악한 농부(12:1-12)

1. 예수께서 비유로 그들에게 말씀하시되 한 사람이 포도원을 만들
어 산울타리로 두르고 즙 짜는 틀을 만들고 망대를 지어서 농부들에
게 세로 주고 타국에 갔더니 2. 때가 이르매 농부들에게 포도원 소
출 얼마를 받으려고 한 종을 보내니 3. 그들이 종을 잡아 심히 때리
고 거저 보내었거늘 4. 다시 다른 종을 보내니 그의 머리에 상처를
내고 능욕하였거늘 5. 또 다른 종을 보내니 그들이 그를 죽이고 또
그 외 많은 종들도 더러는 때리고 더러는 죽인지라 6. 이제 한 사람
이 남았으니 곧 그가 사랑하는 아들이라 최후로 이를 보내며 이르되
내 아들은 존대하리라 하였더니 7. 그 농부들이 서로 말하되 이는
상속자니 자 죽이자 그러면 그 유산이 우리 것이 되리라 하고 8. 이
에 잡아 죽여 포도원 밖에 내던졌느니라 9. 포도원 주인이 어떻게
하겠느냐 와서 그 농부들을 진멸하고 포도원을 다른 사람들에게 주
리라 10. 너희가 성경에 건축자들이 버린 돌이 모퉁이의 머릿돌이
되었나니 11. 이것은 주로 말미암아 된 것이요 우리 눈에 놀랍도다
함을 읽어 보지도 못하였느냐 하시니라 12. 그들이 예수의 이 비유

가 자기들을 가리켜 말씀하심인 줄 알고 잡고자 하되 무리를 두려워 하여 예수를 두고 가니라

1절 예수께서 비유로 그들에게 말씀하시되 한 사람이 포도원을 만들어 산울타리로 두르고 즙 짜는 틀을 만들고 망대를 지어서 농부들에게 세로 주고 타국에 갔더니

예수님께서는 대제사장, 바리새인, 장로 등 유대의 지도자들에게 포도원 비유를 들어 말씀하셨습니다. 그 당시 유대의 요단 강 고지대 전역이나 갈릴리의 고지대 상당 부분이 외국인 지주들의 소유였습니다. 그러므로 땅을 맡기고 타국으로 간 주인과 소작인들의 관계를 비유로 든 것은 유대인 지도자들에게 현실성이 있는 비유였습니다.

여기서 '한 사람' 은 '하나님' 을, '포도원' 은 '이스라엘' 을, '농부들' 은 '유대의 지도자들' 을 의미합니다. 그러므로 "한 사람이 포도원을 만들어 산울타리로 두르고 즙 짜는 틀을 만들고 망대를 지어서 농부들에게 세로 주고 타국에 갔더니" 라는 말씀은 하나님께서 이스라엘을 세우시고 이스라엘 지도자에게 이스라엘을 맡기신 것을 말합니다.

2절 때가 이르매 농부들에게 포도원 소출 얼마를 받으려고 한 종을 보내니

"때가 이르렀다" 함은 결실을 거두는 때가 되었음을 말합니다. 이스라엘에서 포도는 대개 9월에 열매를 맺습니다. 주인은 계약에 의하여 소출에 대한 소작료를 받으려고 종을 포도원으로 보냈습니다.

본 절은 때가 이르매 하나님께서 하나님을 경외하며 의롭고 거룩하게 사는 이스라엘 백성들의 삶의 열매를 거두시기 위해서 '종', 즉 선지자들을 보내어 말씀을 전하도록 하셨다는 비유의 말씀입니다.

3절 그들이 종을 잡아 심히 때리고 거저 보내었거늘

그러나 그들은 하나님의 종을 심하게 때리고 거저 보냈습니다. '거저 보내었다'는 것은 그 종이 빈손으로 돌아와 파송시 받았던 사명을 성취하지 못했음을 의미합니다.

소작인들이 정당한 열매를 요구하는 주인의 종을 심히 때리고 거저 보낸 것은 유대 지도자들의 타락한 신앙 상태를 말해 주는 것입니다. 하나님께서 선지자들을 보내시어 유대의 지도자들에게 신앙의 열매를 요구하셨지만 그들은 주인 되시는 하나님께 신앙의 열매를 드리기는커녕 오히려 그 선지자들을 때리고 핍박하였습니다. 예수님께서는 이 사실을 비유로써 지적하셨던 것입니다.

4절 다시 다른 종을 보내니 그의 머리에 상처를 내고 능욕하였거늘

하나님께서 또 다른 종을 보내셨는데 이 종은 먼저 왔던 종보다 더욱 심하게 구타와 능욕을 당했습니다. '능욕'은 인격적인 모욕과 학대를 의미합니다.

위의 비유와 같이 하나님께서는 잘 설비된 포도원을 유대의 지도자들에게 맡기셨지만 그들은 하나님께서 열매를 거두기 위하여 보내신 선지자를 핍박하며 하나님께 열매 바치기를 거부했습니다.

그러나 하나님께서는 당장 그들을 질책하지 않으셨습니다. 오히려 그

들의 강퍅한 마음을 돌리시기 위하여 또 다른 선지자를 보내셔서 그들이 회개하고 하나님의 말씀에 순종하기를 기다리셨습니다. 그런데도 유대의 지도자들은 하나님의 사랑을 거부하고 점점 더 하나님께로부터 멀어지고 완악하여져서 하나님의 종을 더욱 심히 핍박하였습니다.

5절 또 다른 종을 보내니 그들이 그를 죽이고 또 그 외 많은 종들도 더러는 때리고 더러는 죽인지라

그럼에도 불구하고 포도원의 주인 되시는 하나님께서는 더 큰 인내와 관용을 베푸시어 또 다른 선지자들을 계속 보내셨습니다. 그러나 유대의 지도자들은 하나님의 사랑에 반비례하여 더더욱 악의 길로 치달았습니다. 그들은 하나님의 사자인 선지자들을 때리고 인격적으로 심하게 짓밟은 것은 물론 그들을 아예 죽이기까지 했습니다. 이제 이스라엘 전역은 선지자들의 피의 호소로 가득 차게 되었습니다(창 4:8-10; 계 6:10).

예수님께서는 본 절에서 "그 외 많은 종들도" 보내셨다고 말씀하심으로 이스라엘을 향하신 하나님의 지속적인 사랑을 말씀하셨습니다.

6절 이제 한 사람이 남았으니 곧 그가 사랑하는 아들이라 최후로 이를 보내며 이르되 내 아들은 존대하리라 하였더니

'한 사람'은 하나님의 아들 '예수 그리스도'를 일컫습니다. 포도원의 주인 되신 하나님께서 많은 종들을 보내셨음에도 불구하고 완악한 유대 지도자들이 이들을 모두 박해하자 최후로 사랑하는 아들을 보내셨습니다. 하나님께서는 유대 지도자들이 자신의 아들은 존대하리라고 기대하셨던 것입니다.

7절 그 농부들이 서로 말하되 이는 상속자니 자 죽이자 그러면 그 유산이 우리 것이 되리라 하고

그러나 하나님의 기대는 빗나가고 말았습니다. 농부들이 오히려 아들을 죽이고 그 재산까지 삼키려 했던 것입니다.

당시의 법 관습에 의하면 주인이 없는 재산에 대한 상속권이 일정 기간 동안 청구되지 아니하면 법적으로 누구나 소유권을 주장할 수가 있었습니다. 이때 우선순위는 가장 먼저 소유권을 주장한 자에게 돌아갔습니다. 그러므로 농부들은 상속자인 주인의 아들을 죽이면 포도원이 결국은 자신들의 소유가 될 것으로 생각하고 아들을 죽이려는 공모를 하였던 것입니다.

8절 이에 잡아 죽여 포도원 밖에 내던졌느니라

본 절은 예수님의 죽음을 의미합니다. 예수님께서 예루살렘 성 밖 갈보리에서 십자가에 달려 죽으실 것을 예언하신 것입니다.

유대의 지도자들은 하나님의 기대와 달리 예수님을 시기하여 죽였습니다. 그러나 하나님께서는 죄 없으신 예수님의 대속을 통하여 모든 인류의 죄를 다 용서해 주셨습니다. 그리하여 죄짓고 불의하고 추악하여 버림을 받아야 마땅함에도 불구하고 예수님을 구주로 믿는 사람은 누구든지 예수님의 보혈로 죄 사함을 받고 하나님 안에 거하게 되는 것입니다.

9절 포도원 주인이 어떻게 하겠느냐 와서 그 농부들을 진멸하고 포도원을 다른 사람들에게 주리라

이제까지의 주인의 모든 노력과 인내는 수포로 돌아갔습니다. 그래서 포도원의 주인이 직접 와서 사태를 해결할 수밖에 없게 되었습니다. 주인이 몸소 온다는 것은 악한 농부들의 파멸을 의미합니다. 포도원은 악한 농부에게서 다른 사람의 손에 넘겨질 것이고, 악한 농부들은 진멸을 당할 것입니다.

이 비유는 예수님께서 이스라엘 멸망을 예언하신 것입니다. 실제로 유대의 지도자들이 예수님을 십자가에 못 박아 죽이자 하나님께서 진노하셔서 주후 70년에 로마의 디도 장군에 의해 예루살렘이 함락되었습니다. 이로써 예수님의 예언이 이루어진 것입니다.

주인은 소출을 바치지 않는 농부에게서 포도원을 빼앗아 다른 사람에게 준다고 했습니다. 이것은 유대인들이 선민의 자격을 박탈당하고 대신 이방인들이 유대인들의 뒤를 이어 구원의 사역을 계속할 것을 말씀하신 것입니다.

10-12절 너희가 성경에 건축자들이 버린 돌이 모퉁이의 머릿돌이 되었나니 이것은 주로 말미암아 된 것이요 우리 눈에 놀랍도다 함을 읽어 보지도 못하였느냐 하시니라 그들이 예수의 이 비유가 자기들을 가리켜 말씀하심인 줄 알고 잡고자 하되 무리를 두려워하여 예수를 두고 가니라

본 절은 시편 118편 22절부터 23절을 인용한 것으로, 본래는 다윗이 많은 고난을 받지만 하나님의 도우심으로 왕이 된 사실을 말하는 것입니다. 예수님께서는 이 시편 말씀을 인용하여, 유대의 지도자들이 예수님을 십자가에 못 박아 죽이나 하나님께서 예수님을 모퉁잇돌이 되게 하심

으로 만민을 구원하는 구주가 되게 하실 것을 예언하셨습니다.

산헤드린 공회원들은 예수님께서 말씀하신 비유가 곧 자신들에 대한 것임을 알았습니다. 그럼에도 불구하고 회개하기는커녕 오히려 예수님을 잡으려고 했습니다. 그들이 예수님을 그냥 두고 간 것은 예수님을 따르는 무리들을 두려워했기 때문입니다.

예수님께서는 자신에 대한 비밀의 계시를 점차 드러내셨지만 오히려 사람들은 진리에 대한 깨달음 없이 더욱 심한 영적 맹인이 되어 가고 있었습니다.

2. 가이사의 것(12:13-17)

13. 그들이 예수의 말씀을 책잡으려 하여 바리새인과 헤롯당 중에서 사람을 보내매 14. 와서 이르되 선생님이여 우리가 아노니 당신은 참되시고 아무도 꺼리는 일이 없으시니 이는 사람을 외모로 보지 않고 오직 진리로써 하나님의 도를 가르치심이니이다 가이사에게 세금을 바치는 것이 옳으니이까 옳지 아니하니이까 15. 우리가 바치리이까 말리이까 한대 예수께서 그 외식함을 아시고 이르시되 어찌하여 나를 시험하느냐 데나리온 하나를 가져다가 내게 보이라 하시니
16. 가져왔거늘 예수께서 이르시되 이 형상과 이 글이 누구의 것이냐 이르되 가이사의 것이니이다 17. 이에 예수께서 이르시되 가이사의 것은 가이사에게, 하나님의 것은 하나님께 바치라 하시니 그들이

예수께 대하여 매우 놀랍게 여기더라

13절 그들이 예수의 말씀을 책잡으려 하여 바리새인과 헤롯당 중에서 사람을 보내매

'그들' 은 예수님께서 악한 포도원지기를 비유로 책망하실 때 무리를 두려워하여 자리를 피했던 '대제사장들과 서기관들' 을 말합니다. 그들은 예수님에게서 조그마한 허점이라도 발견하기 위하여 혈안이 되어 있었습니다.

대제사장과 서기관들은 예수님을 올무에 빠뜨리기 위해 바리새인과 헤롯당원 중에서 이론에 밝고 말을 잘하는 사람을 뽑아 예수님께로 보냈습니다. 본래 바리새인들은 로마가 유대를 통치하는 것에 절대 반대했던 사람들입니다. 반면에 헤롯당은 유대를 통치하는 헤롯 왕을 지지하였습니다. 평소 대립된 의견으로 서로 반목질시했던 바리새인들과 헤롯당이 이제는 예수님을 죽이기 위해 서로 손을 잡았던 것입니다. 산헤드린 지도자들에 의해 파송된 바리새인들과 헤롯 당원들은 예수님과 이전에 접촉한 바가 있어 예수님을 잘 아는 갈릴리 출신 사람들임이 분명합니다.

14절 와서 이르되 선생님이여 우리가 아노니 당신은 참되시고 아무도 꺼리는 일이 없으시니 이는 사람을 외모로 보지 않고 오직 진리로써 하나님의 도를 가르치심이니이다 가이사에게 세금을 바치는 것이 옳으니이까 옳지 아니하니이까

그들은 질문에 앞서 예수님께 온갖 찬사의 말을 늘어놓았습니다. 그 의도는 예수님께서 그들의 질문을 회피하지 않고 답하시도록 유도하기

위함이었습니다. 그런데 신기하게도 예수님에 대한 의도적인 미사여구(美辭麗句)였던 그들의 말 속에는 묘하게도 하나님과 예수님의 성품이 묘사되어 있습니다.

이들이 질문했던 로마 당국에 대한 세금의 납부는 당시 상당히 미묘한 감정의 대립을 불러 일으켰습니다. 바리새인들은 단호하게 세금 납부에 반대하였는데, 그것은 세금 납부 자체가 유대인에 대한 로마의 통치를 인정하는 것이 되기 때문입니다. 한편 헤롯당은 세금 납부에 대해 원칙적으로 지지하고 있었습니다.

15절 우리가 바치리이까 말리이까 한대 예수께서 그 외식함을 아시고 이르시되 어찌하여 나를 시험하느냐 데나리온 하나를 가져다가 내게 보이라 하시니

세금 납부에 대한 그들의 질문은 참으로 간교한 것이었습니다. 만약 예수님께서 세금 납부에 대해 긍정적으로 말씀하시면 유대인들의 신임을 잃게 됩니다. 당시 유대인들은 납세를 로마 당국에 대한 명백한 순종의 표시로 여겼기 때문입니다. 반대로 예수님께서 세금에 대한 반대 의견을 주장하신다면 로마 당국으로부터의 보복을 초래하게 됩니다. 바리새인들과 헤롯 당원들은 이런 사실을 알고 교묘한 질문으로써 예수님을 올무에 넣으려고 했습니다.

그러나 예수님께서는 그들의 위선적이고 간교한 마음을 잘 아셨습니다. 그래서 "어찌하여 나를 시험하느냐" 고 책망하시면서 그들에게 당시의 화폐를 가져와 보이라고 하셨습니다.

당시 유대 지방에서 세금 납부 수단으로 유일하게 사용된 화폐는 로마

은화인 데나리온이었습니다. 이 동전의 한쪽 면에는 당시의 황제인 디베료의 흉상과 함께 '디베료 가이사 아구스도, 신적인 아구스도의 아들' 이라는 글귀가 새겨져 있었습니다. 또 다른 한쪽 면에는 황제의 어머니 리비아의 초상이 새겨져 있었습니다. 이러한 동전의 형상은 황제 숭배 사상에서 비롯된 것이었습니다.

16절 가져왔거늘 예수께서 이르시되 이 형상과 이 글이 누구의 것이냐 이르되 가이사의 것이니이다

그들이 데나리온을 가져오자 예수님께서는 그 돈에 조각된 글과 황제의 흉상을 가리키시면서 누구의 것이냐고 물으셨습니다.

황제의 흉상과 그에 대한 찬사로 가득 차 있는 동전이 그들에게서 나왔다는 것은 그들이 이미 로마의 권력을 인정하며 세금을 납부하고 있음을 증거하는 것입니다.

17절 이에 예수께서 이르시되 가이사의 것은 가이사에게, 하나님의 것은 하나님께 바치라 하시니 그들이 예수께 대하여 매우 놀랍게 여기더라

'가이사의 것은 가이사에게' 라는 말은 가이사의 권력을 인정하는 것이며 따라서 세금을 납부해야 할 의무가 있음을 암시하는 것입니다.

예수님께서 "가이사의 것은 가이사에게 바치라." 고 말씀하신 것은 모든 세속 권력이 하나님의 통치 안에 있으므로 악한 정부까지도 하나님의 허락하에 존재함을 의미합니다. 즉, 세상의 권력 역시 하나님께로부터 나오며 인간은 하나님으로부터 그것을 위탁받았다는 것입니다. 그러므

로 이 땅에 살고 있는 사람들은 그 제도에 순복하여야 합니다. 그러나 분명한 사실은 가이사가 예배와 경배의 대상이 될 수 없다는 것입니다.

"가이사의 것은 가이사에게, 하나님의 것은 하나님께 바치라". 이 말씀은 세상의 의무를 다함과 동시에 하나님께 대한 의무도 다하라는 뜻입니다. 즉, 당시 만연하고 있던 '황제 숭배' 사상의 잘못을 지적하신 말씀입니다.

예수님의 대답을 들은 바리새인들과 헤롯당원들은 감히 상상할 수도 없는 예수님의 초월적인 지혜 앞에 놀랐습니다. 인간의 지혜를 초월하시는 예수님께서는 하나님으로부터 나와서 우리에게 지혜와 의로움과 거룩함과 구원함이 되시는 분이십니다(고전 1:30).

3. 부활의 날에 있을 일(12:18-27)

18. 부활이 없다 하는 사두개인들이 예수께 와서 물어 이르되 19. 선
생님이여 모세가 우리에게 써 주기를 어떤 사람의 형이 자식이 없이
아내를 두고 죽으면 그 동생이 그 아내를 취하여 형을 위하여 상속자
를 세울지니라 하였나이다 20. 칠 형제가 있었는데 맏이가 아내를
취하였다가 상속자가 없이 죽고 21. 둘째도 그 여자를 취하였다가
상속자가 없이 죽고 셋째도 그렇게 하여 22. 일곱이 다 상속자가 없
었고 최후에 여자도 죽었나이다 23. 일곱 사람이 다 그를 아내로 취

하였으니 부활 때 곧 그들이 살아날 때에 그중의 누구의 아내가 되리이까 24. 예수께서 이르시되 너희가 성경도 하나님의 능력도 알지 못하므로 오해함이 아니냐 25. 사람이 죽은 자 가운데서 살아날 때에는 장가도 아니 가고 시집도 아니 가고 하늘에 있는 천사들과 같으니라 26. 죽은 자가 살아난다는 것을 말할진대 너희가 모세의 책 중 가시나무 떨기에 관한 글에 하나님께서 모세에게 이르시되 나는 아브라함의 하나님이요 이삭의 하나님이요 야곱의 하나님이로라 하신 말씀을 읽어 보지 못하였느냐 27. 하나님은 죽은 자의 하나님이 아니요 산 자의 하나님이시라 너희가 크게 오해하였도다 하시니라

18절 부활이 없다 하는 사두개인들이 예수께 와서 물어 이르되

바리새인들이 헤롯당원들과 연합하여 예수님을 올무에 씌우려다가 실패하자 이번에는 사두개인들이 예수님께 접근하였습니다. 이들 사두개인은 사제 계층과 일반 귀족 계층에 속하였던 유대 3대 종파의 하나였습니다(행 5:17). 유대교의 대표적인 3대 종파는 바리새파, 사두개파, 엣세네파입니다. 바리새인은 주로 갈릴리와 유대 지역에서 종교적인 활동을 하였고, 사두개인은 예루살렘을 중심으로 정치적인 활동을 하였습니다.

사두개인들이 바리새인들과 특별히 구별되는 점은 영적 세계에 대한 태도에 있습니다. 사두개인들은 철저한 현세주의자들로 영이나 천사의 존재는 물론 부활을 부인하였습니다.

19절 선생님이여 모세가 우리에게 써 주기를 어떤 사람의 형이 자식이 없이 아내를 두고 죽으면 그 동생이 그 아내를 취하여 형을 위하여 상속자를 세울지니라 하였나이다

부활을 인정하지도 않는 사두개인들이 부활에 대하여 예수님께 질문한 목적은 분명하게 예수님을 대적하는 것이었습니다. 그러므로 '선생님이여' 라는 호칭은 형식적일 뿐, 예수님께 무엇을 배우려는 의도는 아니었습니다.

사두개인들이 질문한 내용은 신명기 25장 5절부터 10절까지의 말씀으로, 형이 아들이 없이 죽었을 때 동생이 그 형수를 취하여 자식을 낳아 형의 가문을 이어가는 수혼 제도를 말하는 것이었습니다.

이것은 과부를 제도적으로 보호하는 동시에 한 집안의 가문이 지속되도록 하기 위함입니다. 또한 출애굽한 이스라엘 백성이 가나안에 정착한 후 이방 민족과 피가 섞이지 않게 하기 위해 모세가 명했던 법이었습니다.

20-23절 칠 형제가 있었는데 맏이가 아내를 취하였다가 상속자가 없이 죽고 둘째도 그 여자를 취하였다가 상속자가 없이 죽고 셋째도 그렇게 하여 일곱이 다 상속자가 없었고 최후에 여자도 죽었나이다 일곱 사람이 다 그를 아내로 취하였으니 부활 때 곧 그들이 살아날 때에 그중의 누구의 아내가 되리이까

사두개인들이 칠 형제와 한 과부의 이야기를 들고 나온 것은 신명기 25장의 모세 규례가 충실히 지켜져 왔기 때문입니다. 그러나 부활 때 칠 형제 중 누가 그 여자의 남편이 될 것인가를 질문한 것은 부활의 교리를 조롱하기 위함이었습니다.

사두개인들은 모세가 수혼법을 명령한 이유가 부활을 믿지 않았기 때문이라고 생각하였습니다. 만일 모세가 부활을 믿었다면 부활 시에 정

확히 누구의 아내라고 칭함받기 어려운 수혼법을 제정하지 아니했을 것이라고 믿었던 것입니다.

24절 예수께서 이르시되 너희가 성경도 하나님의 능력도 알지 못하므로 오해함이 아니냐

예수님께서는 사두개인들이 성경과 하나님의 능력에 대하여 무지하기 때문에 부활에 대해서 오해하고 있다고 지적하셨습니다. 이러한 무지는 사제 계층에 속한 사두개인에게는 용인될 수 없는 것이었습니다.

하나님의 능력은 죽음의 권세를 깨뜨리고 생명의 선물을 허락하시는 데에 있습니다. 그러나 하나님의 능력을 인간의 논리에 국한시켜서 인간적으로 해석하려고 할 때 오해가 발생합니다. 성경은 하나님께서 인간에게 주신 말씀이므로 하나님에 대한 확실한 믿음과 신앙으로 이해하여야 됩니다. 사두개인들은 성경도 모르고 하나님의 능력도 모르는 상태에서 인간의 지혜로만 부활을 해석했기 때문에 예수님으로부터 성경과 하나님의 능력을 오해했다는 지적을 받은 것입니다.

25절 사람이 죽은 자 가운데서 살아날 때에는 장가도 아니 가고 시집도 아니 가고 하늘에 있는 천사들과 같으니라

여기서 '천사들과 같다'는 것은 육신의 죽음과 그에 수반되는 일련의 모든 결과로부터 구원받은 상태를 말합니다. 그러므로 거룩하고 자유로워진 부활의 몸은 남녀의 구분이 없이 모두가 다 그리스도의 형상을 닮은 하나님의 자녀일 뿐입니다.

사두개인들이 질문한 칠 형제와 과부 역시 부활 후에는 이미 차원이

다른 몸으로 변화받았으므로 누구의 아내도, 남편도 아닌 완전한 존재로 영원불멸의 생명을 지니고 살아갈 것입니다.

26절 죽은 자가 살아난다는 것을 말할진대 너희가 모세의 책 중 가시나무 떨기에 관한 글에 하나님께서 모세에게 이르시되 나는 아브라함의 하나님이요 이삭의 하나님이요 야곱의 하나님이로라 하신 말씀을 읽어 보지 못하였느냐

사두개인들은 그들이 유일하게 성경으로 인정하는 모세 오경에 등장하는 수혼 제도를 예로 들어 부활에 대하여 반박하려고 하였습니다. 모세 오경은 유대인들 모두가 하나님의 말씀으로서의 권위를 인정하는 책입니다. 이에 예수님께서는 그들이 인정하는 모세 오경 가운데 나타나 있는 부활의 모습을 설명하셨습니다.

일찍이 하나님께서는 호렙 산 떨기나무 가운데 불꽃으로 나타나셔서 모세를 부르셨습니다(출 3:1-6). 그때 하나님께서는 모세에게 자신을 아브라함과 이삭과 야곱의 하나님으로 계시하셨습니다. 이 말씀은 일차적으로 모세에게 주어졌으나 그 말씀이 담고 있는 하나님에 대한 계시는 모든 세대에게 주어진 것입니다.

아브라함과 이삭과 야곱은 이미 오래 전에 세상을 떠난 이스라엘의 조상들입니다. 그런데 하나님께서는 마치 그들이 현재 살아 있는 것처럼 말씀하셨습니다. 이것은 그 족장들이 죽어 완전히 무로 돌아간 것이 아니라 바로 그 순간에도 살아 있는 존재임을 의미하는 것입니다.

그러므로 예수님께서는 사두개인들이 그 권위를 인정하는 모세 오경에도 그들의 조상들이 부활의 영광에 참여하고 있음이 분명하게 나타나

있다고 강조하셨습니다.

27절 하나님은 죽은 자의 하나님이 아니요 산 자의 하나님이시라 너희가 크게 오해하였도다 하시니라

하나님께서는 죽은 자의 하나님이 아니라 살아 있는 자의 하나님이십니다.

죽음은 세상과 불신자들에게만 영향력을 행사할 수 있습니다. 그러므로 죽음이 결코 하나님의 자녀 된 성도와 하나님과의 관계를 끊을 수가 없습니다. 물론 사람이 죽으면 육신은 흙으로 돌아가게 됩니다. 그러나 영혼은 천국에 들어가 하나님과 영원히 살게 됩니다. 죽음이 아닌 영생에 속하게 되는 것입니다.

예수님께서는 사두개인들이 자신들의 오해를 시인하고 바른 신앙 가운데로 들어오기를 원하셨습니다.

4. 사랑의 계명(12:28-34)

28. 서기관 중 한 사람이 그들이 변론하는 것을 듣고 예수께서 잘 대답하신 줄을 알고 나아와 묻되 모든 계명 중에 첫째가 무엇이니이까
29. 예수께서 대답하시되 첫째는 이것이니 이스라엘아 들으라 주 곧 우리 하나님은 유일한 주시라 30. 네 마음을 다하고 목숨을 다하고

뜻을 다하고 힘을 다하여 주 너의 하나님을 사랑하라 하신 것이요
31. 둘째는 이것이니 네 이웃을 네 자신과 같이 사랑하라 하신 것이
라 이보다 더 큰 계명이 없느니라 32. 서기관이 이르되 선생님이여
옳소이다 하나님은 한 분이시요 그 외에 다른 이가 없다 하신 말씀이
참이니이다 33. 또 마음을 다하고 지혜를 다하고 힘을 다하여 하나
님을 사랑하는 것과 또 이웃을 자기 자신과 같이 사랑하는 것이 전체
로 드리는 모든 번제물과 기타 제물보다 나으니이다 34. 예수께서
그가 지혜 있게 대답함을 보시고 이르시되 네가 하나님의 나라에서
멀지 않도다 하시니 그 후에 감히 묻는 자가 없더라

28절 서기관 중 한 사람이 그들이 변론하는 것을 듣고 예수께서 잘 대답하신 줄을 알고 나아와 묻되 모든 계명 중에 첫째가 무엇이니이까

서기관 중 한 사람이 부활에 대한 예수님과 사두개인들 간의 변론을 듣고 예수님께 율법을 해석하는 탁월한 권위가 있음을 보았습니다. 그래서 그는 사두개인들이 떠나자 예수님께 율법에 대하여 질문하였습니다. 신약 시대의 서기관은 율법 학자였습니다. 그는 자신이 율법에 정통한 율법 학자임에도 불구하고 그 율법에 대하여 예수님의 교훈을 배우고자 하는 진지한 마음으로 질문한 것입니다. 이제까지 예수님께 접근했던 바리새인이나 사두개인들과는 달리 그에게는 예수님에 대한 적대심이 없었습니다.

그 당시 유대인들에게는 십계명을 중심으로 해서 248개 항에 달하는 규례와 365개 항의 금지령이 있었습니다. 서기관은 그중에서 우선순위를 두어야 할 최고의 계명이 무엇인지 예수님께 여쭈었습니다.

29절 예수께서 대답하시되 첫째는 이것이니 이스라엘아 들으라 주 곧 우리 하나님은 유일한 주시라

예수님께서는 서기관의 질문에 쉐마의 첫 부분인 신명기 6장 4절의 말씀으로 답하셨습니다. '쉐마'는 '들으라'는 히브리어로 유대인들이 지켜야 할 생활 신조의 맨 처음에 등장하는 단어입니다. 그래서 '쉐마'라 하면 그 뒤에 이어지는 하나님의 명령을 자연스럽게 떠올려 이 단어가 유대인들의 생활 신조를 대표하게 된 것입니다. 유대인들은 '쉐마'(신 6:4-9)를 아침저녁으로 암송하고 또한 그 말씀을 양피지에 기록하여 작은 상자에 넣어서 이마나 손목에 붙이고 다녔습니다.

쉐마는 유대인들의 신앙 고백이요, 쉐마의 말씀대로 살아가는 것이 그들의 의무입니다. 그러므로 예수님께서는 모든 계명의 첫째가 "우리 하나님은 유일한 주시라"고 하심으로써 우리가 섬기고 경배할 분은 오직 하나님 한 분이심을 말씀하셨습니다.

30절 네 마음을 다하고 목숨을 다하고 뜻을 다하고 힘을 다하여 주 너의 하나님을 사랑하라 하신 것이요

우리의 모든 것을 다하여 온전히 사랑하여야 할 분은 오직 하나님뿐이십니다. 왜냐하면 우리의 전 인격 자체가 하나님의 무조건적인 사랑의 대상이기 때문입니다. 그러므로 하나님께서 선민인 이스라엘 백성에게 마음과 목숨과 뜻과 힘을 다하여 하나님을 사랑하라고 명령하신 것은, 곧 그들이 하나님의 은혜와 사랑을 받고 있다는 증거입니다.

마음을 다하고 목숨을 다하고 뜻을 다하고 힘을 다하여 하나님을 사랑하는 것은 하나님의 영광을 위하여 하나님을 찾고 따르며 하나님 안에서

즐거움을 누리는 것을 의미 합니다.

31절 둘째는 이것이니 네 이웃을 네 자신과 같이 사랑하라 하신 것이라 이보다 더 큰 계명이 없느니라

하나님께서 인간에게 주신 율법을 요약하면 '하나님을 사랑하고 이웃을 네 몸같이 사랑하라' 는 것입니다. 첫 번째는 하나님에 관한 계명이고, 두 번째는 사람에 대한 계명입니다. 하나님을 사랑하면 하나님 안에 있는 자로서 하나님께 헌신하게 되고 그 마음이 이웃 사랑으로 나타납니다. 이로써 율법이 완성되는 것입니다.

32절 서기관이 이르되 선생님이여 옳소이다 하나님은 한 분이시요 그 외에 다른 이가 없다 하신 말씀이 참이니이다

서기관의 출현은 마가복음에만 기록된 독특한 사건입니다(32-34절). 이제까지의 바리새인이나 사두개인이나 헤롯당원과는 달리 이 서기관은 예수님의 진리의 말씀을 적극 지지하고 나섰습니다.

이때 서기관은 예수님의 가르침에 깊은 감명을 받았음이 틀림없습니다. 그러므로 예수님께 "선생님이여 옳소이다" 라는 고무적인 표현을 하게 된 것입니다. 그것은 곧 예수님께서 진리에 대하여 하신 말씀에 잘못된 점이 하나도 없음을 인정하는 표시입니다.

그는 신명기 4장 34절의 말씀을 인용하여 자신의 입으로 예수님의 말씀을 다시 한번 반복하고 있습니다. 그것은 예수님의 말씀이 그가 평소 율법에 대하여 생각하던 것과 일치하였기 때문입니다.

33절 또 마음을 다하고 지혜를 다하고 힘을 다하여 하나님을 사랑하

는 것과 또 이웃을 자기 자신과 같이 사랑하는 것이 전체로 드리는 모든 번제물과 기타 제물보다 나으니이다

서기관은 예수님께서 하신 말씀을 준행하고자 하는 열망으로 사랑에 대한 두 계명을 반복하였습니다. 비록 그의 표현이 예수님과 조금 다를지라도 그 뜻은 일치합니다.

당시의 유대교 지도자들은 하나님에 대한 사랑 못지않게 율법과 희생 제사를 중요시했습니다. 그러나 시간이 흐를수록 하나님에 대한 사랑은 식어지고 의식적이고 형식적인 희생 제사만으로 모든 것을 대신하려고 하였습니다.

그런데 이 서기관은 사무엘상 15장 22절을 인용하여 순종, 곧 하나님에 대한 사랑과 이웃에 대한 사랑이 모든 번제물과 기타 제물보다 낫다는 신앙 고백을 하였습니다.

34절 예수께서 그가 지혜 있게 대답함을 보시고 이르시되 네가 하나님의 나라에서 멀지 않도다 하시니 그 후에 감히 묻는 자가 없더라

서기관은 종교적이고 형식적인 의무보다는 예수님께서 말씀하신 사랑의 중요성을 시인했습니다. 그는 천국을 소유할 수 있는 근본적인 원리의 개념을 파악한 것입니다. 이에 예수님께서는 그 서기관이 생각이 깊고 지혜로우며 신앙이 올바른 것을 보시고 "네가 하나님의 나라에서 멀지 않도다"라고 말씀하셨습니다. 하늘나라는 어떤 행위나 종교적 의식에 의해서가 아니라 바로 신앙에 의해서 그 소유가 결정되기 때문입니다.

예수님께서는 성전을 청결하게 하신 이래로 자신에게 계속 도전하였던 모든 대적자들을 완벽하게 물리치셨습니다. 그러자 이제는 어느 누구

도 감히 예수님께 나아와 도전하는 자가 없습니다. 예수님께서는 얼마 남지 않은 지상 사역 기간 동안 외부의 방해 없이 성전에서 무리들을 가르치실 수 있게 되었습니다.

5. 다윗의 자손(12:35-37)

35. 예수께서 성전에서 가르치실새 대답하여 이르시되 어찌하여 서
기관들이 그리스도를 다윗의 자손이라 하느냐 36. 다윗이 성령에
감동되어 친히 말하되 주께서 내 주께 이르시되 내가 네 원수를 네
발 아래에 둘 때까지 내 우편에 앉았으라 하셨도다 하였느니라 37.
다윗이 그리스도를 주라 하였은즉 어찌 그의 자손이 되겠느냐 하시
니 많은 사람들이 즐겁게 듣더라

35절 예수께서 성전에서 가르치실새 대답하여 이르시되 어찌하여 서기관들이 그리스도를 다윗의 자손이라 하느냐

예수님께서는 성전에서 많은 사람들을 가르치시는 중에 그들의 질문에 답하시면서 서기관들의 그릇된 신앙을 지적하셨습니다. 그것은 다윗의 자손에 관한 것이었습니다. 메시아가 다윗의 자손으로 오신다는 사상은 서기관뿐만 아니라 유대인들의 일반적인 생각이었습니다. 그러므

로 예수님께서 예루살렘에 입성하실 때에 모여든 군중들이 '다윗의 나라' 의 도래를 찬양하였던 것입니다(11:10). 이러한 사상은 구약의 예언서에 근거하고 있습니다(사 9:2-7; 11:1-9; 렘 23:5-8; 30:9; 33:15,17,22; 겔 34:23; 37:24; 호 3:5; 암 9:11).

이제 예수님께서는 다윗의 후손으로 오시는 메시아에 대한 정확한 의미를 제시하고자 하셨습니다. 곧, 예수님 자신이 혈통으로는 다윗의 자손이나, 영으로는 하나님이심을 설명하기 위한 것입니다. 그래서 예수님께서 사람들에게 "어찌하여 서기관들이 그리스도를 다윗의 자손이라 하느냐" 라고 물으셨습니다.

36절 다윗이 성령에 감동되어 친히 말하되 주께서 내 주께 이르시되 내가 네 원수를 네 발 아래에 둘 때까지 내 우편에 앉았으라 하셨도다 하였느니라

본 절은 예수님께서 시편 110편 1절을 인용하여 말씀하신 것입니다.

시편 110편은 전통적으로 메시아 시편으로 알려져 있습니다. 성령에 감동하여 영감을 받은 다윗은 이 시편에서 하나님의 약속이 자신에게 주어진 것이 아니라 그리스도에게 주어진 것임을 분명히 밝혔습니다.

처음의 '주' 는 '하나님' 을 의미하고, 두 번째의 '주' 는 '예수 그리스도' 를 가리키는 말입니다.

37절 다윗이 그리스도를 주라 하였은즉 어찌 그의 자손이 되겠느냐 하시니 많은 사람들이 즐겁게 듣더라

다윗은 하나님의 약속을 받은 자가 메시아이기 때문에 그리스도를 다

윗 자신보다 훨씬 더 크고 위대한 분으로 보았습니다. 이에 다윗이 시편 110편 1절에서 그리스도를 향하여 '주' 라고 불렀으므로 그리스도는 다윗의 자손이 될 수 없는 것입니다.

요셉과 마리아의 아들로 오신 예수 그리스도는 인간의 혈통으로는 분명히 다윗의 자손입니다. 그러나 그리스도의 본체는 창세전에 존재하신 하나님이십니다(요 1:1).

여기서 예수님의 말씀을 즐겁게 듣던 많은 사람들은 예수님을 대적하던 종교 지도자들이 아니라 예수님을 흠모하던 백성들이었습니다.

6. 서기관들에 대한 경고(12:38-40)

38. 예수께서 가르치실 때에 이르시되 긴 옷을 입고 다니는 것과 시장에서 문안받는 것과 39. 회당의 높은 자리와 잔치의 윗자리를 원하는 서기관들을 삼가라 40. 그들은 과부의 가산을 삼키며 외식으로 길게 기도하는 자니 그 받는 판결이 더욱 중하리라 하시니라

38절 예수께서 가르치실 때에 이르시되 긴 옷을 입고 다니는 것과 시장에서 문안받는 것과

예수님께서는 외식적인 종교 지도자들을 경계하셨습니다. 서기관들은 종교적으로, 사회적으로 백성들의 존경을 받았고 또한 대우받기를 항

상 즐겼습니다. 서기관들은 세마포로 된 통옷을 입었는데 이는 땅에까지 닿는 백색의 긴 두루마리 형태의 옷이었습니다. 그 옷 끝에는 술이 달려 있어서 일반 백성들의 옷과 구별되었습니다. 이 옷은 본래 백성들을 인도하는 지도자로서의 경건함과 하나님 앞에서의 겸손을 상징하였습니다.

그러므로 그들이 그 옷을 입고 거리를 지날 때면 백성들로부터 존경을 받았습니다. 서기관들이 길거리를 지날 때 사람들은 존경의 표시로써 하던 일도 멈추고 자리에서 일어설 정도였습니다.

그러나 백성들의 존경을 한 몸에 받는 서기관들의 속사람은 타락할 대로 타락하였습니다. 따라서 경건을 상징하던 구별된 옷은 백성을 섬긴다는 본래의 뜻을 저버리고 큰길에서나 시장터 등 사람이 많이 모이는 곳에서 백성들 앞에 군림하는 옷으로 전락해 버렸습니다.

39절 회당의 높은 자리와 잔치의 윗자리를 원하는 서기관들을 삼가라

'회당의 높은 자리' 는 하나님의 말씀인 '토라(모세 오경)' 를 넣어 두는 궤 앞에 위치해 있었습니다. 그곳은 관리나 구별된 사람을 위해 마련된, 회중 전체를 바라보기 가장 좋은 자리입니다. '잔치의 윗자리' 도 잔치석의 최고 좋은 자리로서 제일 안쪽 중심에서 오른쪽 끝 부분이었습니다.

서기관들은 자신들이 높은 자리와 윗자리에 앉아 사람들로부터 최대의 찬사와 존경을 받는 것이 마땅하다고 생각하였습니다. 교만과 자기도취에 빠져 있었던 것입니다.

이에 예수님께서는 외식과 교만과 위선으로 가득한 서기관들을 멀리하라고 말씀하셨습니다. 그들은 경건의 모양은 있으나 경건의 능력은 상실한 자들이었습니다.

40절 그들은 과부의 가산을 삼키며 외식으로 길게 기도하는 자니 그 받는 판결이 더욱 중하리라 하시니라

서기관들은 순결과 경건과 겸손을 상징하는 희고 긴 겉옷과 이마와 소매에 매단 율법의 말씀으로 치장하고 있으나 그 속은 탐욕과 위선으로 가득하였습니다. 심지어 그들은 율법을 따라 돌보고 보호하여야 할 소외된 계층인 과부의 재물까지 양심의 가책 없이 빼앗는 파렴치한 행동을 하였습니다.

더욱 가증스러운 것은 그들이 이러한 탐욕과 위선을 감추기 위하여 외식으로 길게 기도한 것입니다. 서기관들이 기도를 길게 함으로써 사람들 앞에서 경건을 위장하였기 때문에 재산을 빼앗긴 과부조차도 서기관들의 탐욕을 눈치 채지 못했습니다.

그러나 예수님의 눈은 속일 수 없습니다. 하나님의 이름을 망령되이 부르며, 하나님을 빙자하여 가난한 자를 수탈하고 외식하는 자들은 결국 하나님의 무서운 진노의 심판을 받게 됩니다.

7. 가난한 과부의 헌금(12:41-44)

41. 예수께서 헌금함을 대하여 앉으사 무리가 어떻게 헌금함에 돈 넣는가를 보실새 여러 부자는 많이 넣는데 42. 한 가난한 과부는 와서

두 렙돈 곧 한 고드란트를 넣는지라 43. 예수께서 제자들을 불러다 가 이르시되 내가 진실로 너희에게 이르노니 이 가난한 과부는 헌금 함에 넣는 모든 사람보다 많이 넣었도다 44. 그들은 다 그 풍족한 중 에서 넣었거니와 이 과부는 그 가난한 중에서 자기의 모든 소유 곧 생 활비 전부를 넣었느니라 하시니라

41-42절 예수께서 헌금함을 대하여 앉으사 무리가 어떻게 헌금함에 돈 넣는가를 보실새 여러 부자는 많이 넣는데 한 가난한 과부는 와서 두 렙돈 곧 한 고드란트를 넣는지라

예수님께서는 이방인의 뜰에서의 가르침을 마치시고 이제 유대인들만 출입할 수 있는 '여인의 뜰' 에 오셨습니다. 여인의 뜰에 들어오신 예수님께서는 헌금함 맞은편에 앉으셨습니다. 당시 헤롯 성전에는 여인의 뜰의 벽을 따라 적당한 간격을 두고 13개의 헌금함이 놓여 있었는데 그 중에 4개는 빈민 구제용이었습니다.

예수님께서는 유대인들이 헌금하는 모습을 지켜보셨습니다. 이때 부자들이 많이 와서 많은 돈을 헌금하였습니다. 특별히 이 시기는 유월절 무렵이라 많은 사람들이 성전으로 몰려왔습니다. 그중 한 가난한 과부는 두 렙돈을 헌금하였습니다. 여기서 말하는 가난한 과부는 보통 가난한 자가 아니라 보호를 받아야 할 극빈자를 말합니다.

'렙돈' 은 그 당시 팔레스타인에서 통용된 가장 적은 화폐 단위로써 노동자의 하루 품삯인 한 데나리온의 128분의 1에 해당합니다. 그리고 두 렙돈에 해당하는 고드란트는 로마의 가장 소액의 화폐 단위입니다.

이를 통해서 볼 때 당시 헌금은 은밀하게 드려진 것이 아니라 어느 정

도는 공개적이었음을 알 수가 있습니다.

43절 예수께서 제자들을 불러다가 이르시되 내가 진실로 너희에게 이르노니 이 가난한 과부는 헌금함에 넣는 모든 사람보다 많이 넣었도다

예수님께서는 한 가난한 과부의 헌금을 통하여 제자들에게 헌금 자세에 대해서 가르치고자 하셨습니다. "내가 진실로 너희에게 이르노니"라는 말씀은 예수님께서 사건의 중요성을 부각시키시는 말씀입니다. 과부는 비록 적은 액수였지만 마음을 다하여 헌금함으로써 하나님께 대한 전적인 헌신을 보여 주었습니다. 이에 예수님께서는 부자들보다 과부가 훨씬 더 헌금을 많이 하였다고 말씀하셨던 것입니다.

하나님께서는 사람을 외모로 취하지 않으시고 그 중심을 보십니다. 그러므로 하나님께서는 가난한 과부의 두 렙돈과 같이 정성을 다한 헌물을 기뻐 받으십니다.

44절 그들은 다 그 풍족한 중에서 넣었거니와 이 과부는 그 가난한 중에서 자기의 모든 소유 곧 생활비 전부를 넣었느니라 하시니라

부자들이 풍족한 가운데서 많은 헌금을 드린 데 비하여 과부는 가난한 가운데서 자신이 가진 것을 모두 바쳤습니다. 그에게는 하나님께 대한 헌신과 감사의 마음이 있었기에 이렇게 정성껏 헌물을 바칠 수 있었습니다. 예수님께서는 이러한 과부의 행위를 높이 평가하셨습니다.

우리가 헌금을 드릴 때에 하나님께서는 우리의 정성과 진실성을 보십니다. 그러므로 과부의 경우처럼 우리도 아낌없이 하나님께 헌신하여야

할 것입니다.

하나님께서는 우리가 믿음의 씨앗을 심기 원하십니다. 심지도 않고 거두려는 것은 탐욕입니다. 성경은 "주라 그리하면 너희에게 줄 것이니 곧 후히 되어 누르고 흔들어 넘치도록 하여 너희에게 안겨 주리라"(눅 6:38)고 말씀하였습니다. 심고 거두는 것은 하나님의 법칙입니다. 이러므로 우리가 믿음의 씨앗을 심고 기대하면 하나님께서 30배, 60배, 100배로 거두게 해 주십니다.

제 13 장

예루살렘에서의 예수님(3)

A COMMENTARY
ON THE GOSPEL OF
MARK

이제 예수님께서는 성전을 떠나 감람산으로 향하셨습니다. 성전에서 나오신 예수님께서는 성전이 완전히 파괴될 것을 말씀하셨습니다. 그리고 감람산에 오르시어 제자들에게 말세의 징조를 가르쳐 주셨습니다.

말세에는 적그리스도가 나타나서 많은 사람들을 미혹하게 하고, 곳곳에서 전쟁과 천재지변이 일어나며, 그리스도인들이 극심한 박해를 당하게 됩니다. 날이 갈수록 세상은 환난의 도가니가 되어 가고, 해와 달과 별들마저 그 빛을 잃게 될 것입니다. 그리고 이러한 때 예수님께서 구름을 타고 큰 권능과 영광으로 재림하실 것입니다.

그러므로 예수님께서는 오직 성부 하나님만이 알고 계신 이 재림의 날을 대비하여 항상 근신하여 깨어 있으라고 경고하셨습니다.

1. 성전의 몰락을 예언하심(13:1-2)

1. 예수께서 성전에서 나가실 때에 제자 중 하나가 이르되 선생님이여 보소서 이 돌들이 어떠하며 이 건물들이 어떠하니이까 2. 예수께서 이르시되 네가 이 큰 건물들을 보느냐 돌 하나도 돌 위에 남지 않고 다 무너뜨려지리라 하시니라

1절 예수께서 성전에서 나가실 때에 제자 중 하나가 이르되 선생님이여 보소서 이 돌들이 어떠하며 이 건물들이 어떠하니이까

예수님께서는 예루살렘 성전을 정화하시고 그곳에서 대제사장들과 서기관들과 장로들과 더불어 논쟁하시고 여러 가지 교훈을 주신 후 성전을 떠나셨습니다. 그런데 그때 한 제자가 예루살렘 성전의 웅장함에 감탄하여 예수님께 질문하였습니다.

당시 예루살렘에 있던 성전은 헤롯 왕에 의해 세워진 세 번째 성전이

었습니다. 제일 처음에 세워졌던 솔로몬의 성전은 바벨론의 침략을 받아 완전히 파괴되었고(대하 36:18-19), 그 후 바벨론의 포로로 있다가 귀환한 자들이 스룹바벨과 느헤미야를 주축으로 하여 재건한 제2성전인 스룹바벨 성전은 규모가 작고 보잘것없었습니다(스 3:12). 그런데 헤롯 왕이 유대 민족의 환심을 사기 위해서 제3성전인 헤롯 성전을 아주 장대하게 세운 것입니다. 장대하고 화려한 성전의 외형에 압도당한 제자는 예수님께서 성전을 보고 느끼신 소감을 듣고 싶었습니다. 그래서 "선생님이여 보소서 이 돌들이 어떠하며 이 건물들이 어떠하나이까"라고 여쭈어 본 것입니다.

2절 예수께서 이르시되 네가 이 큰 건물들을 보느냐 돌 하나도 돌 위에 남지 않고 다 무너뜨려지리라 하시니라

예수님께 성전에 대하여 질문한 제자는 예수님께서도 자기와 마찬가지로 성전의 아름다움과 웅장함에 감탄하실 것이라고 생각했습니다. 그러나 예수님께서는 헤롯 성전이 비록 지금은 장대하고 화려하지만 결국에는 "돌 하나도 돌 위에 남지 않고 다 무너뜨려지리라"고 말씀하셨습니다. 성전의 비극적인 종말에 대한 예수님의 이 예언은 훗날 로마의 디도 장군이 예루살렘을 침공함으로써 성취되었습니다.

이스라엘이 로마에서 독립하기 위하여 로마를 반역하여 봉기하자 로마의 장군 디도는 주후 70년에 예루살렘을 포위하고 공격하였습니다. 디도 장군이 이끄는 군대는 예루살렘을 함락시킨 후 성전에 불을 질렀습니다. 그리하여 유대인들의 자랑거리였던 성전은 잿더미가 되고 말았습니다. 이때 불의 뜨거운 열기로 인하여 성전 안에 있던 많은 금 기구들이 다

녹아서 돌 사이로 흘러 들어갔습니다. 이를 안 로마 군인들은 그 금을 찾기 위하여 돌 하나도 돌 위에 남아 있지 않을 정도로 불탄 성전을 철저히 헐었습니다. 이로써 예수님께서 성전에 대하여 예언하신 것이 완전히 이루어진 것입니다.

2. 말세의 징조(13:3-13)

3. 예수께서 감람산에서 성전을 마주 대하여 앉으셨을 때에 베드로
와 야고보와 요한과 안드레가 조용히 묻되 4. 우리에게 이르소서 어
느 때에 이런 일이 있겠사오며 이 모든 일이 이루어지려 할 때에 무슨
징조가 있사오리이까 5. 예수께서 이르시되 너희가 사람의 미혹을
받지 않도록 주의하라 6. 많은 사람이 내 이름으로 와서 이르되 내가
그라 하여 많은 사람을 미혹하리라 7. 난리와 난리의 소문을 들을 때
에 두려워하지 말라 이런 일이 있어야 하되 아직 끝은 아니니라 8.
민족이 민족을, 나라가 나라를 대적하여 일어나겠고 곳곳에 지진이
있으며 기근이 있으리니 이는 재난의 시작이니라 9. 너희는 스스로
조심하라 사람들이 너희를 공회에 넘겨주겠고 너희를 회당에서 매질
하겠으며 나로 말미암아 너희가 권력자들과 임금들 앞에 서리니 이
는 그들에게 증거가 되려 함이라 10. 또 복음이 먼저 만국에 전파되
어야 할 것이니라 11. 사람들이 너희를 끌어다가 넘겨줄 때에 무슨
말을 할까 미리 염려하지 말고 무엇이든지 그때에 너희에게 주시는
그 말을 하라 말하는 이는 너희가 아니요 성령이시니라 12. 형제가

형제를, 아버지가 자식을 죽는 데에 내주며 자식들이 부모를 대적하여 죽게 하리라 13. 또 너희가 내 이름으로 말미암아 모든 사람에게 미움을 받을 것이나 끝까지 견디는 자는 구원을 받으리라

3-4절 예수께서 감람산에서 성전을 마주 대하여 앉으셨을 때에 베드로와 야고보와 요한과 안드레가 조용히 묻되 우리에게 이르소서 어느 때에 이런 일이 있겠사오며 이 모든 일이 이루어지려 할 때에 무슨 징조가 있사오리이까

예수님께서는 베드로와 야고보와 요한과 안드레를 데리고 감람산에 오르셨습니다. '감람산' 은 예루살렘 성 동쪽 기드론 골짜기 건너편에 있는 산으로, 감람나무가 많이 있어서 붙여진 이름입니다. 예수님께서는 공생애 기간 동안 가끔 감람산에 가셔서 기도하셨고 대제사장들과 서기관들에게 잡히시기 전에도 그곳에서 피땀을 흘리며 기도하셨습니다(눅 22:39-44). 또한 감람산은 야훼의 날에 주님께서 현현하셔서 구원을 이루실 곳이기도 합니다(슥 14:4).

네 명의 제자들은 예수님께서 감람산에서 성전을 마주 대하여 앉으셨을 때 "어느 때에 이런 일이 있겠사오며 이 모든 일이 이루려 할 때에 무슨 징조가 있사오리이까?" 라고 여쭈었습니다. 그들은 성전에 대하여 "돌 하나도 돌 위에 남지 않고 다 무너뜨려지리라" 고 하신 예수님의 말씀을 감람산에 오르는 동안 줄곧 생각하고 있다가 이러한 질문을 한 것입니다. 본 절의 '이런 일' 은 성전의 완전한 파멸을 의미하고, '이 모든 일' 은 세상의 종말을 뜻합니다. 따라서 제자들이 예수님께 질문한 요지는 "성전이 파괴되는 때가 언제이고, 세상의 종말에 있을 징조가 무엇이냐?" 는

것이었습니다.

5-6절 예수께서 이르시되 너희가 사람의 미혹을 받지 않도록 주의하라 많은 사람이 내 이름으로 와서 이르되 내가 그라 하여 많은 사람을 미혹하리라

제자들로부터 두 가지 질문을 받으신 예수님께서는 말세에 있을 징조에 대해서만 소상하게 설명해 주셨습니다.

먼저 예수님께서는 말세에 영적인 혼란이 있을 것을 말씀하셨습니다. 말세에는 많은 사람들이 예수 그리스도의 이름으로 와서 스스로를 그리스도요, 재림주라고 자처하며 거짓 복음으로 사람들을 미혹할 것입니다. 여기서 '미혹하다' 는 헬라어로 '플라나오' (*πλανάω*)이며, 이는 '속이다, 잘못 인도하다' 라는 뜻입니다.

거짓 그리스도인들이 거짓 복음을 전할 때, 순수하게 예수 그리스도를 구주로 믿고 하나님 아버지를 섬기던 성도들 중 많은 사람들이 미혹되어 거짓 그리스도를 따라가는 일이 생깁니다. 이러한 현상은 말세의 징조로 오늘날 우리 주변에서도 많이 볼 수 있습니다. 온갖 이단과 사설이 난무하며 사람들을 미혹하여 날이 갈수록 영적 혼란이 더해 가고 있습니다. 그런데 이러한 거짓 복음에 속아 거짓 그리스도를 좇는 사람들은 결국 멸망의 심판을 받게 됩니다. 그래서 예수님께서는 "사람의 미혹을 받지 않도록 주의하라" 고 경고하신 것입니다.

7절 난리와 난리의 소문을 들을 때에 두려워하지 말라 이런 일이 있어야 하되 아직 끝은 아니니라

예수님께서는 말세의 두 번째 징조로서 전쟁이 일어나고 그 소문이 퍼져 사람들이 두려움에 떨게 될 것을 말씀하셨습니다.

전쟁은 수많은 인명의 손실을 가져오고 오랫동안 인간들이 이룩해 놓은 문화를 파괴시키며 사회의 안녕과 질서를 파괴하고 혼란과 무질서를 초래합니다. 뿐만 아니라 식량 부족으로 인하여 기아에 허덕이게 합니다. 전쟁은 사람들에게 공포의 대상일 수밖에 없습니다. 이러한 전쟁은 당사국뿐 아니라 이웃 나라들에게도 영향을 미칩니다. 더욱이 오늘날과 같이 매스컴이 발달한 시대에는 전쟁이 한 지역에 국한된 것이 아니요, 전 세계의 관심사입니다. 이와 같은 전쟁의 소문은 세상을 흥분과 두려움에 떨게 합니다.

그런데 예수님께서는 전쟁이 나고 전쟁의 소문이 들려올지라도 세상의 종말이 온 것이 아니므로 두려워하지 말라고 말씀하셨습니다.

8절 민족이 민족을, 나라가 나라를 대적하여 일어나겠고 곳곳에 지진이 있으며 기근이 있으리니 이는 재난의 시작이니라

예수님께서는 민족적, 국가적 갈등으로 인하여 전쟁이 일어날 것을 "민족이 민족을, 나라가 나라를 대적하여 일어나겠고"라고 말씀하셨습니다. 민족적 대립과 국가적 갈등은 주로 서로 다른 종교와 사상, 정치, 경제적 이유로 발생합니다. 특히 20세기에 들어서는 공산주의와 민주주의의 첨예한 사상적 대립으로 인하여 많은 민족과 나라들이 분열되고 전쟁을 치르는 진통을 겪었습니다. 아직도 중동 지역에서는 종교적 갈등으로 인한 전쟁이 끊이지 않고 있으며, 여기에 정치, 경제적 이권을 확보하기 위한 국제적인 알력까지 합세하여 비록 눈에 보이지는 않지만 참으로

치열한 전쟁들이 처처에서 벌어지고 있습니다.

또한 예수님께서는 말세에 "곳곳에 지진이 있으며 기근이 있으리니"라고 말씀하셨습니다. 지진과 기근은 인류가 생겨난 이래로 늘 있어 온 재난입니다. 오늘날 우리는 세계 곳곳에서 지진이 발생하여 많은 사람들이 생명을 잃었다는 소식을 종종 듣습니다. 그리고 기근으로 인하여 굶어 죽어가는 사람들에 대한 보도를 봅니다. 이처럼 사람들에게 고통을 주고 생명을 앗아가는 지진과 기근은 인간의 힘으로 막을 수 없는 천재지변입니다.

그런데 예수님께서는 이러한 재난이 시작에 불과하다고 말씀하셨습니다. 이것은 단지 말세의 징조인 것입니다.

9절 너희는 스스로 조심하라 사람들이 너희를 공회에 넘겨주겠고 너희를 회당에서 매질하겠으며 나로 말미암아 너희가 권력자들과 임금들 앞에 서리니 이는 그들에게 증거가 되려 함이라

예수님께서는 말세에 있을 징조로서 기독교 탄압과 그리스도인들에 대한 박해가 극심할 것을 말씀하시며 "스스로 조심하라"고 경고하셨습니다. 실제로 기독교와 그리스도인에 대한 박해는 초대 교회 이후로 현재까지 계속되고 있습니다. 초대 교회 시대에는 예수님의 제자들과 수많은 성도들이 예수 그리스도를 믿는다는 이유로 고난을 받고 목숨을 잃었습니다.

오늘날에도 공산주의 국가에서는 종교 말살 정책을 펴고 기독교를 탄압하고 있습니다. 공산주의 치하에서 기독교 지도자들과 성도들이 체포되어 숙청당하거나 죽음을 당한 사례가 비일비재합니다. 그런데 이러한

기독교 박해는 말세의 징조로서 주님께서 재림하실 때까지 계속될 것입니다.

박해하의 기독교인들은 신앙을 지키기 위해 통치자들 앞에 설 것입니다. 본문의 '권력자들과 임금들' 은 세상 통치자들을 말합니다. 즉, 예수님을 인하여 그리스도인들은 박해를 받고 세상 통치자들 앞에 끌려가게 되는데, 이는 그들에게 복음을 증거하기 위함이라는 것입니다.

10절 또 복음이 먼저 만국에 전파되어야 할 것이니라

예수님께서는 말세의 또 다른 징조로 "복음이 먼저 만국에 전파되어야 할 것이니라" 고 하셨습니다. 복음이 모든 나라와 민족에게 전파되기 전에는 세상의 종말이 오지 않는다는 것입니다. 여기에서 우리는 하나님의 구원이 유대인뿐 아니라 이방인들에게도 동일하게 적용됨을 봅니다. 그런데 복음 전파가 성령의 역사하심으로 이루어짐을 감안할 때 종말은 하나님의 주권적인 섭리에 의해서 임할 것임을 알 수 있습니다.

예수님께서는 승천하시기 전에 제자들에게 "예루살렘을 떠나지 말고 내게서 들은 바 아버지께서 약속하신 것을 기다리라 요한은 물로 침례를 베풀었으나 너희는 몇 날이 못 되어 성령으로 침례를 받으리라"(행 1:4-5)고 약속하셨으며 본 서에서도 "너희는 온 천하에 다니며 만민에게 복음을 전파하라"(16:15)고 명령하셨습니다.

그러므로 오늘날 예수 그리스도를 믿고 성령 침례를 받은 우리에게는 땅 끝까지 복음을 전파해야 할 의무가 있습니다. 우리가 복음 전파를 적극적으로 수행할 때 우리의 영원한 소망인 메시아 왕국이 도래할 것입니다.

11절 사람들이 너희를 끌어다가 넘겨줄 때에 무슨 말을 할까 미리 염려하지 말고 무엇이든지 그때에 너희에게 주시는 그 말을 하라 말하는 이는 너희가 아니요 성령이시니라

예수님께서는 복음 때문에 박해를 받고 끌려갈 때 무슨 말을 할까 미리 염려하지 말라고 말씀하셨습니다. 그리스도의 복음으로 인하여 박해받을 때에는 하나님께서 역사하셔서 성령이 우리의 입을 통하여 말씀하시므로 우리가 대답을 준비할 필요가 없다는 것입니다.

예수 그리스도를 믿는 사람들이 믿지 않는 사람들과 다른 점은 믿는 사람의 마음속에는 하나님의 지혜와 지식과 총명인 성령이 계셔서 우리를 이끄신다는 것입니다.

성령으로 말미암아 지혜를 얻는 사람은 아무리 어렵고 힘든 환경에 처할지라도 뒤로 물러서거나 주저앉지 않고 성령의 지혜로 말미암아 승리하게 됩니다. 초대 교회의 일곱 집사 중 한 사람이었던 스데반도 성령 충만하여 하나님의 지혜로 복음 전파를 방해하는 대적자들을 물리쳤습니다(행 6:10).

예수님께서는 제자들에게 심문을 당할 때에도 자신의 지혜와 임기응변으로 대처하지 말고 오직 하나님께 모든 것을 의탁하라고 말씀하셨습니다. 후에 제자들은 이러한 예수님의 말씀에 순종함으로써 대적자들을 이기고 하나님께 영광을 돌렸습니다(행 4:8-21).

12절 형제가 형제를, 아버지가 자식을 죽는 데에 내주며 자식들이 부모를 대적하여 죽게 하리라

예수님의 말씀대로 자기를 부인하고 자기 십자가를 지고 예수님을 좇

는 데에는 많은 어려움이 따릅니다(8:34). 그 중 직접적으로 부딪치는 것이 인간관계입니다. 성령을 체험한 그리스도인들은 복음 전파에 대한 열정 때문에 믿지 않는 자들로부터 배척당하게 됩니다. 이러한 현상은 가정 안에서도 예외가 아닙니다. 한 가정에 예수 그리스도를 믿는 사람과 믿지 않는 사람이 함께 생활할 때 가정의 불화가 다가옵니다. 왜냐하면 복음은 구태의연한 미신적 관습이나 비진리와 타협하지 않으므로 가족 간에 의견이 충돌할 수밖에 없기 때문입니다. 그런데 이러한 일은 말세에 더욱 뚜렷이 나타납니다. 그리하여 형제가 형제를, 아버지가 자식을 죽는 데에 내주며 자식들이 부모를 대적하여 죽게하는 일까지 벌어진다는 것입니다.

13절 또 너희가 내 이름으로 말미암아 모든 사람에게 미움을 받을 것이나 끝까지 견디는 자는 구원을 받으리라

또한 그리스도인들은 '예수 이름으로 말미암아' 모든 사람들에게 미움을 받습니다. 실제로 기독교 역사를 살펴볼 때 수많은 그리스도인들이 예수 그리스도로 말미암아 사람들의 질시를 받으며 죽었습니다. 그러나 예수님께서는 세상에서 냉대받고 사람들에게 미움을 받을지라도 끝까지 견디는 자는 구원을 얻으리라고 말씀하셨습니다. 여기서 '끝까지'는 헬라어로 '텔로스' (*τέλος*)인데 이것은 한 사람의 생애의 끝을 의미합니다. 그러므로 죽기까지 신앙을 지키는 자는 구원받는다는 것입니다. 이처럼 예수님을 인하여 박해를 받는 자는 하늘나라의 기업과 큰 상을 받습니다(마 5:10-12).

3. 환난의 날(13:14-23)

14. 멸망의 가증한 것이 서지 못할 곳에 선 것을 보거든 (읽는 자는 깨
달을진저) 그때에 유대에 있는 자들은 산으로 도망할지어다 15. 지
붕 위에 있는 자는 내려가지도 말고 집에 있는 무엇을 가지러 들어가
지도 말며 16. 밭에 있는 자는 겉옷을 가지러 뒤로 돌이키지 말지어
다 17. 그날에는 아이 밴 자들과 젖 먹이는 자들에게 화가 있으리로
다 18. 이 일이 겨울에 일어나지 않도록 기도하라 19. 이는 그날들이
환난의 날이 되겠음이라 하나님께서 창조하신 시초부터 지금까지 이
런 환난이 없었고 후에도 없으리라 20. 만일 주께서 그날들을 감하
지 아니하셨더라면 모든 육체가 구원을 얻지 못할 것이거늘 자기가
택하신 자들을 위하여 그날들을 감하셨느니라 21. 그때에 어떤 사람
이 너희에게 말하되 보라 그리스도가 여기 있다 보라 저기 있다 하여
도 믿지 말라 22. 거짓 그리스도들과 거짓 선지자들이 일어나서 이
적과 기사를 행하여 할 수만 있으면 택하신 자들을 미혹하려 하리라
23. 너희는 삼가라 내가 모든 일을 너희에게 미리 말하였노라

14절 멸망의 가증한 것이 서지 못할 곳에 선 것을 보거든 (읽는 자는 깨달을진저) 그때에 유대에 있는 자들은 산으로 도망할지어다

예수님께서 다니엘 선지자의 예언(단 9:27; 11:31; 12:11)을 인용하여 유대인들에 대한 예언을 하셨습니다. 예수님의 이 예언은 말세에 있을 7년 환난 중, 후 3년 반 동안에 일어날 일들에 대한 설명입니다.

7년 환난은 적그리스도가 이스라엘과 계약을 맺는 것으로부터 시작됩니다. 적그리스도는 전 3년 반 동안에 이스라엘에게 많은 도움을 주고 성전 건축도 약속합니다. 그러므로 비록 전쟁과 기근이 심하고 자연환경이 파괴되고 천재지변이 일어나 많은 사람들이 죽어갈지라도 이때는 아직 적그리스도가 그 정체를 드러내지 않음으로 이스라엘은 적그리스도와 결속합니다. 그러나 전 3년 반이 지나고 후 3년 반으로 접어들면 적그리스도가 이스라엘을 박해하기 시작합니다.

"멸망의 가증한 것이 서지 못할 곳에 선 것을 보거든" 이라는 말씀에서 '멸망의 가증한 것' 은 '적그리스도의 우상' 을 의미합니다. 그리고 '서지 못할 곳' 은 '하나님의 성전' 을 가리킵니다. 즉, 후 3년 반이 되면 적그리스도가 하나님의 성전에 자신의 우상을 세우고 이스라엘 백성들에게 숭배할 것을 강요하며 이를 거부하는 유대인들을 사상 유례없는 참혹한 방법으로 대량 학살합니다. 그러므로 유대인들은 적그리스도의 박해를 피하여 산, 즉 '페트라' 라는 성으로 도망하여 숨어 지내게 됩니다. 페트라 성은 사해 남동쪽에 위치한 곳으로 화강암과 모래 암석으로 된 높은 절벽들로 둘러싸인 고산 분지여서 외부로부터 철저히 격리되어 있는 천연 요새입니다.

15-16절 지붕 위에 있는 자는 내려가지도 말고 집에 있는 무엇을 가지러 들어가지도 말며 밭에 있는 자는 겉옷을 가지러 뒤로 돌이키지 말지어다

적그리스도의 우상이 성전에 세워진 것을 보았을 때 사람들은 하던 일을 중지하고 자신의 목숨을 보존하기 위하여 서둘러 피신하여야 합니다.

이때의 상황이 얼마나 위급한지 사람들은 자신이 모아 둔 재물은커녕 당장 추위를 막기 위해 필요한 옷조차 챙길 겨를이 없을 것입니다.

17절 그날에는 아이 밴 자들과 젖 먹이는 자들에게 화가 있으리로다

임신부들과 젖 먹이는 여인들은 자유롭게 활동을 할 수 없기 때문에 위급한 상황에 처했을 때 신속하게 피신할 수가 없습니다. 더욱이 급작스러운 재난이 닥쳐올 때 그들은 속수무책으로 화를 당하고 맙니다. 그래서 성경은 멸망의 날이 이르면 "잉태하지 못하는 이와 해산하지 못한 배와 먹이지 못한 젖이 복이 있다"(눅 23:29)고 말씀하고 있습니다.

18절 이 일이 겨울에 일어나지 않도록 기도하라

겨울은 기온이 떨어지고 식량을 구하기도 힘든 계절입니다. 특히 팔레스타인 지역은 겨울에 비가 오기 때문에 피난하기가 매우 어렵습니다. 그래서 예수님께서는 겨울에 환난의 날이 이르지 않도록 기도하라고 당부하셨습니다. 이러한 예수님의 말씀은 우리가 쉬지 않고 기도에 힘쓰면 하나님의 역사하심으로 환난의 날이 겨울에 닥쳐 오지 않을 수도 있음을 보여 줍니다.

19절 이는 그날들이 환난의 날이 되겠음이라 하나님께서 창조하신 시초부터 지금까지 이런 환난이 없었고 후에도 없으리라

"하나님께서 창조하신 시초부터 지금까지 이런 환난이 없었고 후에도 없으리라"는 예수님의 말씀은 말세에 이 세상에 임할 환난이 유사 이래 그 유례를 찾아볼 수 없는 대환난이 될 것임을 의미합니다. 7년 환난

후 3년 반 동안에는 처참한 살육과 환난으로 인하여 모든 사람들이 극도의 고통을 받으며 죽음을 맞게 될 것입니다.

20절 만일 주께서 그날들을 감하지 아니하셨더라면 모든 육체가 구원을 얻지 못할 것이거늘 자기가 택하신 자들을 위하여 그날들을 감하셨느니라

역사의 주관자이신 하나님께서 작정하신 심판에 저항할 수 있는 사람은 한 사람도 없습니다. 말세에는 하나님의 심판으로 이 세상이 환난 가운데 휩싸이므로 사람들은 그 어디에서도 도움을 받을 수가 없습니다. 전 인류가 극심한 고통에 몸부림치며 처참하게 죽어 갈 뿐입니다.

본 절의 말씀은 하나님께서 하나님의 말씀을 깨닫고 환난의 날에 피신한 자들을 구원하시기 위하여 환난의 날들을 감하셨기 때문에 7년 대 환난을 통과하고 살아남을 자들이 있다는 것입니다. 이는 예수 그리스도로 말미암은 구원이 영적인 구원뿐 아니라 육적인 구원까지 포함하고 있음을 보여 줍니다.

21-23절 그때에 어떤 사람이 너희에게 말하되 보라 그리스도가 여기 있다 보라 저기 있다 하여도 믿지 말라 거짓 그리스도들과 거짓 선지자들이 일어나서 이적과 기사를 행하여 할 수만 있으면 택하신 자들을 미혹하려 하리라 너희는 삼가라 내가 모든 일을 너희에게 미리 말하였노라

말세에 여러 가지 환난이 닥쳐오면 그리스도인들은 예수님의 재림을 더욱 간절히 사모하게 됩니다. 그리고 그리스도인들이 사모하는 마음에

비례하여 적그리스도의 활동도 활발해집니다. 여기저기서 자칭 메시아라고 하는 적그리스도들이 나타나서 이적과 기사를 행하여 수많은 사람들을 미혹시킵니다.

적그리스도는 특히 하나님께서 '택하신 자들을' 미혹하기 위하여 애를 씁니다. 하나님의 말씀을 올바로 알지 못하고 기적적인 현상에만 관심을 기울이고 그것만을 신뢰하는 사람들은 믿음의 뿌리가 없기 때문에 적그리스도의 유혹에 쉽게 넘어갈 수 있습니다. 그래서 예수님께서 "너희는 삼가라" 고 경고하신 것입니다.

이처럼 예수님께서 말세에 있을 징조들을 미리 말씀해 주신 목적은 성도들로 하여금 적그리스도의 유혹에 넘어가지 않도록 하시기 위함입니다. 성도들이 하나님의 말씀에 굳게 서서 근신하고 깨어 기도하면 종말에 있을 모든 환난과 시험에서 승리할 수 있습니다.

4. 그리스도의 재림(13:24-27)

24. 그때에 그 환난 후 해가 어두워지며 달이 빛을 내지 아니하며
25. 별들이 하늘에서 떨어지며 하늘에 있는 권능들이 흔들리리라
26. 그때에 인자가 구름을 타고 큰 권능과 영광으로 오는 것을 사람
들이 보리라 27. 또 그때에 그가 천사들을 보내어 자기가 택하신 자
들을 땅 끝으로부터 하늘 끝까지 사방에서 모으리라

24-25절 그때에 그 환난 후 해가 어두워지며 달이 빛을 내지 아니하며 별들이 하늘에서 떨어지며 하늘에 있는 권능들이 흔들리리라

예수님께서는 종말의 마지막 징조로서 천체의 이변이 있을 것을 말씀하셨습니다. 환난 후 해와 달이 빛을 내지 않음으로 이 세상은 어둠에 잠기게 되고 밤하늘에 빛나던 수많은 별들이 하늘에서 떨어지고 우주의 질서가 깨집니다. 성경은 종말에 있을 이러한 징조를 하나님의 심판으로 언급하고 있습니다(사 13:10; 겔 32:7-8; 욜 2:31; 행 2:20). 그러나 이와 같은 천체의 이변은 '새 하늘과 새 땅'(계 21:1)의 탄생을 위한 필요조건이기도 합니다.

26절 그때에 인자가 구름을 타고 큰 권능과 영광으로 오는 것을 사람들이 보리라

해와 달이 빛을 잃고 우주의 질서마저 깨져 어둠에 휩싸인 세상에서 사람들은 불안과 두려움에 사로잡힐 것입니다. 그런데 바로 그때에 예수님께서 구름을 타고 이 세상에 다시 오십니다. 고난받는 비천한 종으로 마구간에서 태어나셨던 예수님께서 그때에는 '큰 권능과 영광으로' 오셔서 어둔 세상을 밝혀 주시는 것입니다. 그리고 예수님께서 영광 가운데 심판주로서 이 세상에 재림하실 때 모든 사람들은 이를 목격하게 될 것이며 적그리스도와 그의 추종자들은 심판을 받게 됩니다(계 19:11-21).

27절 또 그때에 그가 천사들을 보내어 자기가 택하신 자들을 땅 끝으로부터 하늘 끝까지 사방에서 모으리라

예수님의 재림으로 이 세상에서는 모든 환난이 사라지고 태평성대가

시작됩니다. 이때에 예수님께서는 7년 동안 이 세상을 장악하고 하나님을 대적하던 무리들을 물리치시고, 천사들을 보내어 그리스도인들을 모은다고 하셨습니다.

"땅 끝으로부터 하늘 끝까지 사방에서 모으리라"는 말씀은 7년 환난이 끝나는 마지막 장면을 말씀하신 것입니다. 그때 예수님께서 천사들을 통해 불러 모을 사람들은 유대인만이 아닙니다. 모든 나라, 모든 민족이 예수님의 부르심을 받을 것입니다. 그리고 이때 부르심을 받은 사람들은 예수님과 함께 이 세상에서 천 년 동안 살게 됩니다. 이 기간을 가리켜 천년 왕국이라고 하는데, 이때에는 마귀의 시험도 없고 저주와 질병도 없으므로 이 지상에는 다시 사람들이 번성하게 됩니다.

5. 깨어 있으라(13:28-37)

> **28. 무화과나무의 비유를 배우라 그 가지가 연하여지고 잎사귀를 내면 여름이 가까운 줄 아나니 29. 이와 같이 너희가 이런 일이 일어나는 것을 보거든 인자가 가까이 곧 문 앞에 이른 줄 알라 30. 내가 진실로 너희에게 말하노니 이 세대가 지나가기 전에 이 일이 다 일어나리라 31. 천지는 없어지겠으나 내 말은 없어지지 아니하리라 32. 그러나 그날과 그때는 아무도 모르나니 하늘에 있는 천사들도, 아들도 모르고 아버지만 아시느니라 33. 주의하라 깨어 있으라 그때가 언**

제인지 알지 못함이라 34. 가령 사람이 집을 떠나 타국으로 갈 때에 그 종들에게 권한을 주어 각각 사무를 맡기며 문지기에게 깨어 있으라 명함과 같으니 35. 그러므로 깨어 있으라 집 주인이 언제 올는지 혹 저물 때일는지, 밤중일는지, 닭 울 때일는지, 새벽일는지 너희가 알지 못함이라 36. 그가 홀연히 와서 너희가 자는 것을 보지 않도록 하라 37. 깨어 있으라 내가 너희에게 하는 이 말은 모든 사람에게 하는 말이니라 하시니라

28-29절 무화과나무의 비유를 배우라 그 가지가 연하여지고 잎사귀를 내면 여름이 가까운 줄 아나니 이와 같이 너희가 이런 일이 일어나는 것을 보거든 인자가 가까이 곧 문 앞에 이른 줄 알라

예수님께서는 '무화과나무의 비유'를 들어 주님의 재림에 준비할 것을 교훈하셨습니다. '무화과나무'는 '유대 민족'을 상징합니다. 예수님께서 열매 없는 무화과나무를 저주하시자 그 나무가 뿌리째 말라 버린 일이 있었습니다(11:14). 이것은 유대인들이 예수님을 십자가에 못 박음으로 멸망할 것을 예언한 것입니다.

그런데 예수님께서 "무화과나무의 가지가 연하여지고 잎사귀를 내면 여름이 가까운 줄 아나니 인자가 이른 줄 알라."고 말씀하셨습니다. 팔레스타인 지방에는 무화과나무의 가지가 연하여지고 그 가지가 푸른 잎으로 덮이면 여름이 됩니다. 그래서 유대인들은 무화과나무를 통해서 계절을 파악하기도 합니다. 그러므로 예수님께서는 무화과나무의 변화를 지켜봄으로써 계절을 알 수 있듯이 말세의 징조들이 일어나는 것을 보고 예수님의 재림이 임박한 줄 알라고 말씀하신 것입니다.

예수님께서 재림하시면 그리스도인들은 구원받지만 믿지 않는 자들은 심판받게 됩니다. 그러므로 오늘날 말세의 징조들을 접하면서 살고 있는 우리는 믿음을 굳게 지키며 주님의 재림을 준비하여야 할 것입니다.

30절 내가 진실로 너희에게 말하노니 이 세대가 지나가기 전에 이 일이 다 일어나리라

여기서 '이 일' 은 말세의 징조와 예수님의 재림을 말합니다. 혹자는 "이 세대가 지나가기 전에 이 일이 다 일어나리라" 는 예수님의 말씀을 주후 70년에 예루살렘이 멸망함으로써 성취되었다고 보기도 합니다. 한편 예루살렘의 멸망 사건을 이 세상의 종말의 예표가 되는 상징적인 사건으로 해석하기도 합니다.

예수님께서 말세에 대하여 예언하신 것은 언제고 다 이루어지게 될 것입니다. 따라서 종말의 시기를 알지 못하는 우리는 깨어 기도해야 할 것입니다.

31절 천지는 없어지겠으나 내 말은 없어지지 아니하리라

예수님께서 "천지는 없어지겠으나 내 말은 없어지지 아니하리라" 고 말씀하심으로 당신의 예언이 그대로 다 이루어질 것을 강조하셨습니다. 이 세상 만물은 영원하지 못하고 소멸되지만 예수님의 말씀은 영원합니다. 성경은 "하나님은 사람이 아니시니 거짓말을 하지 않으시고 인생이 아니시니 후회가 없으시도다 어찌 그 말씀하신 바를 행하지 않으시며 하신 말씀을 실행하지 않으시랴"(민 23:19)고 말씀하고 있습니다. 실로 창세 전부터 말씀으로 존재하신(요 1:1) 예수님께서 예언하신 대로 오늘날 이

세상에서는 여러 가지 말세의 징조들이 나타나고 있습니다.

32절 그러나 그날과 그때는 아무도 모르나니 하늘에 있는 천사들도, 아들도 모르고 아버지만 아시느니라

'그날과 그때' 는 예수님께서 재림하실 날짜와 시간을 말합니다. 예수님께서는 성부 하나님만이 예수님의 재림하실 날과 때를 아신다고 말씀하셨습니다. 이 말씀은 자칫 잘못하면 예수님의 전지성을 부정하는 오류를 범하게 합니다. 그러나 예수님의 이 말씀은 성부 하나님의 보내심을 받은 대리자로서의 예수님의 권한을 분명히 하는 것임을 알아야 합니다.

예수님께서는 근본 하나님의 본체이시지만(빌 2:6) 성부 하나님의 권한과 다른, 고유의 권한을 갖고 계십니다. 즉 '때와 시기' 를 작정하는 것이 성부 하나님의 권한이라면(행 1:7), 예수님의 권한은 성부 하나님의 뜻대로 마지막 날에 성도들을 구원하는 것입니다(요 6:39). 그러므로 예수님께서는 성부 하나님께서 작정하신 재림의 때에 이 세상에 다시 오실 것입니다.

오늘날 예수님께서 재림하실 날짜를 예언하며 사람들을 미혹하는 무리들이 많이 있습니다. 그러나 그들의 예언은 예수님의 말씀에 비추어 볼 때 거짓임이 드러납니다. 그러므로 우리는 이단들이 내세우는 거짓 예언에 속지 말고 이러한 현상들이 말세의 징조임을 깨달아 더욱 열심히 기도하며 주님 맞을 준비를 해야 할 것입니다.

33절 주의하라 깨어 있으라 그때가 언제인지 알지 못함이라

예수님께서는 제자들에게 "주의하라 깨어 있으라" 고 거듭 경고하셨

습니다. 성부 하나님 외에는 아무도 재림의 때를 알지 못하기 때문에 늘 영적으로 깨어 주의하고 있어야 한다는 것입니다. 예수님의 이러한 경고는 오늘날 예수 그리스도를 믿는 우리에게도 경각심을 일깨워 줍니다. 그런데 사람들은 날이 갈수록 예수님의 재림에 대처할 신앙 자세를 점검하기보다는 재림의 때에만 많은 관심을 보입니다. 예수님께서는 바로 이러한 점을 염려하여 주의하고 깨어 있으라고 말씀하신 것입니다.

그러므로 우리는 신랑을 맞으러 나간 "열 처녀의 비유"(마 25:1-13)가 주는 교훈대로 성령 충만하여 기도와 말씀으로 무장하고 예수님의 재림을 기다려야 할 것입니다.

34절 가령 사람이 집을 떠나 타국으로 갈 때에 그 종들에게 권한을 주어 각각 사무를 맡기며 문지기에게 깨어 있으라 명함과 같으니

예수님께서는 타국으로 가는 주인의 비유를 말씀하심으로써 말세에 그리스도인들이 취하여야 할 신앙 자세를 다시 한번 강조하셨습니다. 이 비유에서 집을 떠나 '타국으로 가는 주인' 은 '예수님' 을 가리키는 것이고, '종과 문지기' 는 '그리스도인' 들을 가리킨다고 볼 수 있습니다. 그런데 주인은 타국으로 갈 때에 종들에게 권한을 주어 각각 사무를 맡기고 문지기에게 깨어 있으라고 명하였다고 하셨습니다. 이것은 곧, 예수님께서 승천하신 후 다시 이 세상에 오실 때까지 그리스도인 각자가 자신이 받은바 사명을 충실히 수행하여 문지기가 집을 지키듯이 깨어 있어야 함을 일깨워 줍니다.

35절 그러므로 깨어 있으라 집 주인이 언제 올는지 혹 저물 때일는

지, 밤중일는지, 닭 울 때일는지, 새벽일는지 너희가 알지 못함 이라

타국으로 갔던 주인이 언제 올지 모르듯이 예수님도 언제 재림하실지 정확히 알 수 없습니다. 이에 대하여 예수님께서는 내가 도둑같이 오겠다고 하심으로 그리스도인들이 재림에 대해 만반의 준비를 다하고 있을 것을 말씀하셨습니다(계 16:15).

사람들이 잠든 시간에 도둑이 아무 예고 없이 들이닥치듯이 예수님께서도 불시에 재림하실 것입니다. 그러므로 문지기가 도둑을 막기 위하여 밤새 문을 지키는 자세로 우리 역시 언제 오실지 모를 예수님의 재림을 대비하여 항상 깨어 있어야 합니다.

36절 그가 홀연히 와서 너희가 자는 것을 보지 않도록 하라

집을 떠났던 주인이 돌아왔을 때 자신의 임무를 잘 수행한 종은 칭찬을 받습니다. 그러나 나태한 종은 꾸중을 듣습니다. 본 절의 '자는 것' 은 영적으로 잠들어 하나님 중심으로 살지 않는 것을 의미합니다. 자신의 임무에 나태하여 잠든 종은 주인의 귀가에 당황할 수밖에 없습니다. 이와 마찬가지로 나태한 신앙생활을 하는 사람들은 예수님께서 갑자기 오셨을 때 당황하게 될 것입니다.

그러므로 우리는 예수님께서 불시에 홀연히 오실지라도 당황하지 않기 위해서 우리에게 맡겨 주신바 임무를 충실히 수행하여야 합니다. 그리스도인으로서의 책임과 의무를 충실히 행하며 최선을 다해 자신의 사명을 완수해 나갈 때 우리는 예수님의 재림을 기쁨으로 맞고 주님의 칭찬을 받을 것입니다.

37절 깨어 있으라 내가 너희에게 하는 이 말은 모든 사람에게 하는 말이니라 하시니라

말세에 그리스도인들이 취하여야 할 신앙 자세에 대하여 예수님께서 또 다시 "깨어 있으라" 고 경고하셨습니다. 이러한 경고는 본 장을 통해 누누이 강조되어 있습니다(5, 9, 33, 35절). 그러므로 우리는 예수님께서 감람산에서 제자들에게 하신 교훈이 '깨어서 주님의 재림을 대비하는 것' 임을 알 수 있습니다. 그런데 예수님께서는 이 교훈이 그 자리에 함께 있던 제자 베드로와 야고보와 요한과 안드레에게만 주어지는 것이 아니라 모든 사람에게 하는 말이라고 말씀하셨습니다.

그러므로 오늘날 주님의 재림을 고대하고 있는 온 세계의 그리스도인들은 예수님의 명령에 순종하여 늘 깨어서 기도하며 자신의 신앙생활을 점검해야 할 것입니다.

제 14 장

예수 그리스도의 고난(1)

예수님을 체포하려고 모의함	14:1-2
마리아가 예수님께 향유를 부음	14:3-9
가룟 유다의 배신	14:10-11
마지막 만찬	14:12-26
베드로가 예수님을 부인할 것을 예언하심	14:27-31
겟세마네의 기도	14:32-42
예수님께서 잡히심	14:43-52
대제사장의 심문	14:53-65
베드로의 부인	14:66-72

A COMMENTARY
ON THE GOSPEL OF
MARK

본 장과 15장에는 예수님의 고난 기사가 집중적으로 기록되어 있습니다. 본 장에는 유대인들이 예수님을 죽이려고 모의하는 것과 임박한 예수님의 죽음이 예고되어 있습니다.

예수님께서는 마가의 집 다락방에서 제자들과 만찬을 함께 하신 후 겟세마네 동산에 오르셔서 피땀을 흘리시며 기도하셨습니다. 겟세마네의 기도를 통하여 '참하나님' 이면서 우리와 같은 '참인간' 임을 보여 주신 예수님께서는 그의 예언대로 잡혀 가셔서 고난을 당하셨습니다. 그 고난은 십자가에 못 박혀 죽으심으로써 인류의 모든 죄를 대속하시고 영광스런 부활의 몸으로 소생하시는 승리의 전주곡입니다.

1. 예수님을 체포하려고 모의함(14:1-2)

1. 이틀이 지나면 유월절과 무교절이라 대제사장들과 서기관들이 예수를 흉계로 잡아 죽일 방도를 구하며 2. 이르되 민란이 날까 하노니 명절에는 하지 말자 하더라

1-2절 이틀이 지나면 유월절과 무교절이라 대제사장들과 서기관들이 예수를 흉계로 잡아 죽일 방도를 구하며 이르되 민란이 날까 하노니 명절에는 하지 말자 하더라

'유월절' 이란 초막절, 오순절과 함께 이스라엘의 3대 절기 중 하나로 이스라엘 백성이 430년 동안 애굽에서 종살이하다가 하나님의 은총으로 애굽의 억압으로부터 해방된 것을 기념하는 절기입니다. 유월절은 유대력으로 정월인 니산월 14일 해 질 때부터 15일 아침이 될 때까지입니다. 유대인들은 니산월 14일이 되면 유월절 양을 잡고 집안에서 누룩을 제거

하였습니다. 그리고 잡은 양은 피를 모두 제거한 후 뼈를 꺾지 않고 불에 구워 15일 아침이 되기 전까지 온 가족이 함께 먹었습니다. 유월절에 이어서 니산월 15일부터 21일까지 일주일 동안 지키는 절기가 '무교절' 입니다. 무교절은 이 절기 동안 누룩을 넣지 않은 떡을 먹기 때문에 붙여진 이름입니다.

대제사장들과 서기관들은 유월절과 무교절이 되기 이틀 전에 모여 예수님을 죽이기 위해 음모를 꾸몄습니다. 그러나 그들은 자신들이 음모한 계획을 즉시 실행에 옮길 수 없었습니다. 왜냐하면 유월절이 되면 수많은 유대인들이 전국 각지에서 성전이 있는 예루살렘으로 모여드는데, 이들 중에는 예수님을 지지하는 사람들도 많이 있어 예수님을 잡아 죽이면 폭동이 일어날 가능성이 높았기 때문입니다. 바로 이 점을 우려하여 제사장들과 서기관들은 그들의 계획을 실행하는 것을 연기할 수밖에 없었습니다.

2. 마리아가 예수님께 향유를 부음(14:3-9)

3. 예수께서 베다니 나병 환자 시몬의 집에서 식사하실 때에 한 여자
가 매우 값진 향유 곧 순전한 나드 한 옥합을 가지고 와서 그 옥합을
깨뜨려 예수의 머리에 부으니 4. 어떤 사람들이 화를 내어 서로 말하
되 어찌하여 이 향유를 허비하는가 5. 이 향유를 삼백 데나리온 이상

에 팔아 가난한 자들에게 줄 수 있었겠도다 하며 그 여자를 책망하는 지라 6. 예수께서 이르시되 가만두라 너희가 어찌하여 그를 괴롭게 하느냐 그가 내게 좋은 일을 하였느니라 7. 가난한 자들은 항상 너희와 함께 있으니 아무 때라도 원하는 대로 도울 수 있거니와 나는 너희와 항상 함께 있지 아니하리라 8. 그는 힘을 다하여 내 몸에 향유를 부어 내 장례를 미리 준비하였느니라 9. 내가 진실로 너희에게 이르노니 온 천하에 어디서든지 복음이 전파되는 곳에는 이 여자가 행한 일도 말하여 그를 기억하리라 하시니라

3절 예수께서 베다니 나병 환자 시몬의 집에서 식사하실 때에 한 여자가 매우 값진 향유 곧 순전한 나드 한 옥합을 가지고 와서 그 옥합을 깨뜨려 예수의 머리에 부으니

'베다니' 는 예루살렘에서 기드온 골짜기를 지나 감람산 뒤에 위치한 빈민촌으로 유대 사회에서 소외당하고 가난하고 헐벗고 굶주린 사람들이 모여 사는 곳이었습니다. 그런데도 예수님께서는 낮에는 예루살렘에서 하나님의 말씀을 전파하시다가도 저녁이 되면 베다니에 오셔서 쉬셨습니다. 이처럼 예수님께서 베다니에서 빈민들과 함께 숙식을 하신 것은 가난하고 병들고 억압받고 소외된 사람들의 친구임을 행동으로 보이신 것입니다.

이날도 예수님께서는 베다니 나병 환자 시몬의 집에서 식사를 하셨습니다. 그때에 한 여자가 매우 값진 향유, 곧 순전한 나드 한 옥합을 가지고 왔습니다. 그 '한 여자' 는 나사로의 누이동생인 마리아였습니다(요 12:3). 이스라엘 여자들은 결혼할 때에 자신이 모아 둔 향유를 담은 옥합

을 가지고 갔습니다. 마리아 역시 향유를 사서 모으고 있었는데, 그 나드 옥합을 가지고 예수님께 나아온 것입니다. '나드' 는 주로 인도에서 생산되는 것으로 팔레스타인 지역에서는 나지 않는 귀한 향유였습니다. 마리아가 가져온 옥합에 든 향유는 그 값이 3백 데나리온이나 되었습니다. 당시의 장정 한 사람이 하루도 빠짐없이 일 년 동안 일할 때 받을 수 있는 품삯이 365데나리온임을 볼 때, 마리아가 가지고 온 향유가 얼마나 값진 것이었는지 알 수 있습니다.

마리아는 옥합을 깨뜨리고 그 속에 들어 있던 향유를 예수님의 머리에 아낌없이 쏟아 붓고 자신의 머리채를 풀어서 예수님의 발을 씻겨 드렸습니다(요 12:3). 이와 같은 마리아의 행위는 자신의 결혼보다도 주님께 대한 사랑과 헌신을 더 귀중히 생각하여 내린 신앙 결단이었습니다. 그리고 비록 마리아 자신은 몰랐을지라도 결과적으로 그녀의 행동은 인류의 죄를 대속하시고 구원하시기 위해서 십자가에 못 박혀 죽으시는 예수님의 장사를 예비한 것이 되었습니다(8절).

이는 예수님께 기쁨이 되었고 그녀 자신에게 영광이 되었을 뿐만 아니라 온 인류의 구원을 위한 예수님의 고난에 동참한 것이 되었습니다.

4-5절 어떤 사람들이 화를 내어 서로 말하되 어찌하여 이 향유를 허비하는가 이 향유를 삼백 데나리온 이상에 팔아 가난한 자들에게 줄 수 있었겠도다 하며 그 여자를 책망하는지라

본문의 '어떤 사람들' 을 마태는 '제자들' 을, 요한은 '가룟 유다' 를 가리키는 것으로 기록하였습니다(마 26:8; 요 12:4).

마리아의 마음속에는 예수님께 대한 공경과 흠모와 사랑이 불길같이

타오르고 있었기 때문에 예수님께 가장 소중한 것을 아낌없이 드릴 수 있었습니다. 그러나 예수님의 뜨거운 사랑을 체험하지 못한 가룟 유다는 예수님의 제자였음에도 불구하고 모든 것을 타산적으로 생각하였습니다. 이런 가룟 유다에게는 마리아의 행위가 쓸모없는 낭비로 보일 수밖에 없었습니다. 그래서 가룟 유다는 예수님께 쏟아 부은 3백 데나리온 상당의 향유를 팔아 가난한 사람들을 구제하는 데 썼더라면 더 좋았을 것이라고 마리아를 책망하였습니다. 그러나 이 말은 가룟 유다의 진심이 아니었습니다. 그가 말로는 구제를 강조하였지만 그의 마음속에는 욕심이 가득 차 있었습니다(요 12:6).

성경은 "너희는 먼저 그의 나라와 그의 의를 구하라 그리하면 이 모든 것을 너희에게 더하시리라"(마 6:33)고 말씀하고 있습니다. 우리가 먼저 예수님을 사랑하고 예수님 중심으로 살면 예수님께서 복을 주시므로 가난한 자들도 도와줄 수 있게 되는 것입니다. 그러므로 그리스도인에게 있어서 가장 중요한 것은 마리아처럼 예수님을 먼저 뜨겁게 사랑하는 것입니다. 그런데 우리가 예수님을 뜨겁게 사랑하려면 성령으로 충만해야 합니다. 그리할 때 비로소 마음속에 그리스도를 향한 뜨거운 마음이 생겨나는 것입니다.

6절 예수께서 이르시되 가만두라 너희가 어찌하여 그를 괴롭게 하느냐 그가 내게 좋은 일을 하였느니라

예수님께서는 제자들이 더 이상 마리아를 비난하지 못하도록 저지하시고 그들의 비난이 잘못된 것임을 말씀하셨습니다. 그리고 마리아가 기름을 부은 행위를 '좋은 일'이라고 하셨습니다. 예수님께서 이처럼 마

리아를 칭찬하신 것은 주님을 사랑하고 헌신하려는 그녀의 마음 중심을 보셨기 때문입니다.

7절 가난한 자들은 항상 너희와 함께 있으니 아무 때라도 원하는 대로 도울 수 있거니와 나는 너희와 항상 함께 있지 아니하리라

예수님께서는 '항상 함께 있는' 가난한 자들의 구제보다 '항상 함께 있지 아니하는' 예수님 자신을 섬기는 일이 더 중요함을 일깨워 주셨습니다. 이 말씀은 곧 예수님의 죽음이 임박했음을 예고하는 것이었습니다.

'이웃 사랑' 을 실천함에 있어서 구제 행위는 도움을 받는 자에게 힘과 용기를 줍니다. 예수님께서는 "가난한 자들은 항상 너희와 함께 있다." 고 말씀하셨습니다. 인류 역사상 가난한 사람들은 언제 어디에나 늘 있어 왔습니다. 그러므로 돕고자 하는 마음만 있으면 언제든지 가난한 사람을 도와줄 수가 있습니다. 그러나 예수님께서는 머지않아 죽으실 것이므로 살아 계신 동안 예수님을 섬기는 것이 좋은 일이라고 하신 것입니다.

우리가 이 땅에서 예수님을 잘 섬기면 하나님 나라에서 상급을 받게 됩니다. 우리가 하나님 나라에서 상급 받는 일은 우리가 육신을 입고 이 땅에서 사는 동안만 할 수 있는 일로 우리의 육신이 이 땅을 떠나면 더 이상 할 수가 없습니다. 이러므로 우리는 이 땅에 사는 동안 힘써 예수님을 섬겨야 할 것입니다. 다른 사람들이 우리를 보고 "무슨 낭비냐!" 고 질책할 정도로 힘써 예수님을 섬기면, 주님께서 우리에게 좋은 일 하였다고 칭찬하시고 많은 상급을 주실 것입니다.

그리고 성경은 "만일 형제나 자매가 헐벗고 일용할 양식이 없는데 너희 중에 누구든지 그에게 이르되 평안히 가라, 덥게 하라, 배부르게 하라

하며 그 몸에 쓸 것을 주지 아니하면 무슨 유익이 있으리요"(약 2:15-16)라고 말씀하고 있습니다. 그러므로 우리는 가난한 자들도 힘껏 도와주어야 하는 것입니다.

8절 그는 힘을 다하여 내 몸에 향유를 부어 내 장례를 미리 준비하였느니라

마리아가 옥합을 깨뜨리고 예수님께 향유를 부은 것은 예수님께 대한 그녀의 사랑과 헌신의 차원을 넘어 예수님의 죽음을 예비하는 행위였습니다. 유대에서는 사람이 죽으면 시체가 부패할 때에 나는 냄새를 제거하기 위해 향유를 발랐습니다. 그러므로 예수님께서 십자가에 못 박혀 죽을 때가 가까웠으므로 마리아가 미리 그 몸에 향유를 부어 장례를 준비한 것입니다.

9절 내가 진실로 너희에게 이르노니 온 천하에 어디서든지 복음이 전파되는 곳에는 이 여자가 행한 일도 말하여 그를 기억하리라 하시니라

'이 여자의 행한 일' 이란 예수님께 향유를 부음으로써 장사를 준비한 마리아의 헌신적인 행위를 말합니다. 예수님께서는 복음이 전파되는 곳마다 마리아의 행한 일도 함께 소개되어 기억되리라고 축복하셨습니다. 복음의 핵심이 인류의 구원을 위한 예수 그리스도의 죽음과 부활이라면 실로 마리아는 예수님의 장사를 준비함으로써 하나님의 구속 사역에 참여한 것입니다.

예수님의 말씀대로 후에 마리아의 행위가 성경에 기록되어 복음이 전

파되는 곳마다 전해지고 있습니다(마 26:6-13; 막 14:3-9; 요 12:2-8).

3. 가룟 유다의 배신(14:10-11)

10. 열둘 중의 하나인 가룟 유다가 예수를 넘겨주려고 대제사장들에게 가매 11. 그들이 듣고 기뻐하여 돈을 주기로 약속하니 유다가 예수를 어떻게 넘겨줄까 하고 그 기회를 찾더라

10-11절 열둘 중의 하나인 가룟 유다가 예수를 넘겨주려고 대제사장들에게 가매 그들이 듣고 기뻐하여 돈을 주기로 약속하니 유다가 예수를 어떻게 넘겨줄까 하고 그 기회를 찾더라

그렇잖아도 예수님을 잡아 죽일 계책을 세우느라고 노심초사(勞心焦思)하던 대제사장들은 가룟 유다가 찾아오자 기쁨을 감출 수 없었습니다. 그들이 계획대로 예수님을 잡아 죽이지 못한 이유는 예수님을 따르는 사람들이 폭동을 일으킬 것을 염려하였기 때문이었습니다(1-2절). 그런데 벽에 부딪친 그들의 계책이 예수님의 제자인 가룟 유다의 방문으로 새로운 돌파구를 찾게 된 것입니다. 대제사장들을 찾아온 가룟 유다는 은 30냥을 받고 예수님을 넘겨주기로 그들과 약속하였습니다.

가룟 유다가 이와 같이 예수님을 배반한 동기에 대하여 성경은 "유다

에게 사탄이 들어갔다." 고 했으며(눅 22:3), 그의 탐욕이 그로 하여금 스승으로 섬기던 예수님을 팔게 하는 동기가 되었다고 했습니다(마 26:14-16). 당시 은 30냥은 종의 몸값에 불과했습니다. 이것으로 보아 가룟 유다가 단지 돈에 대한 탐욕 때문에 예수님을 팔아넘긴 것이 아니라는 것을 알 수 있습니다.

가룟 유다는 예수님을 영적 메시아가 아닌 정치적인 메시아로 생각하고 예수님의 제자가 된 것입니다. 그는 예수님께서 백성들을 규합하여 폭동을 일으켜서 유대를 로마로부터 독립시킬 것이라고 생각하였습니다. 그런데 그의 생각과는 달리 예수님께서는 "내 나라는 이 세상에 속한 것이 아니니라"(요 18:36)고 말씀하시며 자신이 인류의 구원을 위하여 십자가에 못 박혀 죽을 것임을 예고하셨습니다. 이에 가룟 유다는 예수님에 대한 실망과 배신감을 떨쳐 버릴 수 없었습니다. 그렇기 때문에 예수님을 대제사장들에게 넘겨줄 기회를 찾은 것입니다.

4. 마지막 만찬(14:12-26)

12. 무교절의 첫날 곧 유월절 양 잡는 날에 제자들이 예수께 여짜오되 우리가 어디로 가서 선생님께서 유월절 음식을 잡수시게 준비하기를 원하시나이까 하매 13. 예수께서 제자 중의 둘을 보내시며 이

르시되 성내로 들어가라 그리하면 물 한 동이를 가지고 가는 사람을
만나리니 그를 따라가서 14. 어디든지 그가 들어가는 그 집주인에게
이르되 선생님의 말씀이 내가 내 제자들과 함께 유월절 음식을 먹을
나의 객실이 어디 있느냐 하시더라 하라 15. 그리하면 자리를 펴고
준비한 큰 다락방을 보이리니 거기서 우리를 위하여 준비하라 하시
니 16. 제자들이 나가 성내로 들어가서 예수께서 하시던 말씀대로
만나 유월절 음식을 준비하니라 17. 저물매 그 열둘을 데리시고 가
서 18. 다 앉아 먹을 때에 예수께서 이르시되 내가 진실로 너희에게
이르노니 너희 중의 한 사람 곧 나와 함께 먹는 자가 나를 팔리라 하
신대 19. 그들이 근심하며 하나씩 하나씩 나는 아니지요 하고 말하
기 시작하니 20. 그들에게 이르시되 열둘 중의 하나 곧 나와 함께 그
릇에 손을 넣는 자니라 21. 인자는 자기에 대하여 기록된 대로 가거
니와 인자를 파는 그 사람에게는 화가 있으리로다 그 사람은 차라리
나지 아니하였더라면 자기에게 좋을 뻔하였느니라 하시니라 22. 그
들이 먹을 때에 예수께서 떡을 가지사 축복하시고 떼어 제자들에게
주시며 이르시되 받으라 이것은 내 몸이니라 하시고 23. 또 잔을 가
지사 감사 기도 하시고 그들에게 주시니 다 이를 마시매 24. 이르시
되 이것은 많은 사람을 위하여 흘리는 나의 피 곧 언약의 피니라 25.
진실로 너희에게 이르노니 내가 포도나무에서 난 것을 하나님 나라
에서 새 것으로 마시는 날까지 다시 마시지 아니하리라 하시니라 26.
이에 그들이 찬미하고 감람산으로 가니라

12절 무교절의 첫날 곧 유월절 양 잡는 날에 제자들이 예수께 여짜오되 우리가 어디로 가서 선생님께서 유월절 음식을 잡수시게 준비하기를 원하시나이까 하매

'유월절 양 잡는 날' 은 니산월 14일입니다. 그리고 '무교절' 은 유월절

에 이어 니산월 15일부터 21일까지 일주일 동안 지키는 절기입니다. 그런데 여기서 '무교절 첫날'과 '유월절 양 잡는 날'을 같은 날이라고 한 것은 유대인들은 유월절과 무교절이 지켜지는 8일 동안을 묶어서 무교절이라고 하기 때문입니다.

양을 잡아 불에 구워서 그 고기와 내장을 쓴 나물과 무교병과 함께 급히 먹도록 규정되어 있는 유월절 식사는 예루살렘 성 안에서 하는 것이 관례였습니다. 그러므로 다른 지방에서 유월절을 지키기 위하여 예루살렘에 온 사람들은 예루살렘 주민들에게 숙소를 제공받아야 했습니다. 그런데 유월절을 지키기 위해서 예루살렘에 오는 사람들의 수효가 워낙 많기 때문에 숙소를 구하는 일은 쉬운 일이 아니었습니다. 더욱이 예수님은 물론 예수님을 따르는 사람들은 유대인들로부터 박해를 받았기 때문에 예루살렘 성 안에서 숙소를 제공받는 것은 참으로 어려운 일이었습니다(요 9:22). 그래서 예수님의 제자들은 "우리가 어디로 가서 선생님께서 유월절 음식을 잡수시게 준비하기를 원하시나이까"라고 여쭌 것입니다.

13-15절 예수께서 제자 중의 둘을 보내시며 이르시되 성내로 들어가라 그리하면 물 한 동이를 가지고 가는 사람을 만나리니 그를 따라가서 어디든지 그가 들어가는 그 집주인에게 이르되 선생님의 말씀이 내가 내 제자들과 함께 유월절 음식을 먹을 나의 객실이 어디 있느냐 하시더라 하라 그리하면 자리를 펴고 준비한 큰 다락방을 보이리니 거기서 우리를 위하여 준비하라 하시니

제자들은 숙소를 구하는 일이 어렵기 때문에 염려하고 있었지만 예수

님께서는 예루살렘 성 안에 처소를 제공할 사람이 있다는 것을 이미 알고 계셨습니다. 그러므로 예수님께서는 제자 중에 둘을 예루살렘 성 안으로 보내셨습니다. 여기서 두 제자는 베드로와 요한이었습니다(눅 22:8).

본문의 '다락방'은 위층에 있는 방이라는 뜻으로써 사도행전 1장 13절에 표기된 다락방과 비슷한 의미입니다. 이스라엘 집에는 다락방이 있는데 그곳은 그 집의 가장 좋은 방으로서 손님을 접대할 때 사용되기도 했습니다. 그러므로 예수님께서 유월절 식사를 위하여 예비하신 처소는 크고 좋은 방이라는 것을 알 수 있습니다.

16절 제자들이 나가 성내로 들어가서 예수께서 하시던 말씀대로 만나 유월절 음식을 준비하니라

예수님의 명령을 받은 두 제자는 예수님의 말씀에 순종하여 예루살렘 성안으로 들어갔습니다. 그리고 예수님의 말씀대로 숙소를 제공해 줄 사람을 만나서 예수님과 자신들을 위해 예비된 큰 다락방으로 인도되어 유월절을 예비하였습니다.

17-18절 저물매 그 열둘을 데리시고 가서 다 앉아 먹을 때에 예수께서 이르시되 내가 진실로 너희에게 이르노니 너희 중의 한 사람 곧 나와 함께 먹는 자가 나를 팔리라 하신대

예루살렘 성안으로 파송되었던 제자들은 유월절을 예비해 놓은 후 베다니로 돌아왔습니다. 이에 예수님께서 해가 저문 후에 열두 제자를 거느리시고 예비된 처소로 가셨습니다.

하나님께서는 유월절 식사와 관련해서 "허리에 띠를 띠고 발에 신을

신고 손에 지팡이를 잡고 급히 먹으라 이것이 야훼의 유월절이니라"(출 12:11)고 말씀하셨습니다. 그러나 예수님 시대에는 당시의 식사 습관에 따라서 비스듬히 반쯤 누운 자세로 유월절 식사를 하였습니다.

이때 예수님께서 "너희 중에 한 사람 곧 나와 함께 먹는 자가 나를 팔리라" 고 하셨습니다. 예수님의 이 말씀은 그 자리에 함께 있던 열두 제자 모두에게 충격을 주었습니다. 생사를 같이 하고 동고동락(同苦同樂)해 오던 자신들 중에 예수님을 팔아넘길 배신자가 있다는 것은 제자들로서는 상상조차 할 수 없는 일이었습니다.

예수님께서 이 말씀을 하신 것은 가룻 유다에게 회개할 기회를 주시고자 함이었습니다.

19-20절 **그들이 근심하며 하나씩 하나씩 나는 아니지요 하고 말하기 시작하니 그들에게 이르시되 열둘 중의 하나 곧 나와 함께 그릇에 손을 넣는 자니라**

예수님의 말씀으로 인해 이스라엘을 애굽의 압제로부터 구원해 주신 하나님의 은혜를 기념하던 축제 분위기는 사라지고 제자들 사이에 근심과 불안감이 감돌았습니다. 제자들은 근심하며 저마다 예수님께 "나는 아니지요" 라고 여쭈었습니다. 이에 예수님께서는 "열둘 중의 하나 곧 나와 함께 그릇에 손을 넣는 자니라" 고 말씀하셨습니다. 유월절 음식은 식초와 양념에 찍어서 먹습니다. 그러므로 예수님의 말씀은 예수님과 함께 양념 그릇에 음식을 찍어 먹는 사람이 예수님을 팔 자라는 것입니다.

21절 **인자는 자기에 대하여 기록된 대로 가거니와 인자를 파는 그 사**

람에게는 화가 있으리로다 그 사람은 차라리 나지 아니하였더 라면 자기에게 좋을 뻔하였느니라 하시니라

메시아가 고난받는 종으로서 죽임을 당하리라는 것은 구약 성경에 예언되어 있습니다. 예수님께서는 자신의 죽음이 하나님의 섭리에 의한 필연적인 것으로 구약의 예언의 성취임을 말씀하셨습니다. 예수님께서는 자신이 죽어야 한다는 사실을 의연한 자세로 받아들이셨을 뿐만 아니라 오히려 자신을 팔아넘길 배신자를 동정하셨습니다. 그래서 자신을 팔고 난 다음에 영원토록 죽음의 고통을 당할 가룟 유다의 영혼을 생각하시고 "차라리 나지 아니하였더라면 자기에게 좋을 뻔하였느니라" 고 말씀하셨습니다.

그러나 가룟 유다는 예수님께서 회개의 기회를 주셨음에도 불구하고 자신의 기대에 어긋난 예수님의 사역에 분개하여 끝까지 회개하지 않고 예수님을 죽이는 일에 앞장섰습니다. 가룟 유다는 회개할 수 있는 마지막 기회를 놓치고 만 것입니다.

22절 그들이 먹을 때에 예수께서 떡을 가지사 축복하시고 떼어 제자들에게 주시며 이르시되 받으라 이것은 내 몸이니라 하시고

예수님께서는 무교병을 가지고 축복하시고 그 떡을 떼어 제자들에게 주셨습니다. 유대인들은 유월절에 무교병을 가리켜 '고난의 떡' (신 16:3) 이라고 하였습니다. 그러나 예수님께서는 유대인들의 전통적인 해석과는 달리 무교병을 가리켜 "이것은 내 몸이니라" 고 말씀하셨습니다. 그리고 "너희가 이를 행하여 나를 기념하라"(눅 22:19)고 당부하셨습니다.

이러한 예수님의 당부는 오늘날 교회에서 행해지고 있는 성찬식을 통

해 지켜지고 있으며, 성도들은 성찬을 통해 예수님의 대속을 기념합니다.

23-24절 또 잔을 가지사 감사 기도 하시고 그들에게 주시니 다 이를 마시매 이르시되 이것은 많은 사람을 위하여 흘리는 나의 피 곧 언약의 피니라

예수님께서는 떡에 이어 포도주 잔을 드시고 축사하신 후 제자들에게 주셨습니다. 그리고 제자들이 포도주를 다 마시자 그 포도주를 가리켜 "이것은 많은 사람을 위하여 흘리는 나의 피 곧 언약의 피니라" 고 말씀하셨습니다.

모세는 하나님과 이스라엘 백성들 사이의 언약을 체결할 때 언약의 피를 뿌렸습니다(출 24:8). 이 언약은 이스라엘 백성들이 하나님만을 섬기면 하나님께서 그들의 보호자가 되어 주신다는 것입니다. 그러나 이스라엘 백성들은 하나님을 저버리고 우상을 섬김으로써 스스로 하나님과의 언약을 깨뜨렸습니다.

그래서 하나님께서는 이스라엘과 더불어 '새 언약' 을 맺으실 것을 약속하셨습니다(렘 31:31). 하나님의 이 약속은 예수님의 십자가 사건을 통하여 성취되었습니다(고전 11:25). 예수님께서 십자가에서 흘리신 보혈은 인류의 죄를 대속하고 구원을 이루신 새 언약의 피 입니다. 예수님께서 이루신 새 언약은 누구든지 예수 그리스도를 믿으면 그 보배로운 피의 능력으로 죄 사함을 받고 하나님의 자녀가 된다는 것입니다.

그러므로 우리는 성찬 때마다 포도주를 마시는 것은 하나님의 구원의 은총에 감사하며 예수 그리스도와 언약 맺은 사실을 확증하는 것입니다. 그리고 성찬을 통하여 내가 예수님 안에 있고 예수님이 내 안에 계심

을 거듭 되새기게 됩니다.

25절 진실로 너희에게 이르노니 내가 포도나무에서 난 것을 하나님 나라에서 새것으로 마시는 날까지 다시 마시지 아니하리라 하시니라

예수님께서는 유월절 만찬이 지상에서의 마지막 식사임을 밝히심으로써 그 밤에 잡히실 것을 말씀하셨습니다. 그리고 장차 하나님 나라에서 다시 식사하게 될 것을 말씀하셨습니다. 이는 장차 주님께서 재림하신 후 가지실 새로운 만찬에 대한 약속입니다. 그러므로 오늘날 우리가 성찬 때 포도주를 마시는 것은 장차 도래할 메시아 왕국에서 예수님과 갖게 될 완전한 교제의 기초라고 할 수 있습니다(눅 22:29-30).

26절 이에 그들이 찬미하고 감람산으로 가니라

유월절 식사를 마치신 후 예수님께서는 제자들과 함께 찬미하고 감람산으로 가셨습니다. 예수님께서는 자신의 죽음이 임박했음을 아시면서도 하나님을 찬미하고, 기도로써 하나님의 뜻을 재확인하고 그 뜻에 순종하고자 하신 것입니다.

여기서 우리는 예수님께서 주시는 교훈을 얻을 수 있습니다. 그것은 우리가 암담하고 고통스런 환경에 처해 있을지라도 하나님을 원망, 불평하지 말고 오히려 하나님을 찬미해야 한다는 것입니다. 성경 곳곳에는 하나님을 찬미함으로써 절망 가운데서 구원받은 실례가 등장합니다. 그 중 하나가 바울과 실라 사건입니다. 바울과 실라는 빌립보 감옥에 갇혀 있을 때에 하나님을 찬미함으로써 차꼬가 풀리고 감옥문이 열리는 기적

을 체험했습니다(행 16:19-34).

그러므로 우리도 항상 주님을 찬미하는 생활을 하여야 합니다. 찬미의 생활을 실천할 때 우리는 하나님 은혜로 어떠한 난관도 이겨낼 수 있는 것입니다.

5. 베드로가 예수님을 부인할 것을 예언하심(14:27-31)

27. 예수께서 제자들에게 이르시되 너희가 다 나를 버리리라 이는
기록된바 내가 목자를 치리니 양들이 흩어지리라 하였음이니라 28.
그러나 내가 살아난 후에 너희보다 먼저 갈릴리로 가리라 29. 베드
로가 여짜오되 다 버릴지라도 나는 그리하지 않겠나이다 30. 예수
께서 이르시되 내가 진실로 네게 이르노니 오늘 이 밤 닭이 두 번 울
기 전에 네가 세 번 나를 부인하리라 31. 베드로가 힘 있게 말하되 내
가 주와 함께 죽을지언정 주를 부인하지 않겠나이다 하고 모든 제자
도 이와 같이 말하니라

27절 예수께서 제자들에게 이르시되 너희가 다 나를 버리리라 이는 기록된바 내가 목자를 치리니 양들이 흩어지리라 하였음이니라

"내가 목자를 치리니 양들이 흩어지리라". 이 말씀은 스가랴 13장 7절의 예언을 인용한 것으로 예수님의 죽음은 하나님의 계획에 따라 필연적으로 이루어질 것이며, 이로 인하여 제자들은 모두 흩어지게 될 것을 예고하신 것입니다. 예수님께서는 제자들이 장차 예수님을 버리고 도망가리라는 것을 알고 계셨습니다. 실제로 제자들은 예수님께서 잡혀 가실 때에 자신들의 목숨을 지키기 위하여 예수님을 저버리고 도망하였습니다(마 26:56; 막 14:50).

28절 그러나 내가 살아난 후에 너희보다 먼저 갈릴리로 가리라

예수님께서는 자신의 죽음뿐만 아니라 부활에 대해서도 말씀하셨습니다. 그리고 부활하신 후 제자들을 갈릴리로 인도하시겠다고 말씀하셨습니다. 제자들은 모두 예수님을 배신하고 뿔뿔이 흩어지겠지만 예수님께서는 부활하신 후 낙심한 제자들을 인도하시고, 그들이 참된 제자로서의 삶을 살 수 있도록 길을 열어 주시겠다는 것입니다.

29절 베드로가 여짜오되 다 버릴지라도 나는 그리하지 않겠나이다

베드로는 뜨거운 열정을 갖고 있는 제자였습니다. 그는 예수님에 대한 사랑에 있어서도 다른 제자들보다 뜨거웠기 때문에 "다 나를 버리리라"는 예수님의 말씀에 "다 버릴지라도 나는 그렇지 않겠나이다"라고 자신있게 말하였습니다. 그러나 이러한 베드로의 호언장담은 그의 신앙에서 나온 고백이 아니라 인간적인 생각에서 비롯된 것이었습니다.

30절 예수께서 이르시되 내가 진실로 네게 이르노니 오늘 이 밤 닭이

두 번 울기 전에 네가 세 번 나를 부인하리라

예수님을 끝까지 따르겠다고 호언장담하는 베드로에게 예수님께서는 오히려 그가 예수님을 부인할 것이라고 말씀하셨습니다. 그것도 오늘밤 닭이 두 번 울기 전에 '세 번' 부인할 것이라고 하셨습니다. 이러한 예수님의 예언은 불과 몇 시간이 지난 후 실제로 이루어졌습니다(66-72절).

31절 베드로가 힘 있게 말하되 내가 주와 함께 죽을지언정 주를 부인하지 않겠나이다 하고 모든 제자도 이와 같이 말하니라

예수님의 예언에도 불구하고 베드로는 자신이 예수님을 배반하는 일은 결단코 없을 것이라고 단언하였습니다. 다른 제자들도 한결같이 주님을 부인하지 않겠다고 장담하였습니다. 그러나 모든 제자들이 철저히 배신할 것을 알고 계셨던 예수님께서는 자신에 넘친 제자들의 호언장담(豪言壯談)에 대하여 아무런 말씀도 하지 않으셨습니다.

6. 겟세마네의 기도(14:32-42)

32. 그들이 겟세마네라 하는 곳에 이르매 예수께서 제자들에게 이르시되 내가 기도할 동안에 너희는 여기 앉아 있으라 하시고 33. 베드로와 야고보와 요한을 데리고 가실새 심히 놀라시며 슬퍼하사 34.

말씀하시되 내 마음이 심히 고민하여 죽게 되었으니 너희는 여기 머물러 깨어 있으라 하시고 35. 조금 나아가사 땅에 엎드리어 될 수 있는 대로 이때가 자기에게서 지나가기를 구하여 36. 이르시되 아빠 아버지여 아버지께는 모든 것이 가능하오니 이 잔을 내게서 옮기시옵소서 그러나 나의 원대로 마시옵고 아버지의 원대로 하옵소서 하시고 37. 돌아오사 제자들이 자는 것을 보시고 베드로에게 말씀하시되 시몬아 자느냐 네가 한 시간도 깨어 있을 수 없더냐 38. 시험에 들지 않게 깨어 있어 기도하라 마음에는 원이로되 육신이 약하도다 하시고 39. 다시 나아가 동일한 말씀으로 기도하시고 40. 다시 오사 보신즉 그들이 자니 이는 그들의 눈이 심히 피곤함이라 그들이 예수께 무엇으로 대답할 줄을 알지 못하더라 41. 세 번째 오사 그들에게 이르시되 이제는 자고 쉬라 그만 되었다 때가 왔도다 보라 인자가 죄인의 손에 팔리느니라 42. 일어나라 함께 가자 보라 나를 파는 자가 가까이 왔느니라

32절 그들이 겟세마네라 하는 곳에 이르매 예수께서 제자들에게 이르시되 내가 기도할 동안에 너희는 여기 앉아 있으라 하시고

예수님께서는 늘 기도하셨습니다. 공생애 활동을 시작하시기 전에도 먼저 40일 동안 금식 기도를 하셨고, 공생애 기간 중에도 늘 기도하는 시간을 가지셨습니다. 예수님께서는 죽음을 앞두고서도 기도를 쉬지 않으셨습니다. 제자들과 유월절 식사를 마치신 후 감람산으로 가신 예수님께서는 겟세마네에서 뜨겁게 기도하셨습니다. 자신이 온갖 멸시와 조롱을 당하고 십자가에 달려 죽어야만 한다는 것을 아신 예수님께서는 핏방울 같은 땀을 흘리시며 고뇌에 찬 기도를 하셨습니다. 이는 하나님의 뜻대로 죽음을 받아들일 힘이 필요했기 때문입니다. 큰 시련과 위기를 만났

을지라도 평안을 누리며 담대하게 나아갈 수 있는 것은 바로 기도의 힘입니다.

33-34절 베드로와 야고보와 요한을 데리고 가실새 심히 놀라시며 슬퍼하사 말씀하시되 내 마음이 심히 고민하여 죽게 되었으니 너희는 여기 머물러 깨어 있으라 하시고

예수님께서는 특별히 아끼시던 세 제자, 베드로와 야고보와 요한을 데리고 기도처로 가셨습니다. 베드로와 야고보와 요한은 변화산상에서 예수님의 영광을 목격했던 제자들로서 예수님의 마지막 기도처에까지 동행하게 된 것입니다(마 17:1-8; 막 9:2-8; 눅 9:28-36).

제자들과 함께 기도하러 가시는 예수님의 마음은 슬픔과 고난에 짓눌렸습니다. 예수님께서는 자신의 죽음을 이미 알고 계셨지만 막상 죽음에 직면하게 되자 극심한 고민에 빠지셨던 것입니다. 이것은 예수님께서 우리와 같은 인간이셨음을 일깨워 줍니다. 인류의 죄를 대속하기 위하여 인류의 죄를 대신 짊어짐으로 하나님께 완전히 버림받아 죽어야 한다는 사실은 예수님께 대단한 고통을 주었습니다. 그래서 예수님께서는 그토록 고통스런 심경을 제자들에게 토로하시고 그들에게 깨어 기도하라고 말씀하셨습니다.

35-36절 조금 나아가사 땅에 엎드리어 될 수 있는 대로 이때가 자기에게서 지나가기를 구하여 이르시되 아빠 아버지여 아버지께는 모든 것이 가능하오니 이 잔을 내게서 옮기시옵소서 그러나 나의 원대로 마시옵고 아버지의 원대로 하옵소서 하시고

예수님께서는 제자들에게 "깨어 있으라" 고 당부하신 후 그들에게서 조금 떨어진 곳으로 가셔서 땅에 엎드려 기도하셨습니다.

"이 잔을 내게서 옮기시옵소서". 예수님께서도 우리와 마찬가지로 지·정·의를 갖고 있는 인간이셨기 때문에 처절한 십자가의 죽음을 원하지 않으셨습니다. 그러므로 십자가의 죽음이 아닌 다른 방법으로 인류 구원의 길을 열어 달라고 하나님께 기도하셨던 것입니다.

그러나 예수님의 기도는 인간적인 범주에서 그치지 않았습니다. "그러나 나의 원대로 마시옵고 아버지의 원대로 하옵소서"라고 기도하심으로 인간의 범주를 뛰어 넘어 하나님의 뜻을 구했습니다. 육신에 속한 인간으로서의 예수님에게 십자가의 죽음은 견딜 수 없는 고통으로 생각되었지만 하나님의 독생자로서 성부 하나님의 뜻에 전폭적으로 순종하시겠다는 의지를 보이셨습니다. 예수님께서 하신 기도의 능력이 여기에 있습니다. 자신의 요구를 넘어서 궁극적으로는 하나님의 뜻이 이루어지기를 구한 그 기도가 바로 예수님으로 하여금 십자가 죽음의 고뇌를 이기게 한 힘이었습니다.

37절 돌아오사 제자들이 자는 것을 보시고 베드로에게 말씀하시되 시몬아 자느냐 네가 한 시간도 깨어 있을 수 없더냐

예수님께서 제자들에게 "깨어 있으라" 고 명하셨음에도 불구하고 그들은 예수님께서 기도하시고 돌아오셨을 때 잠들어 있었습니다. 제자들은 예수님께 다가올 고난을 전혀 알지 못하였던 것입니다. 이에 예수님께서는 베드로에게 "시몬아 자느냐 네가 한 시간도 깨어 있을 수 없더냐" 라고 책망하셨습니다. 예수님께서 그 자리에 함께 잠들어 있던 야고보와

요한을 제쳐 놓고 베드로를 책망하신 데에는 이유가 있습니다. 그것은 끝까지 예수님을 따르겠다고 호언장담하였던 베드로가 잠시 후면 예수님을 세 번 부인하게 될 것이므로 다른 어느 제자보다도 깨어 기도하여야 했기 때문입니다.

시험과 환난이 다가올 때 그것을 이길 수 있는 힘은 기도를 통해 얻을 수 있습니다. 기도하지 않으면 문제는 점점 더 커져서 급기야 영혼을 질식시키고 맙니다. 그런데 베드로는 영적으로 잠들어 있었습니다. 그 결과 베드로는 예수님의 예언대로 예수님을 부인하는 배신자가 되고 만 것입니다.

38절 시험에 들지 않게 깨어 있어 기도하라 마음에는 원이로되 육신이 약하도다 하시고

예수님께서는 인간의 나약함을 알고 계셨습니다. 그 때문에 잠든 베드로를 책망하시면서도 육신의 연약함을 인정하시고 "시험에 들지 않게 깨어 있어 기도하라" 고 재차 당부하셨습니다.

기도는 육신의 욕구와 싸우는 것입니다. 마음으로는 끊임없이 기도하기를 원하지만 육신의 소욕은 기도의 장애 요인으로 작용합니다. 그렇기 때문에 사도 바울도 "내 지체 속에서 한 다른 법이 내 마음의 법과 싸워 내 지체 속에 있는 죄의 법으로 나를 사로잡는 것을 보는도다 오호라 나는 곤고한 사람이로다 이 사망의 몸에서 누가 나를 건져내랴"(롬 7:23-24)고 탄식하고, "내 자신이 마음으로는 하나님의 법을 육신으로는 죄의 법을 섬기노라"(롬 7:25)고 고백하였던 것입니다. 죄의 법을 섬기는 육신의 소욕을 따르지 않기 위해서는 끊임없이 영적인 싸움을 해야 합니다.

이 영적 싸움에서는 기도하는 자만이 승리할 수 있습니다. 그러므로 우리는 승리하는 신앙생활을 하기 위하여 항상 기도에 힘써야 합니다.

39-40절 다시 나아가 동일한 말씀으로 기도하시고 다시 오사 보신즉 그들이 자니 이는 그들의 눈이 심히 피곤함이라 그들이 예수께 무엇으로 대답할 줄을 알지 못하더라

'동일한 말씀' 이란 첫 번째 기도하신 것과 같은 말씀으로 기도하셨다는 것입니다. 두 번째 기도를 마치신 후 예수님께서 돌아와 보시니 제자들은 또 잠들어 있었습니다. 이에 대하여 성경은 그들의 눈이 심히 피곤하였기 때문이라고 하였습니다. 그러나 예수님의 거듭되는 당부에도 불구하고 그들이 잠든 것은 단지 피곤 때문만은 아니었습니다. 그들은 영적으로 무지하여 사태의 심각성을 알지 못했던 것입니다. 잠이 깬 제자들은 매우 당황하여 예수님께 아무 말도 할 수가 없었습니다.

41절 세 번째 오사 그들에게 이르시되 이제는 자고 쉬라 그만 되었다 때가 왔도다 보라 인자가 죄인의 손에 팔리느니라

예수님께서는 '대속의 죽음' 이라는 큰 문제를 앞에 두고 세 번 반복하여 간절히 기도하셨습니다. 그리고 기도를 마치신 후 제자들에게 오셔서 "이제는 자고 쉬라" 고 말씀하셨습니다. 이는 예수님의 고난을 위하여 기도할 시기가 지나갔다는 것입니다.

"때가 왔도다 보라 인자가 죄인의 손에 팔리느니라" 는 말씀이 의미하듯이 이제는 본격적인 환난의 때입니다. 여기서 '죄인' 은 하나님을 대적하여 행동하는 사람을 말합니다. 예수님을 잡아 죽이려고 하는 대제사장

들은 하나님 앞에 제사를 지내는 성직자들이었지만 실제로는 하나님을 대적하는 행동을 하는 죄인이었습니다. 이제 예수님께서는 그동안 거듭 예고하셨던 대로 죽음의 길을 가게 되신 것입니다. 그러나 그 죽음의 길은 하나님의 예정에 따라 필연적으로 거쳐야 할 과정이었으며 이는 우리에게 구원의 문을 활짝 열어 주는 길이었습니다.

42절 일어나라 함께 가자 보라 나를 파는 자가 가까이 왔느니라

예수님께서는 세 번 반복하여 기도하시는 가운데 자신을 하나님께 맡기고 하나님의 뜻에 순종하기로 작정하셨습니다. 그래서 자신을 잡으러 오는 자들을 맞이할 마음의 준비가 되어 있었습니다.

7. 예수님께서 잡히심(14:43-52)

43. 예수께서 말씀하실 때에 곧 열둘 중의 하나인 유다가 왔는데 대제사장들과 서기관들과 장로들에게서 파송된 무리가 검과 몽치를 가지고 그와 함께 하였더라 44. 예수를 파는 자가 이미 그들과 군호를 짜 이르되 내가 입 맞추는 자가 그이니 그를 잡아 단단히 끌어가라 하였는지라 45. 이에 와서 곧 예수께 나아와 랍비여 하고 입을 맞추니 46. 그들이 예수께 손을 대어 잡거늘 47. 곁에 서 있는 자 중의 한 사람이 칼을 빼어 대제사장의 종을 쳐 그 귀를 떨어뜨리니라 48.

예수께서 무리에게 말씀하여 이르시되 너희가 강도를 잡는 것같이 검과 몽치를 가지고 나를 잡으러 나왔느냐 49. 내가 날마다 너희와 함께 성전에 있으면서 가르쳤으되 너희가 나를 잡지 아니하였도다 그러나 이는 성경을 이루려 함이니라 하시더라 50. 제자들이 다 예수를 버리고 도망하니라 51. 한 청년이 벗은 몸에 베 홑이불을 두르고 예수를 따라가다가 무리에게 잡히매 52. 베 홑이불을 버리고 벗은 몸으로 도망하니라

43절 예수께서 말씀하실 때에 곧 열둘 중의 하나인 유다가 왔는데 대제사장들과 서기관들과 장로들에게서 파송된 무리가 검과 몽치를 가지고 그와 함께 하였더라

예수님께서 제자들에게 말씀하시고 계실 때에 예수님을 잡으러 온 자들이 들이닥쳤습니다. 그들을 이끌고 온 사람은 다름 아닌 예수님의 제자 가룟 유다였습니다. 그는 마지막 유월절 식사 자리에서 빠져나와 대제사장들과 서기관들과 장로들을 찾아갔던 것입니다. 그는 예수님께서 식사 후에 겟세마네로 가셔서 기도하실 것을 알고 있었습니다. 그리고 그때가 사람들의 눈을 피해 예수님을 체포하기에 가장 좋은 기회라는 것을 알고 무리를 이끌고 겟세마네로 온 것입니다.

예수님께서는 친히 열두 제자를 택하셨는데 그 중에서도 가룟 유다는 돈궤를 맡을 정도로 예수님께 신임을 많이 받은 자였습니다. 그런데 예수님의 사랑과 신임을 받던 가룟 유다가 예수님을 판 것입니다.

44절 예수를 파는 자가 이미 그들과 군호를 짜 이르되 내가 입 맞추는 자가 그이니 그를 잡아 단단히 끌어가라 하였는지라

가룟 유다는 예수님의 체포를 성공적으로 수행하기 위해 예수님을 잡으러 오기 전에 미리 군호를 짰습니다. '군호' 란 신호를 말합니다. 가룟 유다는 예수님에게 입을 맞추는 것을 신호로 삼아서 자신이 이끌고 온 무리들로 하여금 예수님을 잡아가도록 한 것입니다. 오늘날과 마찬가지로 그 당시에도 중동과 이스라엘 지역에서는 사랑의 표시로 서로 포옹하고 입을 맞추었습니다. 그런데 가룟 유다는 사랑의 표시인 입맞춤을 예수님을 배신하는 수단으로 사용하였던 것입니다.

45절 이에 와서 곧 예수께 나아와 랍비여 하고 입을 맞추니

검과 몽치로 무장한 무리를 이끌고 온 가룟 유다는 예수님을 발견하자 곧 그 앞에 나아왔습니다. 그리고 미리 군호를 짠 대로 예수님께 배신의 입맞춤을 하였습니다. 예수님께서는 가룟 유다의 이러한 행위가 무엇을 의미하는지 잘 알고 계셨습니다. 그럼에도 불구하고 예수님께서는 이 배신 행위를 담담히 받아들이셨습니다.

46-47절 그들이 예수께 손을 대어 잡거늘 곁에 서 있는 자 중의 한 사람이 칼을 빼어 대제사장의 종을 쳐 그 귀를 떨어뜨리니라

무리가 예수님을 잡아가기 위해 손을 대자 예수님의 제자 중 한 명이 칼을 빼어 대제사장의 종의 귀를 쳤습니다. 요한복음 18장 10절에 의하면 이때 칼을 휘두른 사람은 '베드로' 이고 베드로의 칼에 귀가 떨어져 나간 사람은 대제사장의 종인 '말고' 입니다.

그러나 예수님께서는 베드로에게 "네 칼을 도로 칼집에 꽂으라 칼을 가지는 자는 다 칼로 망하느니라"(마 26:52)고 책망하셨습니다. 어떤 일을

해결함에 있어서 평화를 유지하지 않고 폭력을 쓰면 폭력으로 망하고 무력을 쓰면 무력으로 망한다는 것입니다. 그리고 예수님께서는 즉시 말고의 귀를 낫게 해주심으로써 죽음을 눈 앞에 둔 상황에서도 모든 인간에 대한 지극한 사랑을 보여 주셨습니다(눅 22:51). 자신을 잡아가려는 사람이 당하는 고통에 대해서도 외면하지 않으시고 치료해 주시는 예수님의 사랑에 우리는 감동하지 않을 수 없습니다.

48-49절 예수께서 무리에게 말씀하여 이르시되 너희가 강도를 잡는 것같이 검과 몽치를 가지고 나를 잡으러 나왔느냐 내가 날마다 너희와 함께 성전에 있으면서 가르쳤으되 너희가 나를 잡지 아니하였도다 그러나 이는 성경을 이루려 함이니라 하시더라

예수님께서는 강도를 잡는 것같이 검과 몽치를 가지고 온 무리에게 "내가 예루살렘 성전에서 아무 방비도 없이 가르칠 때는 잡지 못하더니 왜 이제야 잡으러 왔느냐?" 고 말씀하셨습니다. 그리고 지금 이루어지는 일은 그들이 힘이 있어서도 아니요, 예수님께서 무능력하셔서도 아니라 오직 하나님의 말씀이 이루어지기 위함이라고 말씀하셨습니다.

구약 성경은 예수님께서 오실 것을 3백 번이나 예언하였고, 특히 이사야는 "그가 찔림은 우리의 허물 때문이요 그가 상함은 우리의 죄악 때문이라 그가 징계를 받음으로 우리는 평화를 누리고 그가 채찍에 맞으므로 우리는 나음을 받았도다 우리는 다 양 같아서 그릇 행하여 각기 제 길로 갔거늘 야훼께서는 우리 모두의 죄악을 그에게 담당시키셨도다"(사 53:5-6)라고 예언했습니다. 이처럼 예수님께서 고난의 종으로 오실 것이 성경

에 분명히 예언되어 있기 때문에 그 예언이 성취되기 위하여 예수님께서 잡히시고 죽임을 당하신다는 것입니다.

50절 제자들이 다 예수를 버리고 도망하니라

불과 몇 시간 전만 해도 제자들은 예수님을 끝까지 따르겠다고 앞 다투어 다짐했습니다. 그러나 막상 예수님께서 체포되시자 제자들은 한 사람도 예외 없이 다 달아나 버렸습니다. 참된 인간관계는 환난을 통해 드러납니다. 형편이 좋을 때에는 누구나 친구가 되지만 거센 시련이 닥쳐올 때는 그렇지 않습니다. 고난의 짐을 함께 져 주는 이가 참친구요, 참선생이요, 참제자입니다. 그런데 제자들은 위기에 처한 예수님을 버리고 도망갔습니다. 제자들이 예수님을 버릴 것이라는 예수님의 예언이 이루어진 것입니다.

51-52절 한 청년이 벗은 몸에 베 홑이불을 두르고 예수를 따라가다가 무리에게 잡히매 베 홑이불을 버리고 벗은 몸으로 도망하니라

예수님께서 잡혀 가신다는 소문은 삽시간에 퍼져 거리가 소란해졌습니다. 자다가 소문을 들은 한 청년은 미처 옷을 갈아입지도 못하고 베 홑이불을 두르고 거리로 나와 예수님을 따라갔습니다. 그런데 무리들이 그를 예수님의 제자라고 잡자 그는 베 홑이불을 버리고 벗은 몸으로 도망갔습니다. 이 청년이 누구인가에 대해서는 성경이 밝히고 있지 않아 이견이 분분합니다.

그런데 이 사건은 사복음서 중 오직 본 서에만 기록되어 있습니다. 이것으로 보아 본 서의 저자인 마가가 자신의 이야기를 삽입함으로써 예수님께서 심지어 제자들에게조차 철저히 버림받으셨음을 강조했다고 볼 수 있습니다. 따라서 이 청년을 마가라고 보는 견해도 일리가 있습니다.

제자들은 예수님을 아무리 사랑한다고 해도 자신들의 생명과는 바꿀 수 없었던 것입니다. 그래서 모두 도망갔고 마가도 예외일 수 없었습니다. 그러나 "너희는 몇 날이 못 되어 성령으로 침례를 받으리라 오직 성령이 너희에게 임하시면 너희가 권능을 받고 예루살렘과 온 유대와 사마리아와 땅 끝까지 이르러 내 증인이 되리라"(행 1:5,8)고 하신 예수님의 말씀대로 후에 제자들은 성령을 받고 주님을 위하여 순교하였습니다. 성령이 임하자 자신의 생명보다 복음 전파를 더 귀하게 여겼던 것입니다.

8. 대제사장의 심문(14:53-65)

53. 그들이 예수를 끌고 대제사장에게로 가니 대제사장들과 장로들
과 서기관들이 다 모이더라 54. 베드로가 예수를 멀찍이 따라 대제
사장의 집 뜰 안까지 들어가서 아랫사람들과 함께 앉아 불을 쬐더라
55. 대제사장들과 온 공회가 예수를 죽이려고 그를 칠 증거를 찾되
얻지 못하니 56. 이는 예수를 쳐서 거짓 증언하는 자가 많으나 그 증
언이 서로 일치하지 못함이라 57. 어떤 사람들이 일어나 예수를 쳐
서 거짓 증언하여 이르되 58. 우리가 그의 말을 들으니 손으로 지은

이 성전을 내가 헐고 손으로 짓지 아니한 다른 성전을 사흘 동안에
지으리라 하더라 하되 59. 그 증언도 서로 일치하지 않더라 60. 대
제사장이 가운데 일어서서 예수에게 물어 이르되 너는 아무 대답도
없느냐 이 사람들이 너를 치는 증거가 어떠하냐 하되 61. 침묵하고
아무 대답도 아니하시거늘 대제사장이 다시 물어 이르되 네가 찬송
받을 이의 아들 그리스도냐 62. 예수께서 이르시되 내가 그니라 인
자가 권능자의 우편에 앉은 것과 하늘 구름을 타고 오는 것을 너희가
보리라 하시니 63. 대제사장이 자기 옷을 찢으며 이르되 우리가 어
찌 더 증인을 요구하리요 64. 그 신성 모독하는 말을 너희가 들었도
다 너희는 어떻게 생각하느냐 하니 그들이 다 예수를 사형에 해당한
자로 정죄하고 65. 어떤 사람은 그에게 침을 뱉으며 그의 얼굴을 가
리고 주먹으로 치며 이르되 선지자 노릇을 하라 하고 하인들은 손바
닥으로 치더라

53절 그들이 예수를 끌고 대제사장에게로 가니 대제사장들과 장로들과 서기관들이 다 모이더라

무리에게 끌려가신 예수님께서는 먼저 안나스에게 예비 심문을 받으시고(요 18:12-14), 다시 대제사장 가야바의 집으로 끌려가셨습니다(마 26:57). 예수님의 체포 소식은 즉시 산헤드린 공회원들에게 알려졌고 이에 산헤드린 공회원인 대제사장들과 장로들과 서기관들이 다 모였습니다. 산헤드린은 유대인들의 최고 재판 기관으로서 종교 문제는 물론 민사 문제까지 처리할 수 있는 권한을 가지고 있었습니다. 그런데 이 재판 기관은 밤에 공회를 소집하는 예가 없었습니다. 공회 전에 미리 공고해서 낮에 소집하는 것이 통례입니다. 그런데 새벽 2, 3시경에 가야바의 집

에서 산헤드린 공회가 소집되었습니다. 유대 종교 지도자들은 그들의 소원대로 예수님을 잡아 죽일 수 있는 좋은 기회라고 생각하고 예외적인 시간에 서둘러 회의를 소집했던 것입니다.

54절 베드로가 예수를 멀찍이 따라 대제사장의 집 뜰 안까지 들어가서 아랫사람들과 함께 앉아 불을 쬐더라

제자들은 예수님께서 잡혀가시자 모두 도망갔습니다. 베드로도 도망가다가 발걸음을 돌이켜 멀찍이 떨어져서 예수님의 뒤를 따랐습니다. 이때 베드로 곁에는 요한이 함께 있었습니다(요 18:15-16). 베드로가 아무런 제지도 받지 않고 무사히 대제사장의 집 뜰 안까지 들어갈 수 있었던 것은 그와 동행한 요한이 대제사장과 잘 아는 사이였기 때문입니다. 베드로는 예수님께서 끌려가신 대제사장의 집 뜰 안에서 그 집의 아랫사람들과 함께 앉아 불을 쬐며 몸을 녹이고 있었습니다.

55-56절 대제사장들과 온 공회가 예수를 죽이려고 그를 칠 증거를 찾되 얻지 못하니 이는 예수를 쳐서 거짓 증언하는 자가 많으나 그 증언이 서로 일치하지 못함이라

유대 법상 죄인을 정죄하고 처형하기 위해서는 두 사람 이상의 증인이 있어야 했습니다(신 17:6; 19:15). 그래서 대제사장들과 산헤드린 공회는 예수님을 정죄하기 위하여 증인들을 구하였습니다. 그러나 많은 증인들이 있었지만 예수님을 쳐서 증거하는 내용은 모두 달랐습니다. 그 때문에 대제사장들과 산헤드린 공회는 예수님의 유죄를 성립시킬 만한 증거를 구할 수가 없었습니다.

57-59절 어떤 사람들이 일어나 예수를 쳐서 거짓 증언하여 이르되 우리가 그의 말을 들으니 손으로 지은 이 성전을 내가 헐고 손으로 짓지 아니한 다른 성전을 사흘 동안에 지으리라 하더라 하되 그 증언도 서로 일치하지 않더라

증인들의 증언이 분분함으로 인하여 예수님을 처형할 구실을 찾지 못해 대제사장들과 산헤드린 공회가 안절부절못하고 있을 때 어떤 사람이 일어나 증언하였습니다. 그는 예수님께서 "손으로 지은 이 성전을 내가 헐고 손으로 짓지 아니한 다른 성전을 사흘에 지으리라" 고 말씀하셨다고 거짓 증언을 하였습니다.

예수님께서는 초기 유대 사역 기간 중에 "너희가 이 성전을 헐라 내가 사흘 동안에 일으키리라"(요 2:19)고 말씀하셨습니다. 여기서 예수님께서 말씀하신 '성전' 은 예루살렘 성전이 아니라 '예수님의 몸' 을 가리킵니다. 즉, 예수님께서는 자신이 죽은 지 사흘 만에 부활하실 것을 말씀하셨던 것입니다. 그런데 이 증인은 이러한 예수님의 말씀의 의미를 깨닫지 못하고 예수님께서 성전을 모독하였다고 증언한 것입니다. 그러나 이 곡해된 증언과 일치되는 증언은 나오지 않았습니다.

60-61절 대제사장이 가운데 일어서서 예수에게 물어 이르되 너는 아무 대답도 없느냐 이 사람들이 너를 치는 증거가 어떠하냐 하되 침묵하고 아무 대답도 아니하시거늘 대제사장이 다시 물어 이르되 네가 찬송받을 이의 아들 그리스도냐

예수님께서는 많은 증인들이 예수님을 쳐서 거짓 증언을 하였음에도 불구하고 잠잠히 계셨습니다. 그러나 증인들의 증언은 제각기 달라서

예수님을 죄인이라고 정죄할 증거가 없었습니다. 이에 마음이 조급해진 대제사장이 일어나 직접 예수님을 심문하였습니다. "이 사람들이 너를 치는 증거가 어떠하냐?" 그러나 주님께서는 아무런 답변도 하지 않으셨습니다. 예수님께서는 이미 겟세마네 기도를 통하여 하나님께서 주시는 죽음의 잔을 피하지 않기로 작정하셨기 때문에 자신의 목숨을 지키기 위하여 구차한 변명을 하지 않으신 것입니다.

예수님이 침묵으로 일관하시자 대제사장은 "네가 찬송받을 이의 아들 그리스도냐?" 라고 다시 질문하였습니다. 여기서 '찬송받을 이' 는 하나님을 의미합니다. 대제사장은 예수님께 신성 모독죄라는 죄명을 붙여 처형하려는 생각이 가득하였던 것입니다.

62절 예수께서 이르시되 내가 그니라 인자가 권능자의 우편에 앉은 것과 하늘 구름을 타고 오는 것을 너희가 보리라 하시니

이제껏 침묵으로 일관하시던 예수님께서는 "내가 하나님의 아들 그리스도다. 내가 하나님의 우편에 앉은 것과 하늘 구름을 타고 오는 것을 너희가 보리라." 고 말씀하셨습니다. 예수님께서는 후에 부활 승천하셔서 이 말씀대로 하나님 보좌 우편에 앉으셨습니다(벧전 3:22).

초대 교회의 일곱 집사 중 한 사람이었던 스데반은 순교하기 전에 예수님께서 하나님 우편에 앉으신 것을 직접 보고 "하늘이 열리고 인자가 하나님 우편에 서신 것을 보노라"(행 7:56)고 말하였습니다.

"하늘 구름을 타고 오는 것을 너희가 보리라" 말씀하신 예수님의 대답은, "인자 같은 이가 하늘 구름을 타고 와서 옛적부터 항상 계신 이에게 나아가 그 앞으로 인도되매 그에게 권세와 영광과 나라를 주고 모든 백성

과 나라들과 다른 언어를 말하는 모든 자들이 그를 섬기게 하였으니 그의 권세는 소멸되지 아니하는 영원한 권세요 그의 나라는 멸망하지 아니할 것이니라" 고 예언된 다니엘 7장 13절부터 14절의 말씀을 인용한 것입니다. 이것은 예수님께서 재림하실 때의 모습을 묘사한 것으로서 예수님께서 초림 때에는 낮고 천한 '고난의 종' 으로 오셨지만 재림하실 때에는 '영광과 권능의 심판주' 로 오신다는 것을 예고해 주고 있습니다.

63-65절 대제사장이 자기 옷을 찢으며 이르되 우리가 어찌 더 증인을 요구하리요 그 신성 모독하는 말을 너희가 들었도다 너희는 어떻게 생각하느냐 하니 그들이 다 예수를 사형에 해당한 자로 정죄하고 어떤 사람은 그에게 침을 뱉으며 그의 얼굴을 가리고 주먹으로 치며 이르되 선지자 노릇을 하라 하고 하인들은 손바닥으로 치더라

스스로 하나님의 아들 그리스도이심을 시인하는 예수님의 답변에 대제사장은 분노를 금치 못하였습니다. 그래서 대제사장은 자기 옷을 찢으며 예수님을 정죄하기 시작하였습니다. 이제까지 여러 증인들이 증언을 했어도 일치된 증언이 없었기 때문에 예수님을 정죄할 수 없었던 차에 예수님의 말씀 한 마디가 예수님을 죄인으로 판결할 수 있는 결정적인 증거가 되고 만 것입니다. 결정적인 증거를 포착한 대제사장은 더 이상의 증인은 필요 없다며 예수님의 말씀을 '신성 모독하는 말' 이라고 하였습니다. 신성 모독은 사형에 해당하는 죄입니다(레 24:16).

대제사장은 공회원들의 의견을 물어 보았습니다. 이에 산헤드린 공회원들은 만장일치로 예수님을 사형에 해당하는 죄로 정죄하고 예수님께

모욕적인 언사와 폭행을 서슴지 않았습니다. 또한 이를 본 하인들까지도 합세하여 예수님을 조롱하고 폭행하였습니다. 그러나 예수님께서는 아무런 저항도 하지 않으시고 묵묵히 이 모든 고난을 견디셨습니다.

9. 베드로의 부인(14:66-72)

66. 베드로는 아랫뜰에 있더니 대제사장의 여종 하나가 와서 67. 베드로가 불 쬐고 있는 것을 보고 주목하여 이르되 너도 나사렛 예수와 함께 있었도다 하거늘 68. 베드로가 부인하여 이르되 나는 네가 말하는 것이 무엇인지 알지도 못하고 깨닫지도 못하겠노라 하며 앞뜰로 나갈새 69. 여종이 그를 보고 곁에 서 있는 자들에게 다시 이르되 이 사람은 그 도당이라 하되 70. 또 부인하더라 조금 후에 곁에 서 있는 사람들이 다시 베드로에게 말하되 너도 갈릴리 사람이니 참으로 그 도당이니라 71. 그러나 베드로가 저주하며 맹세하되 나는 너희가 말하는 이 사람을 알지 못하노라 하니 72. 닭이 곧 두 번째 울더라 이에 베드로가 예수께서 자기에게 하신 말씀 곧 닭이 두 번 울기 전에 네가 세 번 나를 부인하리라 하심이 기억되어 그 일을 생각하고 울었더라

66-67절 베드로는 아랫뜰에 있더니 대제사장의 여종 하나가 와서 베드로가 불 쬐고 있는 것을 보고 주목하여 이르되 너도 나사

렛 예수와 함께 있었도다 하거늘

예수님께 대한 사랑과 자신의 호언장담에 대한 책임감 때문에 차마 도망갈 수 없어 예수님의 뒤를 몰래 따라온 베드로는 예수님께서 산헤드린 공회원들에게 심문을 받으시는 동안 대제사장의 집 아랫뜰에서 불을 쬐고 있었습니다. 막상 예수님을 따라 대제사장 집 안까지 들어왔지만 베드로의 마음은 두려움으로 가득하였습니다. 누군가 자신을 알아보고 정죄할지도 모른다는 생각이 베드로로 하여금 두려움을 느끼게 하였던 것입니다. 그런데 바로 그때 대제사장의 여종 한 명이 와서 베드로를 주목하다가 급기야 그를 알아보고 "너도 나사렛 예수와 함께 있었도다"라고 말하였습니다.

68절 베드로가 부인하여 이르되 나는 네가 말하는 것이 무엇인지 알지도 못하고 깨닫지도 못하겠노라 하며 앞뜰로 나갈새

여종의 느닷없는 말에 베드로는 아연실색하였습니다. 베드로는 여종의 말을 부인하고 자신의 안전을 위해 앞뜰로 나갔습니다. 그러나 아직도 예수님을 사랑하고 염려하였기에 차마 도망가지는 못하고 앞뜰에서 계속 일의 추이를 지켜보기로 하였습니다.

69-70절 여종이 그를 보고 곁에 서 있는 자들에게 다시 이르되 이 사람은 그 도당이라 하되 또 부인하더라 조금 후에 곁에 서 있는 사람들이 다시 베드로에게 말하되 너도 갈릴리 사람이니 참으로 그 도당이니라

위기를 모면하기 위하여 아랫뜰에서 앞뜰로 자리를 옮겼지만 대제사

장의 여종이 또 베드로를 발견하고 다시 "그 도당이라" 고 하였습니다. 이에 베드로는 펄쩍 뛰며 자신은 예수님과 한패가 아니라고 부인하였습니다. 처음에 부인하는 것이 어렵지, 일단 한 번 입으로 발설한 말을 두 번 세 번 반복하는 것은 어렵지 않습니다. 그러나 베드로의 거듭되는 부인에도 불구하고 사람들은 그의 말을 믿지 않았습니다. 오히려 사람들은 베드로의 말을 통해 드러나는 갈릴리 사람 특유의 말투를 알아차려 "너도 갈릴리 사람이니 참으로 그 도당이니라" 고 베드로를 몰아세웠습니다.

71-72절 그러나 베드로가 저주하며 맹세하되 나는 너희가 말하는 이 사람을 알지 못하노라 하니 닭이 곧 두 번째 울더라 이에 베드로가 예수께서 자기에게 하신 말씀 곧 닭이 두 번 울기 전에 네가 세 번 나를 부인하리라 하심이 기억되어 그 일을 생각하고 울었더라

베드로는 사면초가의 위기 상황에서 어찌할 바를 몰랐습니다. 단지 이 상황에서 빨리 벗어나고 싶어 그만 사람들 앞에서 예수님을 저주하고 예수님을 모른다고 맹세하기까지 하였습니다. 죽음의 자리까지도 마다하지 않고 기꺼이 따르겠다고 호언장담하였던 베드로의 결의는 위태로운 상황이 현실로 다가오자 여지없이 무너지고 말았습니다.

베드로가 하나님의 이름으로 맹세하면서 예수님을 모른다고 부인했을 때 두 번째 닭 우는 소리가 들렸습니다. 그때 베드로는 예수님의 예언대로 닭이 두 번 울기 전에 예수님을 세 번 부인하였음을 깨닫고 마음이 갈기갈기 찢어지는 듯이 고통스러웠습니다. 사랑하고 존경하는 스승을

철저히 배반한 그는 마음에 깊은 상처를 입은 채 참회의 통곡을 하였습니다. 배신자라는 죄책감은 베드로를 절망에 빠뜨렸습니다.

그러나 예수님께서는 부활하신 후, 깊은 절망에 빠져 헤어나지 못하고 있는 베드로를 찾아와 구원해 주셨습니다(요 21:1-17). 그리고 자신의 한계를 깨닫고 겸손해진 베드로에게 사도의 사명을 위임해 주심으로써 베드로를 완전하게 회복시켜 주셨습니다.

제 15 장

예수 그리스도의 고난(2)

빌라도의 재판	15:1-15
희롱을 당하시는 예수님	15:16-20
십자가에 못 박히시는 예수님	15:21-32
운명하시는 예수님	15:33-41
무덤에 묻히심	15:42-47

A COMMENTARY
ON THE GOSPEL OF
MARK

본 장에는 예수 그리스도의 고난이 절정에 달하여 끝내는 십자가를 지시는 과정이 기록되어 있습니다. 예수님께서는 밤이 새도록 산헤드린 공회원들에게 시달리신 후 새벽에 빌라도의 법정으로 넘겨지셨습니다.

예수님께서는 빌라도에게 심문을 받으실 때 결코 변명하지 않으셨으며 로마 군병들과 백성들의 모욕에도 대항하지 않으셨습니다. 예수님께서는 묵묵히 골고다의 언덕까지 십자가를 지셨으며, 6시간 동안 십자가 위에서 고통당하신 끝에 결국 인간을 위한 속죄의 제물로 자신을 바치셨습니다.

본 장은 예수님께서 십자가에 못 박혀 죽으신 사건이 역사적인 사실임을 생생하게 보여 주는데, 이는 결국 인간을 구원하시려는 하나님의 계획이 성취되었음을 증명합니다.

1. 빌라도의 재판(15:1-15)

1. 새벽에 대제사장들이 즉시 장로들과 서기관들 곧 온 공회와 더불
어 의논하고 예수를 결박하여 끌고 가서 빌라도에게 넘겨주니 2. 빌
라도가 묻되 네가 유대인의 왕이냐 예수께서 대답하여 이르시되 네
말이 옳도다 하시매 3. 대제사장들이 여러 가지로 고발하는지라 4.
빌라도가 또 물어 이르되 아무 대답도 없느냐 그들이 얼마나 많은 것
으로 너를 고발하는가 보라 하되 5. 예수께서 다시 아무 말씀으로도
대답하지 아니하시니 빌라도가 놀랍게 여기더라 6. 명절이 되면 백
성들이 요구하는 대로 죄수 한 사람을 놓아주는 전례가 있더니 7.
민란을 꾸미고 그 민란 중에 살인하고 체포된 자 중에 바라바라 하는
자가 있는지라 8. 무리가 나아가서 전례대로 하여 주기를 요구한대
9. 빌라도가 대답하여 이르되 너희는 내가 유대인의 왕을 너희에게
놓아주기를 원하느냐 하니 10. 이는 그가 대제사장들이 시기로 예수
를 넘겨준 줄 앎이러라 11. 그러나 대제사장들이 무리를 충동하여
도리어 바라바를 놓아 달라 하게 하니 12. 빌라도가 또 대답하여 이
르되 그러면 너희가 유대인의 왕이라 하는 이를 내가 어떻게 하랴

13. 그들이 다시 소리 지르되 그를 십자가에 못 박게 하소서 14. 빌라
도가 이르되 어찜이냐 무슨 악한 일을 하였느냐 하니 더욱 소리 지르
되 십자가에 못 박게 하소서 하는지라 15. 빌라도가 무리에게 만족
을 주고자 하여 바라바는 놓아주고 예수는 채찍질하고 십자가에 못
박히게 넘겨주니라

1절 새벽에 대제사장들이 즉시 장로들과 서기관들 곧 온 공회와 더불어 의논하고 예수를 결박하여 끌고 가서 빌라도에게 넘겨주니

로마 정부는 자신들이 요구하는 세금 납부를 거부하거나 로마에 대하여 반역을 도모하는 등의 사형에 해당하는 죄수를 제외하고는 유대인 특유의 전통에 의하여 구성된 '산헤드린 공회' 에 상당한 재량권을 부여하고 있었습니다. 특히 종교적인 문제의 대부분은 산헤드린 공회의 결정에 따라 처리되었습니다. 이 '공회' 는 유대의 귀족 계급인 바리새인들과 사두개인들로 구성되어 있었습니다. 최고의 지도자는 대제사장으로, 그는 사형 집행권을 제외한 모든 사법권을 행사할 수 있었습니다.

산헤드린 공회는 밤에 소집할 수 없음에도 불구하고 규정을 어기고 공회를 밤에 소집하여 새벽까지 예수님을 심문한 후 그를 빌라도에게 넘겼습니다. 이는 생살권을 가진 빌라도로 하여금 신속히 예수님을 처형하도록 하기 위함이었습니다. 그러나 하나님께서는 산헤드린 공회원들을 통해서 창세전에 예정하신 예수님의 십자가 대속을 이루고 계셨습니다.

2절 빌라도가 묻되 네가 유대인의 왕이냐 예수께서 대답하여 이르시되 네 말이 옳도다 하시매

빌라도가 예수님께 “네가 유대인의 왕이냐?” 고 질문한 것은 산헤드린 공회의 고소 내용을 확인하는 것이었습니다. 그들의 고소 내용 중에는 예수님께서 민란을 일으켜 로마 정부에 위협을 가하는 정치적인 메시아라는 내용도 포함되어 있었기 때문입니다. 그러나 예수님께서는 서슴지 않고 자신이 왕이심을 밝히셨습니다.

예수님께서 말씀하신 왕은 세상 나라의 왕이 아니라 하나님 나라의 왕입니다. 예수님께서는 자신의 왕국이 이 땅에 속해 있지 아니하고 하늘나라에 속해 있음을 누누이 말씀하셨습니다(요 18:36).

3절 대제사장들이 여러 가지로 고발하는지라

빌라도의 관심은 오직 예수님께서 이 세상의 왕이냐, 아니냐에 있었습니다. 왜냐하면 예수님께서 자칭 왕이라고 주장하여 정치적인 혁명을 일으킬까 염려되었기 때문입니다. 만일 예수님께서 이 세상의 왕이 아니라면 로마 왕국에는 아무런 지장이 없으므로 구태여 예수님을 처벌할 필요가 없었습니다.

그러나 대제사장들에게는 예수님이 눈엣가시 같은 존재였습니다. 당시 대제사장들과 종교 지도자들은, 나라를 빼앗겨 왕을 잃은 유대인들에게 의지의 대상이었고 정신적인 지주였습니다. 그 때문에 그들은 백성들에게 최고의 존경을 받음은 물론 부귀와 영화까지도 누리고 있었습니다. 그런데 이제 많은 백성들이 예수님을 따르자 자신들의 위치에 위기감을 느꼈던 것입니다.

그러므로 대제사장들은 온갖 거짓말로 예수님을 모함하여 빌라도를 충동하였습니다. 그들이 이렇게 여러 가지로 예수님을 고발한 것은 오직 예수님을 처형시키기 위함입니다. 그래서 그들은 예수님께서 무리를 선동하여 로마의 정부에 대항한다는 조문을 고발의 내용에 넣었던 것입니다.

4-5절 빌라도가 또 물어 이르되 아무 대답도 없느냐 그들이 얼마나 많은 것으로 너를 고발하는가 보라 하되 예수께서 다시 아무 말씀으로도 대답하지 아니하시니 빌라도가 놀랍게 여기더라

예수님께서는 그 거짓 고소자들을 향하여 한 마디의 변명도 없이 침묵으로 일관하셨습니다. 빌라도가 그러한 예수님을 의아하게 생각한 것은 당연한 일입니다. 빌라도는 유대의 총독으로서 많은 사람들을 재판해 보았으나 원고의 악의에 찬 모함에도 불구하고 자신을 변호하는 말을 한 마디도 하지 않는 피고는 처음 대했기 때문입니다.

예수님께서는 인류의 구속을 위한 속죄의 제물로 자신을 바치기 위하여 이 땅에 오셨고 그때가 온 것을 아셨습니다. 이제는 자신에게 내려질 형벌을 기다리실 뿐이었습니다. 그러나 그 깊은 뜻을 알지 못하는 빌라도는 자신을 변호하지 않는 예수님을 이해하지 못하고 놀랍게 여겼습니다.

6-8절 명절이 되면 백성들이 요구하는 대로 죄수 한 사람을 놓아주는 전례가 있더니 민란을 꾸미고 그 민란 중에 살인하고 체포된 자 중에 바라바라 하는 자가 있는지라 무리가 나아가서 전례대로 하여 주기를 요구한대

로마의 관습에 명절이 되면 백성들이 추천한 죄수 한 명을 석방하는 전례가 있었는데, 식민지인 유대에서도 그 관습을 이행하고 있었습니다. 예수님이 잡히셨던 이 시기는 유대인들의 명절 중에서도 가장 큰 명절이

라는 유월절을 앞두고 있었기 때문에 유대인들이 원하면 사형을 선고받은 죄수 중 한 사람이 석방될 수 있었습니다.

이때 수감된 죄수 중에는 로마에 대항하기 위해 민란을 일으키고 이에 반대한 사람들을 살인한 바라바라는 정치범이 있었습니다. 바라바에 대해서는 성경에 자세히 기록되어 있지 않으나 그는 당시에 조국의 해방을 꿈꾸는 열심당원 중의 한 사람이었던 것 같습니다. 백성들은 유월절에 놓아줄 한 명의 죄수로 이 열심당원인 바라바를 선택했습니다.

9절 **빌라도가 대답하여 이르되 너희는 내가 유대인의 왕을 너희에게 놓아주기를 원하느냐 하니**

빌라도의 관심은 치안 유지와 세금의 징수였습니다. 그러므로 로마 정부에 대항했던 바라바는 오히려 그에게 위협적인 존재였습니다. 오히려 그에게는 유대의 종교 지도자들이 고발한 예수님이 해를 입히지 않을 존재로 보였습니다. 이런 이유로 빌라도는 군중들이 바라바 대신 예수님을 선택하도록 유도하였습니다.

여기에 '유대인의 왕' 이란 표현은 빌라도가 예수님을 이 땅의 왕으로 인정하지 않았기 때문에 쉽고 편하게 호칭한 것입니다.

10-11절 **이는 그가 대제사장들이 시기로 예수를 넘겨준 줄 앎이러라 그러나 대제사장들이 무리를 충동하여 도리어 바라바를 놓아 달라 하게 하니**

빌라도는 세상적으로 약삭빠른 사람이었습니다. 그는 대제사장들이 예수님을 시기하여 거짓말로 고발한 사실을 알고 있었습니다.

그러나 대제사장들은 빌라도가 예수님 대신 바라바를 놓아주도록 하기 위하여 여론을 일으켰습니다. 이미 군중 심리에 한껏 도취된 백성들은 현실을 바로 볼 수 있는 시각을 잃어버린 상태였습니다. 그들은 조종자들이 선동하는 대로 휩쓸리고 있었습니다.

12-13절 빌라도가 또 대답하여 이르되 그러면 너희가 유대인의 왕이라 하는 이를 내가 어떻게 하랴 그들이 다시 소리 지르되 그를 십자가에 못 박게 하소서

빌라도는 대제사장들이 주장하는 예수님의 죄목이 터무니없으며, 이 고소의 성격이 유대인들의 종교적인 기득권 싸움인 것을 알았으므로 예수님께는 죄가 없다고 생각했습니다. 더구나 예수님의 행위는 로마 정부와 무관하였으므로 구태여 예수님을 죽일 필요가 없다고 생각하였습니다. 그렇기 때문에 예수님의 거취에 대하여 백성들에게 물었던 것입니다. 그러나 백성들의 반응은 더욱 격렬해져서 예수님을 십자가에 못 박게 하라고 외쳤습니다.

여기서 놀라운 사실은 유대인들의 율법에는 결코 십자가형이 허락되어 있지 않았다는 것입니다. 이 십자가형은 하나님을 대적하는 이방의 페르시아에서 시작한 형벌로서 로마에까지 이어지고 있는 사형법입니다. 이 형벌은 이 세상에 남겨 둘 수 없는 흉악범을 처형할 때 사용되었던 것으로 대중들에게 경고하기 위해 공개 처형을 했습니다. 이 십자가형은 죄수가 많은 사람들 앞에서 모욕을 받으며 장시간 고통 속에서 서서히 죽어가게 하는 잔인하기 그지없는 처형 방법입니다.

14절 빌라도가 이르되 어찜이냐 무슨 악한 일을 하였느냐 하니 더욱 소리 지르되 십자가에 못 박게 하소서 하는지라

빌라도는 예수님의 사형을 원하지 않았습니다. 태형 정도의 징벌로 예수님을 석방하는 것이 빌라도의 본심이었습니다(눅 23:13-23). 그 때문에 빌라도는 다시 한번 군중들에게 도대체 예수님이 무슨 큰 죄를 지었느냐고 물었습니다. 그러나 백성들의 마음은 요지부동이었습니다. 그들은 더욱 큰 소리로 "십자가에 못 박게 하소서"라고 소리 질렀습니다.

미가서에 보면 "사람의 원수가 곧 자기의 집안 사람이리로다"(미 7:6)라고 말씀하고 있습니다. 이 말씀처럼, 이방인인 빌라도가 놓아주려는 예수님을 동족인 유대인들이 죽이려고 혈안이 되어 있는 것입니다. 세상적인 유익을 구하는 종교 지도자들의 썩고 병든 흙탕물이 군중들에게까지 옮겨 퍼졌음을 보여 주는 실례입니다.

15절 빌라도가 무리에게 만족을 주고자 하여 바라바는 놓아주고 예수는 채찍질하고 십자가에 못 박히게 넘겨주니라

빌라도는 약삭빠른 정치인이었습니다. 그는 아내의 충고도 있었고(마 27:19) 예수님께서 십자가에 못 박혀 죽어야 할 하등의 이유가 없다는 것을 알고 있음에도 불구하고 자신의 안위를 택했습니다.

인간들은 언제나 대의명분을 그럴 듯하게 내세우나 마음속으로는 자신에게 올 이익을 계산하기 때문에 양심의 소리 따위는 안중에도 없습니다. 빌라도는 예수님을 놓아주었다가는 민란이 일어나 자기의 지위가 위험해질 것을 계산했습니다. 그래서 군중들이 원하는 대로 예수님을 채찍질하고 십자가에 못 박도록 넘겨주었습니다.

드디어 대제사장들은 백성들을 이용하여 그들의 소원을 이루었으며, 영문을 모르는 백성들은 대제사장들의 사주에 의하여 같은 죄를 저지르고 만 것입니다.

2. 희롱을 당하시는 예수님(15:16-20)

16. 군인들이 예수를 끌고 브라이도리온이라는 뜰 안으로 들어가서 온 군대를 모으고 17. 예수에게 자색 옷을 입히고 가시관을 엮어 씌우고 18. 경례하여 이르되 유대인의 왕이여 평안할지어다 하고 19. 갈대로 그의 머리를 치며 침을 뱉으며 꿇어 절하더라 20. 희롱을 다 한 후 자색 옷을 벗기고 도로 그의 옷을 입히고 십자가에 못 박으려고 끌고 나가니라

16절 군인들이 예수를 끌고 브라이도리온이라는 뜰 안으로 들어가서 온 군대를 모으고

'브라이도리온' 은 '프라에토리움' (praetorium)이란 라틴어에서 유래된 말로 군대 진영의 장군의 텐트나 본부를 의미하는데, 본문에서는 '로마 총독 관저' 를 의미합니다. 군인들은 예수님을 총독 관저로 끌고 가서 군인들이 모두 다 모이도록 했습니다.

17-19절 예수에게 자색 옷을 입히고 가시관을 엮어 씌우고 경례하여 이르되 유대인의 왕이여 평안할지어다 하고 갈대로 그의 머리를 치며 침을 뱉으며 꿇어 절하더라

로마 군인들은 예수님께 자색 옷을 입히고 가시로 면류관을 만들어 씌웠습니다. 그리고 마태복음 27장 29절을 보면 이때 군인들이 예수님의 오른손에 갈대를 들게 했다고 기록되어 있습니다. '자색 옷'은 '왕복'을, '가시관'은 '왕관'을, '갈대'는 '왕의 규'를 각각 의미한 것입니다. 군인들이 예수님께 그와 같이 한 것은 유대인의 왕이라고 말씀하신 예수님을 조롱하기 위한 것입니다. 또한 군인들은 "유대인의 왕이여 평안할지어다"라고 짐짓 예를 표하고는 예수님의 손에서 갈대를 빼앗아 예수님의 머리를 치며 침을 뱉고 예수님 앞에 엎드려 절했습니다. 이와 같이 군인들은 마음껏 예수님을 모욕하고 조롱했습니다.

20절 희롱을 다 한 후 자색 옷을 벗기고 도로 그의 옷을 입히고 십자가에 못 박으려고 끌고 나가니라

군인들은 예수님을 희롱한 후 자색 옷을 벗기고 다시 예수님의 옷을 입혀 십자가에 못 박기 위해 형장으로 끌고 나갔습니다.

예수님께서는 도살장으로 끌려가는 어린 양같이 묵묵히 형장을 향하여 가셨습니다.

3. 십자가에 못 박히시는 예수님(15:21-32)

21. 마침 알렉산더와 루포의 아버지인 구레네 사람 시몬이 시골로부
터 와서 지나가는데 그들이 그를 억지로 같이 가게 하여 예수의 십자
가를 지우고 22. 예수를 끌고 골고다라 하는 곳(번역하면 해골의 곳)
에 이르러 23. 몰약을 탄 포도주를 주었으나 예수께서 받지 아니하
시니라 24. 십자가에 못 박고 그 옷을 나눌새 누가 어느 것을 가질까
하여 제비를 뽑더라 25. 때가 제삼 시가 되어 십자가에 못 박으니라
26. 그 위에 있는 죄패에 유대인의 왕이라 썼고 27. 강도 둘을 예수
와 함께 십자가에 못 박으니 하나는 그의 우편에, 하나는 좌편에 있
더라 28. (없음) 29. 지나가는 자들은 자기 머리를 흔들며 예수를 모
욕하여 이르되 아하 성전을 헐고 사흘에 짓는다는 자여 30. 네가 너
를 구원하여 십자가에서 내려오라 하고 31. 그와 같이 대제사장들도
서기관들과 함께 희롱하며 서로 말하되 그가 남은 구원하였으되 자
기는 구원할 수 없도다 32. 이스라엘의 왕 그리스도가 지금 십자가
에서 내려와 우리가 보고 믿게 할지어다 하며 함께 십자가에 못 박힌
자들도 예수를 욕하더라

21절 마침 알렉산더와 루포의 아버지인 구레네 사람 시몬이 시골로부터 와서 지나가는데 그들이 그를 억지로 같이 가게 하여 예수의 십자가를 지우고

예수님께서는 밤이 새도록 심문을 당하신 후 새벽에 빌라도의 뜰에서

채찍을 맞으셨습니다. 식사도 못하시고 주무시지도 못하셨습니다. 그 때문에 육신적으로 너무 쇠약해지셔서 십자가를 지고 골고다까지 가시는 것은 무리였습니다. 이에 군인들은 지나가는 시몬이라는 구레네 사람을 불러 억지로 예수님의 십자가를 지게 했습니다.

십자가에 달리는 일은 예수님 외에는 아무도 할 수 없으나 십자가를 짊어지고 가는 것은 대신할 수 있었습니다. 하나님께서는 예수님의 십자가를 대신 져 준 구레네 시몬에게 복을 주셔서 그의 온 가족이 구원받은 사실이 성경에 기록되어 있습니다(롬 16:13).

22절 예수를 끌고 골고다라 하는 곳(번역하면 해골의 곳)에 이르러

'골고다'는 아람어이며, '해골'이라는 뜻입니다. 이 지역이 '해골'이라고 불리게 된 유래는 확실치 않으나 그 산이 해골처럼 생겨 그러한 이름으로 불렸다는 말이 있습니다.

23절 몰약을 탄 포도주를 주었으나 예수께서 받지 아니하시니라

몰약을 탄 포도주는 일종의 마취제로 사형수들의 고통을 덜어 주기 위하여 사용되었던 것입니다. 그러나 예수님께서는 이것을 거절하셨습니다. 인류를 위해서 당하는 고통의 잔을 조금의 덜함도 없이 끝까지 마시겠다는 예수님의 의지를 볼 수 있습니다.

24절 십자가에 못 박고 그 옷을 나눌새 누가 어느 것을 가질까 하여 제비를 뽑더라

로마 군병들은 예수님을 십자가에 못 박고 예수님의 옷을 제비 뽑았습

니다. 이 일은 시편 22편 18절 "내 겉옷을 나누며 속옷을 제비 뽑나이다" 라는 말씀의 성취입니다.

십자가 사건을 보면 인간의 악한 행위가 일시적으로는 승리하는 것 같으나 그것은 착각일 뿐입니다. 하나님께서는 그 모든 악한 행위를 이미 오래 전에 시편 기자를 통하여 기록하게 하셨습니다. 예수님께서 십자가에서 피를 흘리시는 일은 인간의 속죄를 위하여 하나님께서 친히 허락하신 일입니다. 악인은 도구로써의 역할이 끝나면 그들의 악행으로 인하여 심판을 받을 뿐입니다.

그러므로 우리도 이 나그네 같은 세상을 살아가면서 끝 날에 심판받지 않기 위해서는 비록 세상에서 고난을 받는다 할지라도 끝까지 신앙의 지조를 지켜서 불의와 타협하지 말아야 합니다.

25-26절 때가 제삼 시가 되어 십자가에 못 박으니라 그 위에 있는 죄패에 유대인의 왕이라 썼고

당시에는 죄명이 기록된 죄패를 사형수의 목에 걸거나 사람들이 잘 볼 수 있는 곳에 붙였습니다. 로마 군인들은 예수님의 죄패를 십자가 위에 붙였습니다.

빌라도는 예수님의 죄명을 '유대인의 왕' 이라고 했는데, 이 죄명은 히브리어, 헬라어, 로마어로 기록되었습니다(요 19:20). 대제사장들은 예수님을 메시아로 인정할 수 없었으므로 빌라도에게 예수님의 죄명을 '자칭 유대인의 왕' 이라고 고쳐 쓸 것을 주장했지만 빌라도는 자신이 쓸 것을 썼다는 이유로 이를 거절하였습니다(요 19:21-22).

27-28절 **강도 둘을 예수와 함께 십자가에 못 박으니 하나는 그의 우편에, 하나는 좌편에 있더라 (없음)**

예수님께서 십자가에 못 박히셨을 때 예수님의 좌우에도 강도가 각각 십자가에 못 박혔습니다. 예수님을 강도와 함께 십자가에 못 박은 것은 사람들에게 예수님이 강도같이 흉악한 죄인임을 말하기 위함이며, 이로써 예수님께 심한 모욕을 주기 위해서였습니다.

그러나 예수님께서 강도 사이의 죄인 된 자리에서 십자가에 못 박히심은 예수님께서 인류의 죄를 대신 짊어지심으로 스스로 죄인 되었음을 상징하는 것입니다.

29-30절 **지나가는 자들은 자기 머리를 흔들며 예수를 모욕하여 이르되 아하 성전을 헐고 사흘에 짓는다는 자여 네가 너를 구원하여 십자가에서 내려오라 하고**

예수님께서는 "이 성전을 헐라 내가 사흘 동안에 일으키리라"(요 2:19)고 말씀하신 바 있습니다.

여기서의 '성전' 은 예수님의 '몸' 을 말합니다. 즉 성전이 되시는 예수님을 원수들이 십자가에 못 박아 죽인다 할지라도 사흘 후에 예수님께서 부활하신다는 것입니다. 그러나 사람들은 성전 건물만을 생각했습니다. 그들은 46년에 걸쳐 지은 성전을 예수님께서 사흘 만에 짓겠다고 호언장담하는 것으로 착각했던 것입니다. 그래서 지나가는 사람들이 예수님께 성전을 사흘 만에 지을 능력이 있으면 십자가에서 내려와 죽음을 면하라고 예수님을 모욕하였습니다.

예수님께서는 얼마든지 십자가에서 내려오실 수 있습니다. 그러나 그렇게 되면 인류를 구원하시려는 하나님의 계획은 무산되고 인간은 영영 구원받을 수 없습니다. 이러므로 예수님께서는 십자가에서 내려오실 수 있는 능력이 있으셨음에도 불구하고 인류를 구원하기 위해 십자가에서 내려오지 않으셨던 것입니다.

31절 그와 같이 대제사장들도 서기관들과 함께 희롱하며 서로 말하되 그가 남은 구원하였으되 자기는 구원할 수 없도다

대제사장들과 서기관들은 영의 눈이 멀어서 예수님께서 메시아라는 사실을 알지 못하였습니다. 그래서 그들은 "그가 남은 구원하였으되 자기는 구원할 수 없도다"라고 예수님을 조롱했습니다. 그러나 그들이 한 말은 사실입니다. 예수님께서는 인류를 구원하기 위해 십자가에서 내려오지 않으셨으므로 남은 구원하였으되 자신은 구원하지 못하셨던 것입니다. 그렇지만 그들이 생각하듯 예수님께서 능력이 부족하여 자신을 구원하지 못하신 것은 아닙니다.

32절 이스라엘의 왕 그리스도가 지금 십자가에서 내려와 우리가 보고 믿게 할지어다 하며 함께 십자가에 못 박힌 자들도 예수를 욕하더라

지나가는 사람들도 예수님을 모욕하고 대제사장들과 서기관들도 예수님을 희롱했습니다. 비록 나중에는 예수님과 함께 못 박힌 두 강도 중 한 강도가 회개하여 구원의 길로 들어서게 되지만 처음에는 두 강도들까지도 합세하여 예수님을 욕했습니다. 그들은 예수님께 십자가에서 내려오실 수 있는 능력이 없다고 생각했습니다. 그래서 조롱하는 뜻에서 예

수님을 "이스라엘의 왕 그리스도"라고 부르고, 십자가에서 내려옴으로 자신들이 믿을 수 있도록 하라고 욕했습니다.

오늘날에도 악인이 흥하는 것처럼 보일 때가 있습니다. 그때 악인들은 의기양양하여 성도들을 향하여 "너희 하나님이 어디에 있느냐? 그에게 도움을 요청하라!" 고 조롱합니다. 그때마다 성도들은 십자가에 달리신 예수님을 바라보며 최후의 승리는 반드시 성도에게 있다는 사실을 믿어야 합니다. 이 믿음으로 악인들의 조롱과 도전을 당당하게 물리칠 수 있는 것입니다.

4. 운명하시는 예수님(15:33-41)

33. 제육 시가 되매 온 땅에 어둠이 임하여 제구 시까지 계속하더니
34. 제구 시에 예수께서 크게 소리 지르시되 엘리 엘리 라마 사박다
니 하시니 이를 번역하면 나의 하나님, 나의 하나님 어찌하여 나를
버리셨나이까 하는 뜻이라 35. 곁에 섰던 자 중 어떤 이들이 듣고 이
르되 보라 엘리야를 부른다 하고 36. 한 사람이 달려가서 해면에 신
포도주를 적시어 갈대에 꿰어 마시게 하고 이르되 가만두라 엘리야
가 와서 그를 내려 주나 보자 하더라 37. 예수께서 큰 소리를 지르시
고 숨지시니라 38. 이에 성소 휘장이 위로부터 아래까지 찢어져 둘
이 되니라 39. 예수를 향하여 섰던 백부장이 그렇게 숨지심을 보고
이르되 이 사람은 진실로 하나님의 아들이었도다 하더라 40. 멀리

서 바라보는 여자들도 있었는데 그중에 막달라 마리아와 또 작은 야
고보와 요세의 어머니 마리아와 또 살로메가 있었으니 41. 이들은
예수께서 갈릴리에 계실 때에 따르며 섬기던 자들이요 또 이 외에 예
수와 함께 예루살렘에 올라온 여자들도 많이 있었더라

33-34절 제육 시가 되매 온 땅에 어둠이 임하여 제구 시까지 계속하더니 제구 시에 예수께서 크게 소리 지르시되 엘리 엘리 라마 사박다니 하시니 이를 번역하면 나의 하나님, 나의 하나님 어찌하여 나를 버리셨나이까 하는 뜻이라

예수님께서는 오전 9시에 십자가에 달리셨고, 그로부터 3시간 뒤인 정오부터 운명하시는 시간인 3시까지 세 시간 동안 온 땅은 어둠으로 뒤덮였습니다. 환한 한낮인데도 불구하고 태양이 그 빛을 잃고 캄캄하였습니다.

예수님께서는 육신뿐만 아니라 영적으로도 심한 고통을 당하셨습니다. 인류의 죄악이 얼마나 흉악하였던지 하나님께서 그 죄를 심판하시는 순간에는 예수님도 하나님 감히 아버지라 부르지 못하고 하나님이라 외치셨습니다. 예수님께서는 인류의 죄를 대신 짊어진 죄인이 되셨기에 하나님께 버림을 당하셨던 것입니다. 이로 말미암아 받은 고통이 너무도 처절하여 예수님께서는 "나의 하나님, 나의 하나님, 어찌하여 나를 버리셨나이까?" 라고 절규하셨습니다. 그러나 예수님께서 하나님께로부터 버림을 받으심으로 인류가 구원을 받게 된 것입니다.

35절 곁에 섰던 자 중 어떤 이들이 듣고 이르되 보라 엘리야를 부른다

하고

본 절은 두 가지 측면에서 해석할 수 있습니다. 첫째로 사람들이 예수님께서 마지막으로 부르신 '엘리'를 엘리야로 잘못 들었을 수 있었습니다. 그러나 또 한편으로는 고의적으로 예수님을 조롱하기 위하여 엘리야를 들먹였을 수도 있습니다. 그 당시에는 세상 끝 날에 엘리야가 와서 고통 중에 있는 사람들을 구하여 준다는 사상을 믿고 있었기 때문에 예수님께서 엘리야를 불러서 구원을 요청한다고 조롱했던 것입니다.

그러나 그들이 기다리는 엘리야는 침례 요한으로 그는 이미 이 땅에 왔다가 갔습니다(마 17:10-13).

36절 한 사람이 달려가서 해면에 신 포도주를 적시어 갈대에 꿰어 마시게 하고 이르되 가만두라 엘리야가 와서 그를 내려 주나 보자 하더라

'해면'은 바다 동물의 정제된 뼈 등으로 만들어진 물기 흡수용 갯솜을 말합니다. '신 포도주'는 신 포도주에 계란과 물을 섞어 만든 것으로 로마 군사들이 목마를 때 즐겨 마셨던 음료수의 일종인 '포스카'로 추측됩니다.

갈증과 고통으로 지칠 대로 지치신 예수님께 이 신 포도주를 해면에 묻혀서 마시게 한 것은 잠시나마 생명을 연장시킴으로써 정말로 유대인들이 말하는 엘리야가 나타나 예수님을 구하는지를 보고자 한 행위였습니다.

37절 예수께서 큰 소리를 지르시고 숨지시니라

십자가형을 받은 자의 대부분은 고통을 느끼며 약 6일이 지나서야 죽었습니다. 그리고 긴 시간 동안 달려 있던 죄수들은 기진한 상태에서 죽음을 맞이하는 것이 보통이므로 큰 소리를 지르고 운명한다는 것은 보통 사람들에게는 있을 수 없는 일이었습니다.

그러나 예수님께서는 여섯 시간 만에 큰 소리를 지르고 운명하셨습니다. 그러므로 빌라도는 예상외로 빨리 운명하신 예수님의 소식을 듣고 놀랐습니다(44절). 이 큰 소리를 누가복음에서는 "아버지 내 영혼을 아버지 손에 부탁하나이다"(눅 23:46)라고 기록하고 있습니다. 그러므로 예수님께서 큰 소리를 지르신 후에 운명하신 것은 죽음의 고통을 호소하는 소리이기보다는 부활하신 승리의 외침이라고 볼 수 있습니다.

38절 이에 성소 휘장이 위로부터 아래까지 찢어져 둘이 되니라

'휘장' 은 지성소와 성소를 구분하는 막으로 지성소는 오직 대제사장만이 들어갈 수 있는 곳이었습니다. 그런데 예수님께서 십자가에서 돌아가시자 성전의 휘장이 찢어졌기 때문에 이제는 지성소 안에 만인이 들어갈 수 있게 된 것입니다.

이제는 대제사장을 통하여 짐승의 피를 뿌림으로 죄를 용서받던 시대는 끝났습니다. 휘장이 걷혀진 지성소의 문은 언제나 열려 있으므로 누구나 들어갈 수 있게 되었습니다. 그리고 우리는 단번에 뿌려진 예수님의 속죄의 피로써 죄 사함을 받아 하나님 앞에 나아갈 수 있게 된 것입니다.

39절 예수를 향하여 섰던 백부장이 그렇게 숨지심을 보고 이르되 이

사람은 진실로 하나님의 아들이었도다 하더라

백부장은 로마 군사들의 감독관으로서 예수님의 마지막 죽음의 모습을 지켜보면서 그의 마음은 예수님에 대한 극도의 존경심으로 가득 차게 되었습니다. 이 사실은 "이 사람은 진실로 하나님의 아들이었도다"라는 그의 고백에 잘 나타나 있습니다. 누가복음에서는 같은 고백을 "이 사람은 정녕 의인이었도다"(눅 23:47)라고 기록하고 있습니다.

40-41절 멀리서 바라보는 여자들도 있었는데 그중에 막달라 마리아와 또 작은 야고보와 요세의 어머니 마리아와 또 살로메가 있었으니 이들은 예수께서 갈릴리에 계실 때에 따르며 섬기던 자들이요 또 이 외에 예수와 함께 예루살렘에 올라온 여자들도 많이 있었더라

예수님께서 십자가에 달리실 때, 끝까지 그 뒤를 따라간 사람은 여자들이었으며, 그중에 "막달라 마리아와 또 작은 야고보와 요세의 어머니 마리아와 또 살로메"는 예수님의 공생애 동안 충성스럽게 예수님을 섬기던 사람들이었습니다.

'막달라 마리아'는 갈릴리 바다 서쪽에 위치한 '막달라'라는 어촌에서 태어났기 때문에 막달라 마리아로 불렸는데, 누가복음 8장 2절에 기록된 것으로 보아 이 막달라 마리아가 일곱 귀신이 들렸던 여인임을 알 수 있습니다. 예수님께서 그녀에게서 일곱 귀신을 쫓아내 주셨는데 그 후 그녀의 생애는 예수님께 온전히 헌신된 삶이었습니다.

'작은 야고보와 요세의 어머니 마리아'에 대하여 본 서 15장 47절에서는 '요세의 어머니'로, 16장 1절에서는 '야고보의 어머니'로 칭하고 있

으며, 영어 성경(NIV)에서는 야고보를 '작은 야고보' 라고 부르고 있습니다. '살로메' 는 '세베대의 아내이며 야고보와 요한의 어머니' 였습니다.

그 당시 형장까지 따라간다는 것은 위험을 무릅쓴 것이었습니다. 그러나 예수님께 많은 은혜를 입은 이 여인들은 죽음을 마다 않고 무덤에까지 따라갔습니다(47절). 그러므로 그들은 예수님의 부활을 최초로 목격하는 은총을 누렸습니다.

5. 무덤에 묻히심(15:42-47)

42. 이날은 준비일 곧 안식일 전날이므로 저물었을 때에 43. 아리마대 사람 요셉이 와서 당돌히 빌라도에게 들어가 예수의 시체를 달라 하니 이 사람은 존경받는 공회원이요 하나님의 나라를 기다리는 자라 44. 빌라도는 예수께서 벌써 죽었을까 하고 이상히 여겨 백부장을 불러 죽은 지가 오래냐 묻고 45. 백부장에게 알아본 후에 요셉에게 시체를 내주는지라 46. 요셉이 세마포를 사서 예수를 내려다가 그것으로 싸서 바위 속에 판 무덤에 넣어 두고 돌을 굴려 무덤 문에 놓으매 47. 막달라 마리아와 요세의 어머니 마리아가 예수 둔 곳을 보더라

42-43절 이날은 준비일 곧 안식일 전날이므로 저물었을 때에 아리마대 사람 요셉이 와서 당돌히 빌라도에게 들어가 예수의 시체

를 달라 하니 이 사람은 존경받는 공회원이요 하나님의 나라를 기다리는 자라

'준비일' 은 안식일 전날인 금요일을 말합니다. 유대인들은 토요일에는 모든 노동을 중지하고 안식일을 철저히 지켰습니다. 이를 위해 전날인 금요일에는 여러 가지 준비를 해야 했기 때문에 금요일을 준비일이라고 한 것입니다. '안식일' 은 금요일 일몰 시간으로부터 시작하여 다음날 일몰 시까지입니다. 그런데 예수님께서는 그 준비일인 금요일 오전 9시에 십자가에 달리셨으며 오후 3시에 운명하셨습니다.

유대 관습상 안식일에는 시체를 옮기지 못하므로 요셉은 안식일 전에 서둘러 장례를 치르기 위해 빌라도에게 예수님의 시체를 달라고 요구했습니다. 이 일은 당시의 상황으로서는 목숨을 건 담대한 행위였습니다. 자칫하면 같은 죄목으로 몰리기 때문입니다.

아리마대 요셉은 예수님을 죽음에까지 몰고 간 산헤드린 공회의 회원이었고 많은 사람들로부터 존경받는 위치에 있었습니다. 그러나 그 모든 것보다도 예수님께서 선포하신 하나님의 나라를 사모하였고 예수님을 열렬히 추종하였으므로 요한을 제외한 예수님의 모든 제자들이 다 달아난 상황에서도 예수님을 장례 지내기 위하여 담대하게 총독에게 나아간 것입니다.

44-45절 빌라도는 예수께서 벌써 죽었을까 하고 이상히 여겨 백부장을 불러 죽은 지가 오래냐 묻고 백부장에게 알아본 후에 요셉에게 시체를 내주는지라

십자가에 달린 사람들은 장시간의 고통을 당한 후에 서서히 죽어갔으

므로 그때까지도 좌우의 강도들은 죽지 않았습니다. 그래서 결국 그들의 죽음을 앞당기기 위해서 로마 군병들이 그들의 다리를 꺾었으나(요 19:32) 예수님께서는 이미 운명하셨으므로 그 뼈가 꺾이지 아니했습니다(시 34:20).

빌라도는 상식적으로 예수님의 죽음을 믿을 수 없어 백부장에게 확인했습니다. 그러자 군인들이 예수님의 죽음을 확인하기 위해 창으로 예수님의 옆구리를 찔러 심장을 꿰뚫었습니다. 그러자 심장에서 물과 피가 흘러 나왔습니다(요 19:34).

빌라도는 이 보고를 통해 예수님께서 죽으신 것을 확인한 후 예수님의 시체를 아리마대 요셉에게 내어 주었습니다.

46절 요셉이 세마포를 사서 예수를 내려다가 그것으로 싸서 바위 속에 판 무덤에 넣어 두고 돌을 굴려 무덤 문에 놓으매

아리마대 요셉은 부유했기 때문에 자기가 죽으면 묻힐 묘소를 미리 마련해 두었습니다. 그 무덤은 유대인들의 풍습에 따라 바위를 파서 만든 굴이었습니다. 요셉은 자기를 위하여 예비한 묘소를 예수님을 위하여 사용하였습니다. 이를 이사야에서는 "그의 무덤이 악인들과 함께 있었으며 그가 죽은 후에 부자와 함께 있었도다"(사 53:9)라고 말씀하고 있습니다. 성경은 예수님께서 부자의 무덤에 들어가실 것을 예언했던 것입니다.

당시 유대의 장례는 시체에 세마포를 입힌 후 향유를 바르고 묘실인 굴에 넣어 굴 문을 돌로 막는 것이었습니다. 이때 니고데모는 향료를 가지고 와서 요셉이 예수님을 장례 지내는 것을 도와주었으며(요 19:39), 요셉은 좋은 세마포를 사서 정중하게 장례를 치렀습니다.

47절 막달라 마리아와 요세의 어머니 마리아가 예수 둔 곳을 보더라

막달라 마리아와 요세의 어머니 마리아는 예수님께서 운명하시는 모습도, 요셉이 예수님을 장례 지내는 것도 다 지켜보았습니다. 그러므로 예수님의 무덤을 구별해 알 수 있었던 것은 이들의 열심과 헌신 때문이었습니다.

그 당시 유대에서 여인들의 위치는 오늘날 우리로서는 상상할 수 없을 정도로 보잘것없었습니다. 그 한 예로 사건에서 증인이 필요할 때도 여인의 증언은 받아 주지 않았습니다. 그럼에도 불구하고 여인들의 이름이 성경에 기록된 것은 이들이 예수님의 죽음과 장례와 부활의 산 증인이었기 때문입니다.

실제로 남자들인 예수님의 제자들은 요한을 제외하고는 모두 도망하였기 때문에 확실하게 역사적으로 내세울 수 있는 증인은 이 여인들뿐이었습니다. 이들은 예수님께로부터 많은 은혜를 받은 것에 감사하여 끝까지 예수님을 따라왔습니다. 그러므로 이 여인들은 낮은 사회적 위치에도 불구하고 예수님의 제자들을 제치고, 인류의 역사를 뒤엎는 예수님의 부활 사건을 최초로 목격하는 복을 받은 것입니다.

제 16 장

예수 그리스도의 부활

A COMMENTARY
ON THE GOSPEL OF
MARK

본 장에는 예수님께서 인류의 구원을 완성하시고 부활, 승천하신 것이 기록되어 있습니다. 예수님께서는 십자가에서 죽으시고 무덤에 장사된 지 사흘 만에 부활하셔서 여러 장소, 여러 사람들에게 여러 번 나타나심으로 예수님의 부활을 믿지 못하는 제자들로 하여금 예수님의 부활을 확신하게 하셨습니다.

이 부활은 예수님께서 죄와 사망을 이기시고 승리하신 것을 나타낼 뿐만 아니라 모든 인류에게 영생의 길을 마련해 놓으신 엄청난 사건이기도 합니다. 본 장은 예수님의 부활로 시작되어 승천하시기 전까지 제자들에게 하신 권면과 당부로 끝을 맺고 있습니다.

1. 부활(16:1-8)

1. 안식일이 지나매 막달라 마리아와 야고보의 어머니 마리아와 또
살로메가 가서 예수께 바르기 위하여 향품을 사다 두었다가 2. 안식
후 첫날 매우 일찍이 해 돋을 때에 그 무덤으로 가며 3. 서로 말하되
누가 우리를 위하여 무덤 문에서 돌을 굴려 주리요 하더니 4. 눈을
들어 본즉 벌써 돌이 굴려져 있는데 그 돌이 심히 크더라 5. 무덤에
들어가서 흰옷을 입은 한 청년이 우편에 앉은 것을 보고 놀라매 6.
청년이 이르되 놀라지 말라 너희가 십자가에 못 박히신 나사렛 예수
를 찾는구나 그가 살아나셨고 여기 계시지 아니하니라 보라 그를 두
었던 곳이니라 7. 가서 그의 제자들과 베드로에게 이르기를 예수께
서 너희보다 먼저 갈릴리로 가시나니 전에 너희에게 말씀하신 대로
너희가 거기서 뵈오리라 하라 하는지라 8. 여자들이 몹시 놀라 떨며
나와 무덤에서 도망하고 무서워하여 아무에게 아무 말도 하지 못하
더라

1절 안식일이 지나매 막달라 마리아와 야고보의 어머니 마리아와 또 살로메가 가서 예수께 바르기 위하여 향품을 사다 두었다가

'향품' 이란 시체의 부패를 방지하거나 냄새를 제거하는 데 쓰여지던 장례 용품으로, 그 향품을 시체에 바르는 일은 장례 때 하는 절차였습니다. 그런데 유대인들은 시체를 만지는 것을 부정한 행위로 여겨 금하였습니다. 그러나 막달라 마리아와 야고보의 어머니 마리아와 살로메는 이미 장례가 치러진 후에 예수님의 시체에 바르기 위하여 향품을 준비했습니다. 이들의 이러한 행위는 예수님에 대한 지극한 사랑과 정성에서 비롯된 것이었습니다. 이 여인들은 예수님의 죽음과 장례의 모습을 모두 지켜본 충성스러운 사람들이었습니다.

2-4절 안식 후 첫날 매우 일찍이 해 돋을 때에 그 무덤으로 가며 서로 말하되 누가 우리를 위하여 무덤 문에서 돌을 굴려 주리요 하더니 눈을 들어 본즉 벌써 돌이 굴려져 있는데 그 돌이 심히 크더라

세 여인들은 예수님의 시체에 향품을 바르기 위하여 안식 후 첫날 아침 일찍 무덤으로 향했습니다.

예수님께서는 십자가 죽음을 예고하실 때 부활도 함께 말씀하셨습니다. 그래서 항간에는 예수님께서 사흘 만에 부활하신다는 소문이 퍼져 있었습니다.

대제사장과 바리새인들은 예수님의 제자들이 시체를 훔쳐간 후에 다시 살아났다고 소문을 퍼뜨릴 수도 있다는 생각에서 빌라도에게 예수님의 무덤을 지킬 것을 요구했습니다. 그래서 로마 군인들이 예수님의 무덤 주위에 삼엄한 경계망을 펴고 있었습니다. 그런데 예수님의 여제자들

은 그것도 모르고 다만 굳게 막아 놓은 돌을 치울 걱정만을 하고 있었습니다. 무덤을 막은 돌은 매우 크고 무거워 여인들의 힘으로 옮기기에는 벅차고 힘이 들기 때문입니다.

그러나 여인들의 염려는 기우에 불과했습니다. 그들이 그렇게 걱정을 했던 그 큰 돌은 이미 굴려져 무덤의 문이 환히 열려져 있었기 때문입니다.

5-6절 무덤에 들어가서 흰옷을 입은 한 청년이 우편에 앉은 것을 보고 놀라매 청년이 이르되 놀라지 말라 너희가 십자가에 못 박히신 나사렛 예수를 찾는구나 그가 살아나셨고 여기 계시지 아니하니라 보라 그를 두었던 곳이니라

여인들은 무덤 안에 들어갔고 그곳에서 흰옷 입은 청년이 우편에 앉은 것을 보고 깜짝 놀랐습니다. '흰옷을 입은 한 청년' 은 '천사' 를 말합니다. 그 천사는 놀라는 여인들에게 예수님께서 부활하셨음을 알려 주었습니다. 그리고 예수님의 시신이 있던 무덤이 빈 무덤임을 보여 줌으로써 예수님께서 부활하셨음을 증명하였습니다. 그러므로 그 무덤을 막고 있던 돌은 천사가 옮긴 것이고, 무덤 문을 지키던 군사들은 이에 놀라 도망간 것입니다.

7절 가서 그의 제자들과 베드로에게 이르기를 예수께서 너희보다 먼저 갈릴리로 가시나니 전에 너희에게 말씀하신 대로 너희가 거기서 뵈오리라 하라 하는지라

천사는 여인들에게 제자들과 베드로에게 가서 예수님께서 먼저 갈릴리로 가신 것과, 전에 말씀하신 대로 거기서 예수님을 만날 수 있음을 전

하라고 했습니다. 이 세 여인은 예수님을 사랑하고 정성으로 섬겼으며 남자들도 감히 따라갈 수 없었던 골고다까지 예수님과 함께 갔던 신앙의 사람들이었습니다. 그러나 정말 예수님께서 부활하시리라고는 생각지 못했습니다. 그런데 천사가 예수님의 부활하심과 갈릴리에서 그를 만날 수 있음을 전해 주었던 것입니다.

8절 여자들이 몹시 놀라 떨며 나와 무덤에서 도망하고 무서워하여 아무에게 아무 말도 하지 못하더라

예수님의 시신에 향품을 바르려고 갔던 여인들은 뜻밖의 일을 당하자 혼비백산하여 무덤에서 도망쳐 나왔습니다. 그들은 너무도 무섭고 놀라워 천사가 제자들과 베드로에게 전하라는 말을 아무에게도 할 수 없었습니다. 이처럼 인간은 신앙인이기 전에 한계에 부딪치는 연약한 존재입니다.

2. 제자들에게 보이심(16:9-13)

9. [예수께서 안식 후 첫날 이른 아침에 살아나신 후 전에 일곱 귀신을
쫓아내어 주신 막달라 마리아에게 먼저 보이시니 10. 마리아가 가서
예수와 함께하던 사람들이 슬퍼하며 울고 있는 중에 이 일을 알리매
11. 그들은 예수께서 살아나셨다는 것과 마리아에게 보이셨다는 것을
듣고도 믿지 아니하니라 12. 그 후에 그들 중 두 사람이 걸어서 시골

로 갈 때에 예수께서 다른 모양으로 그들에게 나타나시니 13. 두 사람이 가서 남은 제자들에게 알리었으되 역시 믿지 아니하니라

9절 [예수께서 안식 후 첫날 이른 아침에 살아나신 후 전에 일곱 귀신을 쫓아내어 주신 막달라 마리아에게 먼저 보이시니

'막달라 마리아'는 일곱 귀신이 들렸던 여인으로서 과거의 그 참상이란 이루 말할 수 없었습니다. 그런데 예수님께서 그 귀신들을 모두 내쫓아 주셨습니다. 그리하여 새 생명을 얻어 변화받은 마리아는 예수님을 향한 감사로 일관된 삶을 살았습니다. 그는 충성스럽게 예수님을 수종들었으며 예수님께서 가셨던 골고다의 길도, 이른 새벽에 예수님의 무덤을 찾는 것도 주저하지 않았습니다. 때문에 예수님께서는 그를 추종하는 많은 제자들 가운데서 막달라 마리아에게 제일 먼저 부활의 모습을 보이셨던 것입니다.

10-11절 마리아가 가서 예수와 함께하던 사람들이 슬퍼하며 울고 있는 중에 이 일을 알리매 그들은 예수께서 살아나셨다는 것과 마리아에게 보이셨다는 것을 듣고도 믿지 아니하니라

그때 예루살렘 거리는 유월절 행사로 인하여 축제의 분위기로 들떠 있었습니다. 그러나 예수님의 제자들은 스승을 잃은 슬픔에 눈물을 흘리고 있었습니다. 그런데 바로 이때 부활하신 예수님을 만난 막달라 마리아가 그 사실을 제자들에게 알렸습니다.

그러나 제자들은 막달라 마리아로부터 예수님께서 살아나셨다는 것

과 부활하신 예수님을 직접 만났다는 것을 직접 들었음에도 불구하고 예수님의 부활을 믿지 않았습니다.

12-13절 그 후에 그들 중 두 사람이 걸어서 시골로 갈 때에 예수께서 다른 모양으로 그들에게 나타나시니 두 사람이 가서 남은 제자들에게 알리었으되 역시 믿지 아니하니라

예수님의 제자 중 두 사람은 낙심하여 시골로 돌아가고 있었습니다. 여기서 '시골' 은 '엠마오' 를 가리키는 것으로 예루살렘에서 약 25리(10㎞) 떨어진 곳이었습니다. 엠마오로 가는 도중에 부활하신 예수님을 만난 두 제자는 예루살렘으로 되돌아가 제자들에게 예수님의 부활하심과 직접 만나 본 것을 증언하였습니다. 그러나 제자들은 여전히 예수님께서 부활하신 것을 믿지 않았습니다.

3. 제자들이 할 일(16:14-18)

14. 그 후에 열한 제자가 음식 먹을 때에 예수께서 그들에게 나타나
사 그들의 믿음 없는 것과 마음이 완악한 것을 꾸짖으시니 이는 자기
가 살아난 것을 본 자들의 말을 믿지 아니함일러라 15. 또 이르시되
너희는 온 천하에 다니며 만민에게 복음을 전파하라 16. 믿고 침례
를 받는 사람은 구원을 얻을 것이요 믿지 않는 사람은 정죄를 받으리

라 17. 믿는 자들에게는 이런 표적이 따르리니 곧 그들이 내 이름으
로 귀신을 쫓아내며 새 방언을 말하며 18. 뱀을 집어 올리며 무슨 독
을 마실지라도 해를 받지 아니하며 병든 사람에게 손을 얹은즉 나으
리라 하시더라

14절 그 후에 열한 제자가 음식 먹을 때에 예수께서 그들에게 나타나사 그들의 믿음 없는 것과 마음이 완악한 것을 꾸짖으시니 이는 자기가 살아난 것을 본 자들의 말을 믿지 아니함일러라

'믿음 없는 것' 은 헬라어로 '아피스티아' (*ἀπιστία*)이며 '불신앙' , '불충성' 을 의미합니다. 그리고 '마음이 완악한 것' 은 '스클레로카르디아' (*σκληροκαρδία*)이며 '믿음을 거절하는 완고한 마음' , '둔함' 을 의미합니다. 예수님께서는 십자가에 달려 죽으시고 사흘 만에 부활하실 것을 제자들에게 수차 예언하셨습니다. 그럼에도 불구하고 제자들이 부활하신 예수님을 만난 사람들의 증언을 믿지 않았으므로 예수님께서 그들의 불신앙과 완악함을 심하게 꾸짖으셨던 것입니다.

15절 또 이르시되 너희는 온 천하에 다니며 만민에게 복음을 전파하라

예수님께서는 제자들에게 그동안 유대인들에게만 전하였던 복음을 이제는 "온 천하에 다니며 만민에게 복음을 전파하라" 고 하셨습니다. 이것은 예수님께서 승천하시기 전, 마지막으로 하신 말씀이므로 대단히 중요한 말씀입니다.

모든 인간의 죄를 다 짊어지고 십자가에 달려 죽으시고 무덤에 장사된 지 사흘 만에 부활하신 예수님을 구주로 믿는 사람은 혈통과 인종과

성별을 막론하고 누구든지 구원받을 수 있음을 만방에 전파하라는 것입니다.

16절 믿고 침례를 받는 사람은 구원을 얻을 것이요 믿지 않는 사람은 정죄를 받으리라

예수님께서는 복음을 받아들이는 사람은 성부와 성자와 성령의 이름으로 침례받을 것을 명하셨습니다. '침례' 는 물속에 잠겼다가 일어나는 의식으로써 예수님과 함께 죽고 예수님과 함께 부활함으로 새 생명의 사람이 되었음을 만인 앞에서 공포하는 것입니다. 그러나 침례를 받는 것이 구원의 조건은 아닙니다. 침례는 예수님을 구주로 믿음으로 구원받는 사람이 자신의 신앙을 행위로 나타낸 것이며 믿는 사람들이 반드시 해야 할 의식입니다. 구원은 믿음을 통해서만 받을 수 있습니다.

그러나 복음을 듣고도 받아들이지 않는 사람들은 정죄받을 것이라고 말씀하셨습니다. '정죄' 는 죄인으로 심판을 받아 영원한 지옥으로 떨어지는 것을 말합니다.

17절 믿는 자들에게는 이런 표적이 따르리니 곧 그들이 내 이름으로 귀신을 쫓아내며 새 방언을 말하며

예수님께서 공생애를 지내실 때에는 제자들에게만 귀신을 쫓아내는 권세를 주셨습니다. 그러나 이제는 모든 믿는 자들에게 예수 이름으로 귀신을 쫓아내는 권세를 주셨습니다. '믿는 자들' 이란 예수님께서 구주이심을 믿는 사람들을 말합니다. 그러므로 우리는 우리에게 더러운 것과 악한 것과 고통과 질병과 분쟁을 가져오는 귀신을 예수 그리스도의 이름

으로 담대하게 쫓아야 합니다.

그리고 예수님께서는 믿는 자들은 새 방언을 말한다고 하셨습니다. '방언' 에는 표적으로서의 방언과 은사로서의 방언이 있습니다. '표적으로서의 방언' 은 성령 침례를 받을 때 외적으로 나타나는 방언으로 성령 침례 받을 때만 하고 그 이후 계속할 수는 없습니다. 반대로 '은사로서의 방언' 은 성령으로 충만할 때 받는 은사로서의 방언을 말하며 이후에도 계속할 수 있습니다.

방언은 하나님께 직접 말씀드리는 것이므로 하나님과 깊은 교제를 할 수 있게 합니다(고전 14:2). 이러므로 우리는 우리말로도 기도하고 방언으로도 기도해야 합니다.

18절 뱀을 집어 올리며 무슨 독을 마실지라도 해를 받지 아니하며 병든 사람에게 손을 얹은즉 나으리라 하시더라

"뱀을 집어 올리며" 라는 말은 뜻하지 않게 독사에게 물려도 해를 받지 않는다는 것입니다. 실제로 사도 바울은 멜리데 섬에서 독사에 물렸으나 해를 받지 아니했습니다(행 28:3-6). 뱀은 사탄을 상징합니다. 이러므로 '뱀을 집어 올린다' 는 것은 믿는 사람들에게는 예수그리스도로 말미암아 사탄을 이길 수 있는 권세가 따르는 것을 말합니다.

"무슨 독을 마실지라도 해를 받지 아니하며" 라는 말씀은 잘못하여 독극물을 마셨을지라도 하나님께서 보호해 주신다는 것입니다. 한 예로 인도의 썬다싱을 들 수 있습니다. 그는 계모로부터 독약을 넣은 음식을 받아먹고도 죽지 않았습니다.

"병든 사람에게 손을 얹은즉 나으리라" 는 말씀은 병든 사람에게 예수

님의 이름으로 안수하면 낫는다는 것입니다. 이러므로 우리는 주위에 병든 자가 있다면 손을 얹고 간절히 기도해 주어야 합니다. 믿는 자에게 따르는 표적을 나타내어 살아 계신 하나님을 증거하는 것이 마땅합니다.

4. 승천(16:19-20)

19. 주 예수께서 말씀을 마치신 후에 하늘로 올려지사 하나님 우편에 앉으시니라 20. 제자들이 나가 두루 전파할새 주께서 함께 역사하사 그 따르는 표적으로 말씀을 확실히 증언하시니라]

19절 주 예수께서 말씀을 마치신 후에 하늘로 올려지사 하나님 우편에 앉으시니라

예수님께서 부활하신 후 지상에 머무신 40일은 예수님의 부활을 믿지 않는 제자들을 깨우치시고, 남은 제자들이 어떻게 복음을 전할 것인가를 상세히 가르치시는 기간이었습니다.

이제 그 기한이 차고 때가 이르매 예수님께서는 많은 사람이 보는 앞에서 승천하셔서 하나님 우편에 앉으셨습니다.

20절 제자들이 나가 두루 전파할새 주께서 함께 역사하사 그 따르는

표적으로 말씀을 확실히 증언하시니라]

부활하신 예수님께서 승천하신 후 제자들은 예수님께서 말씀하신대로 예루살렘을 떠나지 않고 열흘간 오로지 기도에 힘쓴 결과 약속대로 오순절에 성령 강림의 체험을 하였습니다. 그때부터 제자들은 성령의 도우심을 받아 열심히 주의 복음을 전파했습니다. 그러자 복음이 전파되는 곳마다 병자가 고침을 받았으며, 더러운 귀신이 떠나가고, 불신의 세력에서 허덕이던 사람들이 구원을 받는 역사가 일어났습니다.

이는 모든 사역을 마치시고 승리하신 예수님께서 하나님 보좌 우편에 앉으시고 성령을 보내 주신 연고입니다. 보혜사 성령이 하나님의 살아계심과 예수님의 속죄로 인한 인간의 구원을 확실히 증언하게 하심으로 제자들은 더 많은 사람들을 주님께로 인도했습니다.

이는 2천 년이 지난 지금까지 계속되고 있으며, 때가 차면 예수님께서 천사장의 호령과 나팔 소리와 함께 하늘로부터 강림하실 것입니다. 그때까지 우리는 예수님의 제자들이 행한 것과 같이 성령 충만함을 입고 복음 전파에 전력을 다하여야 할 것입니다.

성역50주년기념 신약성경강해전집

A COMMENTARY ON THE GOSPEL OF MARK